本书是国家社科基金项目"新加坡人民行动党社会政策与实践研究"（立项号 08CSS004，结项号 20150512）研究成果

国家社科基金丛书
GUOJIA SHEKE JIJIN CONGSHU

新加坡社会政策研究

Research on Singapore's Social Policy

魏 炜 著

人民出版社

责任编辑：洪　琼
封面设计：石笑梦
封面制作：姚　菲
版式设计：胡欣欣

图书在版编目（CIP）数据

新加坡社会政策研究/魏炜 著. —北京：人民出版社，2020.10
ISBN 978－7－01－022004－8

Ⅰ.①新… Ⅱ.①魏… Ⅲ.①社会政策-研究-新加坡 Ⅳ.①D733.922

中国版本图书馆 CIP 数据核字（2020）第 057269 号

新加坡社会政策研究
XINJIAPO SHEHUI ZHENGCE YANJIU

魏　炜　著

人民出版社 出版发行
（100706　北京市东城区隆福寺街 99 号）

中煤（北京）印务有限公司印刷　新华书店经销

2020 年 10 月第 1 版　2020 年 10 月北京第 1 次印刷
开本：710 毫米×1000 毫米 1/16　印张：17.75
字数：260 千字

ISBN 978－7－01－022004－8　定价：69.00 元

邮购地址 100706　北京市东城区隆福寺街 99 号
人民东方图书销售中心　电话 （010）65250042　65289539

目　录

图 表 目 录

导　　论

本书是国家社科基金世界历史学科项目"新加坡人民行动党社会政策与实践研究"（立项号08CSS004,结项号20150512）的研究成果。

新加坡的社会管理闻名于世,但是,与其政治制度一样备受争议。"理解新加坡社会控制的关键不是法律和政治压迫而是社会政策。"①课题研究期间,无论是阅读文献还是实地调查,耳边总是萦绕着布莱克默的这句话。我很认同布莱克默的观点:"有序社会和无序社会之间的重要差别就是你在晚上单独散步时是否担心暴力或其他事件。"②新加坡就是这样一个有序社会。在社会学领域,社会政策是否能维系秩序一直存在争议,但是它还是常常被视为一种修复社会关系和改善社会系统功能的特定设置,为解决社会问题尤其是消除社会不公正、社会不平等提供了可行的思路,在缓和社会矛盾、进而稳定社会秩序方面发挥着显著作用。在当下创新社会治理的新形势下,社会政策研究不仅具有理论意义,也具有现实意义。

一、概念界定

关于社会政策的解释很多。一般认为,社会政策研究起源于1873年德国

---

① ［英］肯·布莱克默:《社会政策导论》,王宏亮等译,北京:中国人民大学出版社2009年版,第72页。

② ［英］肯·布莱克默:《社会政策导论》,第72页。

学者组织的"社会政策学会",最早提出社会政策(Social Policies)这个概念是德国经济学家瓦格纳(Wagncr Adelph)。他认为:"社会政策是依立法和行政的手段,以排除分配过程中的弊害的国家政策。"①马歇尔(Thomas Humphrey Marshall)认为:社会政策指的是与政府有关的政策,这些政策涉及向公民提供服务和收入的行动,通过这些行动对公民的福利有直接的结果。其核心由社会保险、公共救助、健康和福利服务、住房政策等组成。② 吉尔(David G.Gil)认为,"社会政策体系是生活方式的指导原则,它的发展动力来自于人类基本的感觉性需求,它力图通过一系列制度过程及相关作用进行运作,并形成一些与生活方式相联系的结果变量。"③艾特迪斯(D.S.Iatridis)对社会政策的定义与吉尔类似:"社会政策作为一个领域,是与整个社会的基本状况及其发展、人类与环境的关系问题以及个人的福祉相联系的。虽然社会政策着眼于宏观层次,但是许多社会政策是从与社会科学相关联的个人、群体、社区的行为中派生出来的,这是一个强调在社会的制度和结构因素之间以及整个人口和个人之间进行合作和分担责任的领域。社会政策是改变基本的社会关系和社会形象,改进全体人民、社会阶级和个人的生活条件和生活方式的共同的工具。"④迈克尔·希尔(Michael Hill)的定义非常简单:"影响福利的政策行为"⑤。另一位英国学者肯·布莱克默指出,社会政策是以提高人们的社会福利为目标的政策,尽管这种目标经常无法完全实现,但我们仍然希望它能满足人们的各种需要,比如教育、健康、住房、社会安全等。社会政策不仅由政府的

---

① 曾繁正:《西方国家法律制度、社会政策及立法》,北京:红旗出版社 1998 年版,第165 页。

② T.H.Marshall,*Social Policy*,London,Hutchinson & Co·Ltd,1965,p.7.

③ David G. Gil,*Unravelling*,*Social*,*Policy*:*Theory*,*Analysis*,*and Political Action towards Social Equality*,Rochester.Vt.:Schenkman Books.1992,pp.24-25.

④ latridis.Demetrius S.,*Social Policy*:*Institutional context of Social Development and Human Service*.Pacific Grove,Calif.:BrooksCole Pub.Co.1994,p.10.

⑤ [英]迈克尔·希尔:《理解社会政策》,刘升华译,北京:商务印书馆 2005 年版,第 1 页。

法律、规章等构成,还是实在的行动,它的实施必须有一个决策和合法化的工程。① 沃克(Walker)认为,"应该将社会政策可能起到的、包括将负福利(dis．welfare)强加于人在内的多重作用考虑起来理解社会政策的概念,从这一事实出发的社会政策可以界定为:社会政策是支撑社会制度——它们决定着不同社会群体之间资源、地位和权力分配——之发展和再生产的理论基础。"②美国所出版的《社会工作词典》倾向于把社会政策定义为:一个社会的活动和原则,它们指导社会如何干预和协调其中个人、团体、社区和社会制度之间的关系。这些原则和活动是该社会之价值观和习惯作用的结果,并在很大程度上决定了资源的分配方式及其人民的福祉水平。所以,社会政策既包括由政府、志愿组织和一般大众所提供的教育、健康照料、犯罪和矫治、经济保障以及社会福利领域的计划和项目,也包括那些给人带来社会报酬和社会约束的社会观点。③

　　中国学者对社会政策的解释有:"社会政策是国家和政府为解决社会问题,以实现公正、福利等特定的社会目标而制定的各种法律、条例、措施和办法的总称。"④"是一定地域范围内的公共权威机构制定的,使个人或家庭可以在市场之外以非等价交换的社会供给方式得到可以直接支配或使用的资源,以满足社会性地认识到的个人需求、增进公民的个人福利和社会福利的政策。"⑤"指用社会行动来改善公民生活素质的一切制度化设置,它既是一门学科,又是一种社会管理的实务科学。"⑥"所谓社会政策,是指以公正为理念依

①　[英]肯·布莱克默:《社会政策导论》,第 1 页。
②　Walker.*Social Planning*,Oxford:Blackwell.1984,pp.39-40.
③　Barker Robert L.*The Social Work Dictionary* (4th ed.).Washington.D.C.:NASW Press.1999,p.335.
④　郑杭生、李迎生:《社会分化、弱势群体与政策选择》,见郑杭生主编:《中国人民大学中国社会发展研究报告(2002)——走向更加公正的社会》,北京:中国人民大学出版社 2003 年版,第 15 页。
⑤　杨伟民编著:《社会政策导论》,北京:中国人民大学出版社 2004 年版,第 53 页。
⑥　熊跃根:《社会政策:理论与分析方法》,北京:中国人民大学出版社 2009 年版,第 5 页。

据,以解决社会问题、保证社会成员的基本权利、改善社会环境、增进社会的整体福利为主要目的,以国家的立法和行政干预为主要途径(但不是唯一途径)而制定和实施的一系列行为准则、法令和条例的总称。"①"社会政策是国家或机构为解决社会问题、增进成员福利,实现社会进步所采取的基本原则或方针。"②"社会政策可概括为一定时期、一定地域内的各种社会力量为解决社会问题的协调的成果。"③"社会政策的概念一般有三个含义:(1)政府用于福利和社会保护的政策,特别是有关教育、医疗卫生、社会保障和住房的政策;(2)福利在一个社会中发展的方式……(3)针对上述主题的学术研究。"④"政府或其他组织在一定社会价值的指导下,为了达到其社会目的而采取的各种福利性社会服务行动的总和。"⑤

从上述关于社会政策的种种解释可以看出,对社会政策的主体、对象、形式和目的不存在什么分歧,区别在于社会政策的外延。有的是一种广义的理解,与政治、经济、国防、外交、内部安全、文化等领域相并列,将所有处理社会事务、解决社会问题、满足现代人需要⑥的政策措施都归于社会政策。中国学者大多倾向于这种广义的理解。另一种是狭义的理解,认为社会政策是改善性的,只与分配调节、社会福利、生活质量等有关。这种理解在西方国家有一定市场,但不如广义理解普遍。

根据新加坡的实际情况,本书采用社会政策的广义理解,讨论的社会政策包括教育、就业、医疗、住房、社会福利、人口政策。

有必要说明本书为什么用"社会福利"而不是"社会保障"作为新加坡社

---

① 吴忠民:《从平均到公正:中国社会政策的演进》,《社会学研究》2004年第1期。
② 王思斌:《社会工作概论》,北京:高等教育出版社2001年版,第133页。
③ 杨团:《社会政策的理论与思考》,《社会学研究》2004年第4期。
④ 李秉勤、贡森:"《社会政策译丛》出版说明",见迈克尔·希尔:《理解社会政策》,第1页。
⑤ 关信平:《社会政策概论》,北京:高等教育出版社2009年版,第9页。
⑥ 参见[英]莱恩·多亚尔、伊恩·高夫:《人的需要理论》,北京:商务印书馆2008年版。

会政策的某个子项。社会保障和社会福利是两个关系很复杂的概念,中外的理解不同①。研究者认为,社会福利(social welfare)一般指作为人类社会,包括个人、家庭和社区的一种正常和幸福的状态,贫困、疾病和犯罪等社会病态是"社会福利"的反义词。"社会福利"可以指社会福利状态,亦可以指社会福利制度。广义的"社会福利"制度指国家和社会为实现"社会福利"状态所做的各种制度安排,包括增进收入安全的"社会保障"的制度安排;狭义的"社会福利"则指为帮助特殊的社会群体,疗救社会病态而提供的社会服务。"社会保障"英文是 Social Security,在国际社会政策的研究中有相对固定的、通行的含义,指由国家或由立法保证的、旨在增加收入安全的制度安排。② 美国于1935 年颁布的《社会保障法案》(Social Security Act)中最早使用了社会保障一词,随后世界大多数国家和国际组织逐渐采纳了这一词语,在大多数国家和地区,社会保障最初的意思是指收入补贴(income support)。《新大不列颠百科全书》把"社会保障"的词条列在"社会福利"(Social welfare)之下,对社会保障的解释如下:"社会保障是通过立法建立的集体措施,当个人或家庭收入来源中断时,或有必需的大笔支出时,来维持他们的收入,或向他们提供收入。所以,社会保障可能是现金待遇,也可能以实物或服务的形式提供。"③1984年,国际劳工局在《社会保障导言》中对社会保障的界定是:"社会保障就是社会通过一系列的公共措施对其成员提供的保护,诸如对有儿童的家庭提供的补贴,对社会成员提供的医疗照顾等,从而防止他们由于疾病、妊娠、工伤、失业、残疾、老年及死亡而导致的收入中断或减少而导致经济贫困和其他社会

---

① 参见尚晓援:《"社会福利"与"社会保障"再认识》,《中国社会科学》2001 年第 3 期;田北海:《社会福利概念辨析:兼论社会福利与社会保障的关系》,《学术界》2008 年第 2 期;孔伟艳:《社会福利与社会保障的概念辨析》,《中共天津市委党校学报》2011 年第 5 期。

② 两个概念的辨析见尚晓援:《"社会福利"与"社会保障"再认识》,《中国社会科学》2001年第 3 期。

③ 田北海:《社会福利概念辨析:兼论社会福利与社会保障的关系》,《学术界》2008 年第 2 期。

问题。"①

　　在新加坡的社会政策和官方出版物中,常见"福利服务""社会福利"等概念,还有社会福利局、福利处、国家福利理事会等政府部门和法定机构,反而很少见到"社会保障"一词。每年一册的《新加坡年鉴》(*Singapore*)是对国家各项事业的年度归纳与总结,从中可以看出新加坡政府对社会福利的诠释及其变化。20世纪60—70年代,除教育、就业、住房、健康、环境之外的社会事务及其相关政策措施,归于 Social Services 或者 Welfare Services;80年代前半期的年鉴中,不再区别 Social Services 和 Welfare Services,统一使用 Social Welfare 一词,工伤补贴、遣散费(裁员津贴)和中央公积金属于 Worker's Security。1986年起,Social Welfare 不再出现于总目录,取而代之的是 Community Development,其中一个子目是 welfare services。可见,无论是理念还是制度设计,新加坡是将社会保障置于社会福利之下的,因此,本书以"社会福利"统领新加坡提供救助、济贫、保障等方面的社会政策——尽管新加坡对社会福利的理解是狭义的。

二、研究方法与结构

　　本书的研究对象是新加坡社会政策。社会政策研究"是指通过资料和信息的收集和分析,对政策活动和结果进行的一系列深入系统的描述、解释和论证过程"。其内容主要涉及"社会政策的价值观和意识形态、政策制定和执行过程以及政策的结果与影响"。② 进入21世纪以来,随着我国改革的深入和社会转型的加剧,越来越多的社会问题凸显出来,社会政策在协调社会群体之间利益关系,保证社会安全,促进社会整体化发展,提升社会质量,实现社会良性运行和健康发展等方面具有的不可替代的重要作用获得了广泛共识,学界

---

① 参见国际劳工局1984年《社会保障导言》。
② 熊跃根:《社会政策:理论与分析方法》,第178页。

和政界都呼吁加强社会政策研究。①

　　本书的主旨是,从新加坡的历史背景、文化传统、意识形态、政府管理体制和模式出发,探讨其社会政策的制定背景、政策内涵、执行结果及对社会发展的影响,总结其经验教训,并揭示其局限。在方法上,一是采用社会政策研究的制度分析方法,注重对价值观念、意识形态、政府管理体制和模式、行动的具体策略和模式以及总体的制度环境的研究。在研究中将各种可能影响要素加以分类,并深入分析他们在社会政策过程中的不同作用和呈现的不同效果。其次是以历史学的视角研究社会政策。如何作出研究的历史学特色? 这是自课题起步就一直困扰我的问题。曹云华先生早在1995年就撰文《新加坡的社会保障制度初探》②,2011年,李健、兰莹《新加坡社会保障制度》的出版更让课题研究不可能按照社会保障的一般研究范式重复进行。而社会政策的历史学——特别是社会史的分析可以为我们认知社会政策打开另一扇窗,正如爱德华·霍列特·卡尔所言,"社会学变得愈像历史学,历史学变得愈像社会学,对两者而言都比较好。"在社会史视阈下考察社会政策,目的不是为了简单描述政策本身、寻找一般化的历史经验,"而是深入特定的史实中有针对性地从个人或群体命运中揭示社会变迁和国家政治发展的内在规律与外部表现的联系"③。因此,本研究希望通过历史学的考察,以"社会转型中的社会政策"为视角,深入探讨新加坡社会政策在制定和实施过程中与国家发展、社会历史环境、文化传统、价值观等意识形态的互动,揭示社会政策实践与社会转型和社会建构之间的关系。这也符合课题研究对象的设定——不仅是"社会政策"本身,还要对其"实践"过程进行研究。第三,为了更加直观地考察新加

---

　　① 参见吴忠民:《社会政策:一个亟待拓展的研究领域》,《中国党政干部论坛》2002年第1期;杨团:《社会政策研究范式的演化及其启示》,《中国社会科学》2002年第4期;唐钧:《社会政策研究现状与发展趋势》,《社会科学管理与评论》2004年第3期。

　　② 曹云华:《新加坡的社会保障制度初探》,《社会学研究》1995年第3期。

　　③ 熊跃根:《社会政策:理论与分析方法》,第34页。

坡社会政策的变化,本研究采用计量分析方法,收集了新加坡自 1953 年以来(部分数据从 20 世纪 20 年代开始)与各类社会政策实践相关的主要数据,大部分数据到 2017 年,制成图表 111 张,在已有的国内外相关研究中首次用数据全面、详细地展示了新加坡社会政策实施的历史过程。

本书共九部分。

导论阐述研究对象、基本概念和研究框架与主要内容。

第一章理清新加坡社会政策的理念与实施系统。对一个国家的社会政策进行研究,必须将其置于该国的社会文化状况、主流意识形态、政治制度、经济制度、社会结构等背景中,只有了解了这些背景因素与社会政策之间的相互影响,才可能对社会政策有更深刻的认识和更科学的分析。本章即从社会政策的本源入手,分析新加坡社会政策的理念及其形成原因,梳理其政策实施系统,是后续讨论的基础。

第二章探讨英国殖民者给新加坡留下的社会政策遗产,认为受英国社会政策思潮和实践的影响,英国殖民当局经过时断时续的社会改革,到移交权力时,已经在新加坡建立了具有明显的本土针对性和实用性、有较强稳定性和延续性的社会政策体系,形成了比较完整的社会政策实施系统和社会管理机制,给人民行动党执政后的新加坡社会治理奠定了较好的基础。

新加坡政府从 1966 年起实施出口导向工业化发展战略,期间经过了劳动密集型工业化阶段(1966—1979 年)和资本、技术密集型工业化阶段(1980—1985 年);1986 年提出优先发展国际通讯、贸易、金融和咨询等服务业,要把新加坡建成东南亚和亚太地区的区域性服务中心;20 世纪 90 年代后,新加坡在继续发展出口工业和服务业的同时,加大对外投资力度,增强新加坡经济的辐射性。每一次经济战略的调整实施,都为新加坡带来新的升级。按照经合组织的评级标准,完成劳动密集型工业化阶段的 20 世纪 70 年代末,新加坡成为新兴工业国,经过资本、技术和知识密集型工业化发展,到 1995 年新加坡成为发达国家。经济转型带动社会转型,社会转型推动社会政策的调整和完善。

在第三、四、五章，将以初级工业化—新兴工业国—发达国家的阶段性为基本线索，探究新加坡社会转型中的社会政策。

第三章讨论工业化初级阶段的社会政策。从脱离英国殖民统治的 1963年到 20 世纪 70 年代末，是新加坡共和国社会政策的起步和初创阶段，通过对殖民时期的社会政策遗产进行继承、改造，形成符合人民行动党理念的新国家社会政策体系。工业化初级阶段，新加坡的社会政策比较完整、充分地诠释了人民行动党以经济繁荣与政治稳定为导向的社会建设理念，与经济繁荣和政治稳定直接关联的教育是投入重点，其次是卫生（大健康概念）和住房，相比之下，政府在社会福利方面的支出很少。新加坡的社会政策鼓励个人自我奋斗，在工业化阶段，表现出一般福利救助化的趋向，工业化越深入，福利越退化，而就在福利将只剩下社会救助时，国家发达的经济水准和要求政府承担更多社会责任的国民期望推动着人民行动党调整其社会福利政策。

第四章论述新兴工业国时期的社会政策。20 世纪 80 年代至 90 年代中期是新加坡工业化升级阶段，也是社会政策完善阶段。新加坡经济的快速发展催生了新兴的中产阶级，特别是在经济活动中产生的富裕程度变化，导致新的生活方式、文化模式和政治期望的出现。政治上全民支持人民行动党的形势发生变化，选民用选票表达对现有政策的不满。为了适应新形势的发展，新加坡政府在不改变反福利基本立场的前提下，完善了社会政策体系，包括：扩大公积金的社会保障功能；完善健康政策，强调预防重于治疗；实行分流制教育政策和重视培训的就业服务政策，保证充分就业；继续大服务小保障的社会福利政策，实现人口政策的逆转，鼓励生育。

1995 年 7 月，世界经合组织宣布，从 1996 年 1 月起，新加坡从发展中国家升级为发达国家。第五章即讨论新加坡进入发达国家行列的社会政策，这也是新加坡社会政策的修正阶段。政府提出打造"东方波士顿"，要把新加坡建设成亚洲高等教育中心，同时进一步拓宽基础教育，提升国内的全面教育，并对职业培训进行升级；其次调整健康政策，强调国民健康生活自我保养的同时提出要让所有国民付得起医药费;应对老龄化是 20 世纪末以来新加坡社会政策面临的突出问题,为应对养老金和老年医疗的压力,政府提出"成功的老龄化社会",要求全社会以积极心态对待老人和老龄化,同时鼓励生育,实行更宽松的移民政策,以弥补生育率低迷造成的人口问题;在社区管理方面,完善了社区服务和社区关怀系统,为家庭提供更多扶持政策。

第六章在前面四章社会政策演进历史叙述的基础上,讨论社会政策给新加坡社会进步带来的积极成果和存在的问题,以期对新加坡社会政策这一研究对象有一个完整深入的剖析。在人民行动党政府的主导下,自 1965 年以来,新加坡的社会政策被设计成一个全面的计划,促进了社会发展水平显著提高,使新加坡位列极高人类发展水平国家,教育成就、卫生健康成就和住房成就享誉全球。事实证明,对机会平等的追求和个人责任的规定使新加坡取得社会进步的同时避免了福利国家的政府负担。但是,必须看到,新加坡目前的社会政策与其经济实力、社会发展需求、国民的社会期望之间又存在一定的距离,中央公积金的缺陷、收入不公平现象加剧、老龄化社会问题严重等情况将是其社会发展的隐患。我们认为,追求机会平等和规定个人责任的同时,如何提升政府的社保职能? 如何在效率与公平之间找到与国情更适合的平衡? 这不仅是新加坡面临的新问题,也是值得其他国家思考的问题。

结论部分认为新加坡社会政策及其实践对于中国创新社会治理体制的时代命题有积极启示,包括:立足国情,解决国事;社会政策与经济政策并行,社会治理与经济发展同步;国家与社会高度协调共同治理;兼顾前瞻性、稳定性和灵活性。同时中国也应该注意规避其已经暴露的问题,如此,将有助于提高外部经验的本土适应性,推进中国的制度创新。

附录部分收集整理了新加坡自 1911 年至 2017 年经济发展、社会发展、人口变化、财政支出、就业情况和公积金存取的详细数据,分类制成表格,以便与各章节中分段研究相互映照与补充,形成对新加坡社会政策和社会发展的整体、系统印象。

　　本研究是在关于新加坡社会保障方面诸多已有成果基础上进行的,对于早已被熟知的中央公积金制、住房制、现行教育制度的政策内涵,本研究没有重复进行,教育政策也主要考察其变化及变化的原因,以弥补已有研究的不足。希望本研究成果有助于人们全面、深入地认识新加坡社会政策,理解新加坡的社会演变,洞悉新加坡社会转型的方方面面。果能如此,则幸莫大焉。

第一章 新加坡社会政策的理念与实施系统

对一个国家的社会政策进行研究,必须将其置于该国的社会文化状况、主流意识形态、政治制度、经济制度、社会结构等背景中,只有了解了这些背景因素与社会政策之间的相互影响,才可能对社会政策有更深刻的认识和更科学的分析。本章即从社会政策的本源入手,分析新加坡社会政策的理念及其形成原因,梳理其政策实施系统,以备后续讨论的基础。

第一节 立足国情的社会政策理念

社会政策的理念是指制定各种社会政策时的基本指导思想,如平等、公平、需求、自由和权利等。① 艾斯平·安德森在《福利资本主义的三个世界》一书中将欧洲福利制度归纳为三种类型:法团福利国家(Corporatist welfare states)、自由福利国家(Liberal welfare states)、社会民主福利国家(Social democratic welfare states),法团主义、自由主义、社会民主主义也因此成为人们分析和认知福利意识形态的主要类型。随着各国社会保障事业的发展和研究的深

---

① [英]肯·布莱克默:《社会政策导论》,王宏亮等译,北京:中国人民大学出版社 2009 年版,第 14 页。

入,许多学者提出,福利体制已经突破三种模式,尤其是一些亚洲国家,根植于传统文化背景下强调家庭作用的福利制度更是明显区别于欧洲自由主义或社会民主主义的福利模式,前者倾向于实行个人、家庭、社会共同承担责任的社会政策。

新加坡独立时,明确宣布"我们要根除贫穷、歧视、疾病和其他经济的、社会的不公正现象,我们要建立'更公正和更平等的社会'"。① 彼时,福利国家浪潮已经席卷欧洲,尽管大多数建党成员都从英国留学回来,但是人民行动党没有照搬英国的福利制度,主张必须按照自己的路线和国家的情况来实现公正与平等的社会目标,其基本理念具体表现为如下方面。

一、机会平等优先于财富平等

"平等"是所有社会政策追求的目标,但是对平等的理解有三种:目标平等,即平均主义;公平;机会平等。人民行动党提出"基于绩效的不平等收入和对社会发展贡献的不平等是公平的不平等","同等机会以及不同的收入是平等的精髓"②。独立之初,外交部长拉惹勒南对外阐述人民行动党的社会原则时指出,"再分配不是把东西从一个人那里拿过来然后给另一个人,而是给每个人平等的机会去完善自己。在一个不公平的社会,富裕家庭的孩子都能去上大学,不管他们值不值得去——只是因为他们有有钱的父母。那种社会显然是不公平的。然而不平等不是不公平。不平等到处都是,因为每个人能力不同。能力有不同,但是应该让不管拥有什么能力的每一个人都能最大限度的利用他们的能力,不管他是来自富裕还是贫穷的家庭;有有名的还是默默无闻的父母。"③"我把平等主义看成是每个人能靠自己的能力和贡献在这个

---

①　Chan Heng Chee & Obaid ul Haq(eds.): *The Prophetic and the Political: Selected Speechs and Writings of S.Rajaratnam*, Singapore, Graham Brash(Pte) Ltd, 1987, p.286.

②　*The Prophetic and the Political: Selected Speechs and Writings of S.Rajaratnam*, p.523.

③　*The Prophetic and the Political: Selected Speechs and Writings of S.Rajaratnam*, p.520.

等级社会找到自己的位置,不管他的种族、宗教、社会阶层和血统。"①人民行动党坚信机会平等是实现社会公正的基础,也是归宿,"在新加坡,我们试图给每个人所有的机会去开发他们的才能,不管他们做什么。"②不主张像欧洲民主社会主义那样通过财富的再分配创造社会公平,相反,认为应该根据个人对财富创造的贡献来给财富创造和分配提供机会。③

二、个人责任为先,个人必须"各尽所能"

在权利与秩序的问题上,新加坡宣扬社会为先,个人利益必须服务于社会利益;在责任问题上,则倡导个人为先,个人必须承担对自己、对家庭的责任,并将"各尽所能"确定为建立新加坡民主社会主义的原则④。所以,新加坡反对福利主义,反对出于同情的社会福利,因为"同情可能被误导"⑤。新加坡领导人对"福利国家"多有诟病,1972 年总统薛尔思在议会开幕的演讲中警告说:"福利国家综合征特点之一就是每个人寄希望于别人,而不是自己努力工作,用补贴获得每个人都想要的服务,新加坡必须避免出现这种症状。"⑥李光耀谈到英国的福利制度时说:"那是导致英国没落的原因之一。除非英国能早日放弃这一套,否则无法取得繁荣,因为他们已不再发挥民族的动力,努力进行竞争。"⑦批评欧洲"由于社会福利过于慷慨,工人们缺乏推动力,导致经济停滞不前。美国呢,竞争比较激烈,社会福利较少。但是,如果奥巴马政府

---

① *The Prophetic and the Political:Selected Speechs and Writings of S.Rajaratnam*,p.539.

② *The Prophetic and the Political:Selected Speechs and Writings of S.Rajaratnam*,p.523.

③ *The Prophetic and the Political:Selected Speechs and Writings of S.Rajaratnam*,p.519.

④ *The Prophetic and the Political:Selected Speechs and Writings of S.Rajaratnam*,p.84.

⑤ Goh Chok Tong,*Social Values*,*Singapore Style*,*The Straits Times*,Singapore,21 Aug 1994.

⑥ M.Ramesh:*The politics of social security in Singapore*,*The Pacific Review*,Vol.13 No.2,2000,pp.243,256.

⑦ 《联合早报》编:《李光耀四十年政论选》,新加坡报业控股华文报集团 1993 年版,第102 页。

和国会倾向欧洲式的社会福利,这将导致美国经济的发展变得缓慢和缺乏动力"。① 新加坡需要的是"富有同情怜悯之心,但却要鼓励人们努力工作,自立自强。我们也应该保持自我控制、遵守纪律和承担责任"。② "政府福利只是对那些真正贫困却错不在己的人的一个形式上的安全网"③,比如公共援助计划(Public Assistance,PA)严格规定援助对象是"因年老、疾病或残疾且只有有限的或没有收入,很少或没有家人的支持"④的新加坡人。在住房、养老和健康保障方面,新加坡的政策都是建立在个人储蓄基础上的。

三、政府角色:个人和家庭的规范者和支持者

新加坡政府的强势是其政治文化的突出特点,而在社会领域里,政府的角色定位于政治威权与经济自由之间。在"各尽所能"的指导思想下,政府的职能被定位于"必须教导人们天上不会掉馅饼,为了享受明天的果实他们必须牺牲今天"⑤。政府很明确地告诉国民,新加坡"不会是一个福利社会,政府不会实行预算赤字,而是继续周期性地修订费用,以规范成本变化和工资增长"⑥。政府致力于提供充分就业和低通货膨胀率,从而给予新加坡人不一样的支柱:"生活的出路,安全,免于恐惧的自由,继续有目的的生活的自由。这些是无形然而却是真实的支柱。我们也给他们有形的支持:通过个人高储蓄而得到的社会保障和每个家庭一套住房。"⑦

---

① [美]汤姆·普雷特:《李光耀对话录:新加坡建国之路》,张立德译,北京:现代出版社2011年版,第53页。

② Goh Chok Tong, *Social Values*, *Singapore Style*.

③ *The Straits Time*,7 January 1995.

④ *Yearbook of Statistics Singapore* 2013,Singapore,Department of Statistics,Ministry of Trade & Industry,p.312.

⑤ *The Prophetic and the Political*:*Selected Speechs and Writings of S.Rajaratnam*,p.251.

⑥ Alan Chong, *Goh Chok Tong*:*Singapore's New Premier*, Malaysia, Pelanduk Publications, 1991,p.158.

⑦ *Goh Chok Tong*:*Singapore's New Premier*,p.116.

当然,人民行动党也注意到了新加坡人对国家在社会保障方面应承担更大责任的诉求,但是"各尽所能"仍然是社会政策的核心原则。李显龙于2013年国庆致辞中表示:"在建设公平公正的社会方面,政府也将扮演更大的角色。……每个新加坡人永远是国家要照顾的对象,人人也都会有充分机会成就自己。不过,要记住:我们还必须各尽所能,发挥尽善尽美、自强不息的精神,因为唯有人人献出一份力,新加坡才能有所成就。"①

因此,新加坡社会政策的理论依据既不是"国家责任说",也不是"人权说",②而是"个人责任说",强调个人责任与家庭责任、社会责任相结合,政府充当个人和家庭的引导者和支持者③,政府、家庭、个人在社会保障体系中构成金字塔模型(图表1-1)。在这种理念指导下,如图表1-2显示,福利性社会保障支出占新加坡政府总支出中长期处于低比例,从2002年起略有提高,然后摇摇摆摆,直到2008年开始才保持了逐年增加的态势。

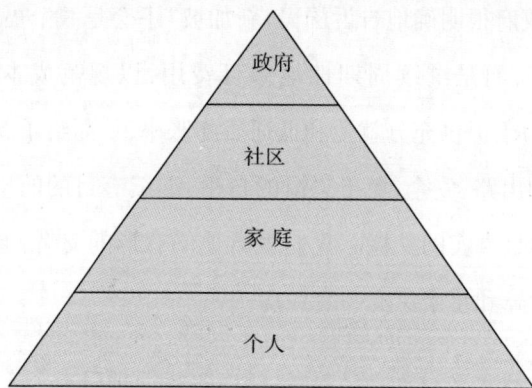

图表1-1 新加坡社会保障金字塔模型

资料来源:Ministry of Community Development Youth and Sports.http://www.gov.sg/.

---

① 李显龙:《2013年国庆致辞》,《联合早报》2013年8月8日。
② 此讨论详见吴忠民:《社会政策:一个亟待拓展的研究领域》,《中国党政干部论坛》2002年第1期。
③ Goh Chok Tong, *Social Values*, *Singapore Style*.

图表 1-2　健康和社会保障支出在新加坡政府总支出中的比例　　（%）

年份	1972	1973	1974	1975	1976	1977	1978	1979	1980	1981
比例	8.3	10.6	11.2	10.3	9.2	8.7	9.7	8.6	8.3	8.6
年份	1982	1983	1984	1985	1986	1987	1988	1989	1990	1991
比例	7.8	7.4	7.9	8.0	5.6	4.9	7.2	6.8	6.7	8.4
年份	1992	1993	1994	1995	1996	1997	1998	1999	2000	2001
比例	8.4	9.8	---	9.2	7.8	8.2	8.7	8.6	7.3	9.6
年份	2002	2003	2004	2005	2006	2007	2008	2009	2010	2011
比例	11.2	11.6	13.5	11.8	11.5	11.5	12.4	14.5	15.3	14.8
年份	2012	2013	2014	2015	2016					
比例	15.9	16.7	17.8	20.0	20.3					

资料来源：1972—1993 年数据来自国际货币基金组织，政府年度财经统计；1995 年后的数据根据 2006—2018《新加坡统计年鉴》各年册计算得出。

　　从政府的公共支出分析，新加坡政府给予国民最大的支持是公共教育。通过教育给国民创造更大的平等机会，这种认识早在自治时期就已形成。1960 年，李光耀宣布新政府的执政目标："到了我们执政的后期，人民在教育和进展方面享有的平等机会更大。要达到这个目的，我们需要从国家的收入中，拨出巨款作为教育经费。"①新加坡政府对教育的投入名目很多，包括教育储蓄基金、进取基金、教育部经济援助计划、学费津贴及各种奖学金、助学金等。如图表 1-3 所示，教育支出在政府开支的比例从 20 世纪 80 年代中期以来基本维持在 20%或以上，是新加坡公共支出的主要项目，而国民个人的教育支出却维持在低水平，与住房、养老、健康等社保项目上个人储蓄为主、政府低支出（如图表 1-2 所示）的做法正好相反，被认为是反福利政策中"唯一的例外"②。其目的就是要通过加大教育投入为全体国民提供各尽其能的教育背景，争取更大的平等机会。

---

①　李光耀：《实现公平的社会》，见《李光耀四十年政论选》，第 116 页。
②　Kerry Brydon, "Social Policy in Singapore：Insights from a Social Work Perspective", *Asian Social Work and Policy Review* 5(2011), 20-32, Blackwell Publishing Asia Pty Ltd.

图表 1-3   1980 年以来新加坡教育支出比较

年份	公共教育占政府支出的比例(%)	教育公共开支占GDP 的比例(%)	教育支出占国民总收入(GNI)的比例(%)
1980	7.9	2.6	2.3
1981	7.1	2.6	2.3
1982	8.3	3.3	2.4
1983	9.5	4.0	3.0
1984	20.2	---	3.27
1985	21.6	---	3.44
1986	18.2	---	3.4
1987	14.4	---	3.1
1988	11.5	3.7	3.1
1989	18.1	---	2.71
1990	19.9	---	2.6
1991	22.9	---	3.1
1992	22.3	---	2.4
1993	24.7	---	2.3
1994	---	---	2.2
1995	22.6	---	2.2
1996	23.2	---	2.2
1997	22.1	---	2.26
1998	23.4	---	2.48
1999	21.3	---	2.34
2000	19.4	3.4	2.20
2001	21.0	3.6	2.60
2002	22.9	4.0	2.60
2003	24.3	4.1	2.60
2004	21.8	3.7	2.60
2005	21.5	3.3	2.59
2006	24.2	---	2.59
2007	27.0	---	2.59
2008	22.6	2.8	2.59
2009	21.2	3.1	2.88
2010	20.3	3.2	2.94
2011	19.9	3.1	2.82
2012	21.2	3.2	2.88
2013	20.0	2.9	2.76

资料来源:世界银行数据库,https://data.worldbank.org.cn/country/singapore? view=chart,2014-5-29。

那么,人民行动党为什么会形成这样的社会政策理念呢?

第二节　影响政策理念的原因

一、移民社会文化背景的反映

新加坡可以说完全是个移民之地。

目前能找到的关于新加坡岛的最早记载在公元 2 世纪希腊地理学家克罗狄斯·托勒密（Ptolemy，90—168 年）的《地理学》中，该书提到一个叫"萨巴拉"（Sabara）的地方，位于"金色切索尼斯"（Chersonese）的南端，是一个商贸中心，指的可能是新加坡。① 早期新加坡历史零星记录于部分中国古籍。② 在马来语中，新加坡岛旧称 Tamasek，意为海域、海口、海上之城，中国人译作"单马锡"或"淡马锡"。有关淡马锡的情况，目前知道的只有在新加坡出土的1201 年的一块石碑铭文里，记录了当时新加坡岛存在一个叫淡马锡的国家，至于这个名称由何而来，在哪个时段被用于新加坡岛的称谓，期间新加坡岛处于一种什么社会状态等问题都已无从考证，一直到 13 世纪的信诃补罗王朝时

---

①　《新加坡建国历程》，新加坡：国家文物局 1998 年版，第 11 页。

②　余定邦、黄重言等编：《中国古籍中有关新加坡马来西亚资料汇编》，中华书局 2002 年版。最早提到新加坡的中国人被认为是三国时期的康泰。宋代《太平御览》卷七八七，第 3485 页记载："吴时康泰为中郎，表上《扶南土俗》：拘利正东行，极崎头，海边有居人，人皆有尾五六寸，名蒲罗中国，其俗食人。"作者注 1 认为"蒲罗中国，一说在马来西亚的柔佛和新加坡一带；一说在泰国的佛统一带"。新加坡学者则认为康泰说的蒲罗中就是指新加坡："公元 3 世纪中国三国时代，吴国使臣康泰曾经提到'蒲罗中'，说其海边一带住有长着五六寸长尾巴的野人。'蒲罗中'是马来语 Pulau Ujong 的对音，意思是位于尾端的岛屿；也就是说，新加坡是位于马来半岛的南端。"（《新加坡建国历程》，第 11 页）欧阳修（1007—1072）、宋祁撰《新唐书》卷四三下，北京：中华书局 1975 年版，第 1153 页记载：由越南的驩州（今越南义静省）向南，经棠州（今老挝境内）到文单国（又称陆真腊，今老挝万象一带）、水真腊（今柬埔寨、泰国南部一带），然后："又南至小海，其南罗越国，又南至大海。"余定邦、黄重言认为罗越国在今马来半岛南端柔佛附近（余定邦、黄重言等编：《中国古籍中有关新加坡马来西亚资料汇编》，第 15 页）。我以为按照东南亚地理位置从北向南考察，"小海"当指柔佛海峡，隔着"小海"的岛屿应该就是新加坡岛，而且新加坡的原始居民就叫奥郎·罗越人（《新加坡简史》，第 5 页），因此确切地说，这个"罗越国"可以被认为是指新加坡岛，或至少包括新加坡岛的古国。

期新加坡才有了明确的历史记载,我们现在称的新加坡就是从梵文 Singapura
(译为信诃补罗或新加坡拉)演变而来的。① 信诃补罗王朝统治时期是 13—
14 世纪,这个时候的新加坡是一个繁荣的港口。但是 14 世纪后期,新加坡接
连遭到北部邻国暹罗素可泰王朝和南部印尼群岛上的爪哇满者伯夷(又称麻
诺巴歇)帝国的入侵,1391 年暹罗再次南下占领狮城,大批屠杀居民,把狮城
夷为平地,新加坡岛退化成了荒芜的小村庄。不久马六甲王国兴起,成为马六
甲海峡新的国际贸易港,并控制了新加坡岛,荒废的新加坡逐渐被人们淡忘,
不再有来往船只光顾。1405—1431 年郑和七下西洋,都是以马六甲为中途
站,而未停靠新加坡岛,可见 15 世纪时新加坡岛作为港口的地位已经衰弱。
16 世纪到 19 世纪初,新加坡是没落的马来政权——廖内·柔佛王国的属地,
由具有天猛公官衔②的高级官员常驻新加坡。

　　1819 年,英国东印度公司驻苏门答腊明古连(Bencoolen)的副总督托马
斯·史丹福·莱佛士(Thomas Stamford Raffles,1781—1826)受命寻找新的商
业据点,看中新加坡,辟为殖民地③,英国人的统治直到 1963 年新加坡与马来

---

　　① "信诃补罗"由"Singa"(信诃)和"Pura"(补罗)两个词组成,"Singa"的意思是狮子,
"Pura"是城堡,合起来就是狮城。这个地名普遍认为是源自《马来纪年》(Sejarah Melayu),该书
记载,大约在 12 世纪中,室利佛逝帝国的一名王子圣尼罗乌他玛(Sang Nila Utama)一次外出打
猎时登陆这岛屿,发现一头怪兽跑进森林里,随从告诉他那是一头狮子,王子觉得这是神的旨
意,就决定在岛上建立一座城市定居下来,并取名 Singapura,即狮城之意,臣属室利佛逝帝国。
(《新加坡建国历程》,第 11 页)这个传说反映出在改称信诃补罗以前,新加坡岛一度是个人迹罕
至的地方。

　　② 专管军务和司法的大臣,地位仅次于宰相。

　　③ 1819 年 1 月 30 日莱佛士和天猛公达成了一笔交易:英国任命东姑·侯赛因为柔佛苏
丹,每年给天猛公 3000 银圆,并提供保护;天猛公同意英国在岛上升英国国旗,盖商馆,并在新加
坡或新加坡—柔佛政府辖下的其他地方选择土地,建立一个商站。2 月 6 日,悄悄来到新加坡岛
的东姑·侯赛因以柔佛苏丹的名义确认天猛公与莱佛士的草约,追加了英国每年给苏丹 5000 银
圆的条件,苏丹和天猛公则保证排斥欧洲或美洲的任何强国在他们的领土内的任何地方建立殖
民地([英]理查德·温斯泰德:《马来亚史》,姚梓良译,北京:商务印书馆 1974 年版,第 315—316
页)。1827 年 10 月 4 日,东印度公司与苏丹又签了一份条约,把整个新加坡岛及其岸外十哩以
内的所有小岛割让给东印度公司,苏丹获得 33200 元款项及终生养老金每月 1300 元,天猛公得
26800 元及终生养老金每月 700 元(《新加坡建国之路》,第 9 页)。新加坡正式成为英国殖民地。

亚合并而结束,期间有过短暂的日据阶段(1942—1945)。1819 年 1 月,莱佛士第一次登上新加坡岛时,岛上总共大约 1000 个居民,基本上是奥朗人,马来人和华人数量大致相当,分别有 20—30 人。① 英国在新加坡实行自由贸易政策,对移民也是自由开放的。开埠 10 年不到,1824 年 1 月新加坡殖民官方做了第一次正式人口普查,显示共 10,638 人,马来人最多,占 60%;华人第二,占 31%;布吉人(祖居地在苏拉威西)第三;另有极少量的印度人、欧洲人、亚美尼亚人和阿拉伯人。19 世纪中期开始,岛内人口以加速度的态势迅速增加,1827 年 16,000 人,1836 年 30,000 人,1852 年 80,000 人。② 而在 1830 年华人人数第一次位居第一,1867 年华人占 65%,③此后华人占主体的人口结构一直没有改变(见图表 1-4)。

图表 1-4　新加坡常住人口与种族变化情况(1965 年后含新加坡公民和永久居民)

年份	人口总数	华人		马来人		印度人		其他族群	
		数量	比例	数量	比例	数量	比例	数量	比例
1911	303,321	219,577	72.40	41,806	13.78	41,938			13.83
1921	418,358	315,151	75.33	53,595	12.81	49,612			11.86
1931	557,745	418,640	75.06	65,014	11.66	74,091			13.28
1947	938,144	729,473	77.76	113,803	12.13	68,967	7.35	25,901	2.76
1953	1,123,172	860,509	76.61	137,697	12.30	87,224	7.77	37,742	3.36
1954	1,167,682	893,004	76.48	143,685	12.31	91,029	7.80	39,964	3.42
1956	1,264,109	967,088	76.50	154,432	12.22	98,267	7.77	44,322	3.51
1957	1,445,929	1,090,596	75.43	197,059	13.63	124,084	8.58	34,190	2.36
1958	1,514,000	1,141,800	75.42	207,300	13.69	129,500	8.55	35,000	2.31
1959	1,579.6	1,190.1	75.34	217.3	13.76	134.6	8.52	37.5	2.37

---

①　[英]康斯坦丝·玛丽·藤布尔:《新加坡史》,欧阳敏译,上海:东方出版中心 2013 年版,第 10 页。

②　人口统计数据出自《新加坡建国之路,1819 年至 1980 年》,新加坡:新加坡档案及口述历史馆 1984 年版,第 19 页。

③　[英]康斯坦丝·玛丽·藤布尔:《新加坡史》,第 53 页。

续表

年份	人口总数	华人		马来人		印度人		其他族群	
		数量	比例	数量	比例	数量	比例	数量	比例
1965	1,864.9	1,396.5	74.88	266.6	14.30	153.7	8.24	48.1	2.58
1990	2,705.1	2,102.8	77.73	382.6	14.14	190.0	7.02	28.8	1.06
2000	3,263.2	2,505.4	76.70	453.6	13.90	257.8	7.90	46.4	1.40
2005	3,553.5	2,684.9	75.56	484.6	13.64	309.3	8.70	74.7	2.10
2006	3,608.5	2,713.2	75.19	490.5	13.59	319.1	8.83	85.5	2.37
2007	3,583.1	2,687.0	74.99	490.6	13.69	313.4	8.75	92.1	2.57
2008	3,642.7	2,721.8	74.72	495.1	13.59	323.4	8.88	102.3	2.80
2009	3,733.9	2,770.3	74.19	500.1	13.39	343.5	9.20	120.0	3.21
2010	3,771.7	2,794.0	74.08	503.9	13.36	348.1	9.23	125.8	3.34
2011	3,789.3	2,808.3	74.11	506.6	13.37	349.0	9.21	125.3	3.31
2012	3,818.1	2,832.0	74.17	509.5	13.34	351.0	9.19	125.7	3.29
2013	3,844.8	2,853.8	74.23	512.8	13.34	351.7	9.15	126.5	3.29
2014	3,870.7	2,874.4	74.26	516.7	13.35	353.0	9.12	126.7	3.27
2015	3,902.7	--	--	--	--	--	--	--	--
2016	3,933.6	2,923.2	74.31	525.9	13.37	356.9	9.07	127.6	3.24
2017	3,965.8	2,948.3	74.34	530.7	13.38	358.8	9.05	128.0	3.23
2018	3,994.3	2,969.3	74.34	535.8	13.41	360.5	9.03	128.7	3.22

说明：1. 1911—1958 年人口数量单位为个，1959—2018 年人口数量单位为千人。

　　2. 人口数据截止到当年 6 月底。

　　3. 比例为作者自算。

资料来源：1. 1911、1921、1931、1947 年数据出自 Colony of Singapore Annual Report 1956，p.16。

　　2. 1953—1959 年数据分别出自 Colony of Singapore Annual Report 1953，p.9；1954，p.8；1956，p.16；1957，p.23；1958，p.28；1959，p.50。

　　3. 1965 年数据出自 Singapore Year Book 1966，Singapore，Government Printing Office，1967。

　　4. 1990 年数据出自 Singapore 1993，p.258。

　　5. 2000 年数据出自《新加坡人口研究》，第 29 页。

　　6. 2005—2017 年数据出自新加坡统计年鉴 Yearbook of Statistics Singapore，Population，Department of Statistics，Singapore，https://www.singstat.gov.sg/publications/reference。

　　7. 2018 年数据出自 Population Trends，2018，Department of Statistics，Ministry of Trade & Industry，Republic of Singapore，2018-9，https://www.singstat.gov.sg/-/media/files/publications/population/population2018.pdf，2019-3-30。

　　新加坡集聚了自力更生、拼搏进取的移民文化特质。在长期自由放任的殖民政策影响下,整个社会按照族群被分割成一个个社群,但是每个族群、每个个体也因此在历史演进中培育了高度的自治能力,个人的责任被放在首位,崇尚在个人自我奋斗前提下群体互帮互爱。这种文化背景规范了人们对个人、社会和政府关系的基本看法,形成一些约定俗成的民间做法,并对政府政策和制度产生重大影响。1954年,由殖民政府任命的退休金委员会提议由国家支付劳工退休金,但雇主联盟及新加坡职工总会都倾向于实施强制储蓄制度,由雇主和雇员共同分担,经过讨论,殖民政府最终决定采用当时更为流行的自助式中央公积金制度。这项决定被认为给新加坡带来了非常深远的影响,因为如果采用由税收支持的国家支付方案,将使现在的新加坡变成一个政府负担沉重的福利国家。[①]

二、实用主义治国方针的指导

人民行动党宣布要把新加坡建成一个民主社会主义国家,但实际上,新加坡的意识形态是集合了民主社会主义、自由经济、政府导向、精英治国和社会控制等多种政治理念,根据新加坡的实际需要,选取其中适合新加坡国情的东西组合而成,如果要归纳出某种意识形态的话,那就是实用主义(pragmatism)。新加坡选择以实用主义为立身之本,国内外政策都以国家利益为中心,灵活务实,随机应变。正如冯清莲所言:"人民行动党虽一直坚持它是一个民主的社会主义政党,但它的民主社会主义的标志却不时地在发生变化。"[②]早在1959年参加第一次竞选时,人民行动党对外国资本的作用就有实用主义的解释:"尽管我们不同意新加坡的生存有赖于外国资本和外国资

[①] Tan Ern Ser, "Balancing State Welfarism and Individual Responsibility:Singapore's CPF Model", in C.Jones Finer and P.Smyth(ed.), *Social Policy and the Commonweaith:Prospects for Social Inclusion*, Basingstocke, 2004. pp.125-137.

[②] [新加坡]冯清莲:《新加坡人民行动党:它的历史、组织和领导》,苏宛蓉译,上海:上海人民出版社1975年版,第138页。

本家,但是外资企业财团希望在新加坡建设工厂的意图,应予以鼓励和协助。"①执政首届民选政府后,李光耀坦言新加坡出现一种"奇怪的形势":"一个社会主义的政府,在一个本质上仍然是资本主义自由企业的制度下,被赋予发展工业的任务。只要你对这个制度的发展有所帮助,你将得到政府的支持。"②

从马来西亚联邦中匆忙独立出来,使人民行动党面临前所未有的困境:"我们如何才能使一批来自中国、印度、马来西亚、印尼和亚洲其他地区,使用多种语言的移民形成一个国家呢?"③"怎么样盖房子、怎么样修理引擎、怎么写书,都有专著教导。但是从没见过有这样的一本书,教人如何把一群来自中国、英属印度和荷属东印度群岛的不同移民塑造成一个民族国家,或者如何在岛国转口贸易港的传统角色已经过时的情况下,养活岛上的人民。"④新加坡的特殊性使人民行动党没有现成的经验可以借鉴,也没有成型的理论可以指导,因此"治理国家的主要原则是实用主义。"⑤

在实用主义方针指导下,新加坡没有受平等、权利等社会理论争论的囿限,秉承了立足国情处理国事的一贯立场,以机会平等作为平等的根本,提出个人责任为先、政府支持为辅的社会政策基本原则。

三、民主社会主义意识形态的影响

人民行动党对"平等"的阐释出自他们对民主社会主义的理解。

人民行动党对新加坡"社会主义"的经济制度有实用主义的解释,对"民主"也有自己的看法,与欧洲民主社会主义以自由、民主为社会主义基本价值

① [新加坡]冯清莲:《新加坡人民行动党:它的历史、组织和领导》,第140页。

② 李光耀:《实现公平的社会》,见《李光耀四十年政论选》,第117页。

③ Lee Kuan Yew:*The Singapore story*:*Memories of Lee Kuan Yew.* Singapore,1998. ,p.16.

④ Lee Kuan Yew:*From Third World to first*:*the Singapore story*,*1965-2000*,New York,Harper-Collins Publishers,2000,p.13.

⑤ *The prophetic and the political*:*selected speechs and writings of S.Rajaratnam*,p.273.

不同,他们视"追求经济上和社会上的公正"为社会主义基本纲领,只要不违反社会主义基本纲领,寻找社会主义的方法可以有多种。① 李光耀自称留学伦敦经济学院时第一次接触到社会主义理论,"立即被吸引了","世界上每一个人在生活中都应该机会平等,在公平和井井有条的社会里,不应由于人们或他们父母的地位而出现贫富悬殊,这样的主张我认为是非常公平的。"②这不仅是李光耀个人,也是人民行动党的共识。

1959 年人民行动党参加新加坡首届民选政府的大选,在其名为《今后的工作》的竞选宣言中,详细阐述了党的社会改革纲领,承诺将着力解决教育、劳工、工会、社会保障、住房、乡村发展、卫生保健和男女平等问题,提出党的首要目标是"为广大民众创造幸福、充实和安全的生活"③。一年后李光耀宣称:"在未来四年内,可以预见到政府的唯一干涉,只是经济成果的重新分配。……人民在教育和进展方面享有的平等机会更大。"④人民行动党笃信社会主义的目标就是实现社会公正,公正社会是幸福生活的前提,公正社会的核心要素是机会平等而不是财富平等。那种"从没有给每个人平等机会的制度里衍生出来的收入上的不平等""由腐败的寄生领导阶层和靠抢夺他人创造的财富积聚钱财的残忍的人创造的不平等"应该遭到谴责和抵制⑤,新加坡应该创造机会平等的社会。

四、共同价值观的体现

社会政策往往反映出社会的价值观。在社会保障的责任方面新加坡主张个人责任为先,而不是向政府、向社会索取,与其对个人与社会关系的规定性

---

①　*The prophetic and the political:selected speechs and writings of S.Rajaratnam*,p.253.

②　《李光耀回忆录(1923—1965)》,新加坡联合早报出版社 1998 年版,第 124—125 页。

③　《新加坡人民行动党:它的历史、组织和领导》,第 15 页;另见康斯坦丝·玛丽·藤布尔:《新加坡史》,第 363 页。

④　李光耀:《实现公平的社会》,见《李光耀四十年政论选》,第 116 页。

⑤　*The prophetic and the political:selected speechs and writings of S.Rajaratnam*,p.523.

有关。

作为一个东方国家,新加坡主张集体利益高于个人利益,社会权利高于个人权利,个人应该对社会有贡献。李光耀指出,"无论是在繁荣的黄金时代或混乱的年代,亚洲社会从未把个人的价值放在社会的价值之上。社会始终都比个人重要。我想这就是把亚洲从极大的苦难中挽救出来的价值观。"①1959年6月15日拉惹勒南作为自治政府文化部长第一次接受媒体采访时,谈到如何衡量个人的价值,表示以个人财富和社会地位作为人的价值的衡量标准是错误的,人民行动党政府要构建的价值观是:人的价值要由他对社会的贡献和是否对人民有利来衡量,"甚至如果一个三轮车车夫,只要他对社会有贡献,在人民行动党政府眼里,他可能比一个亿万富翁更有价值"②。1991年,新加坡确定国家意识形态"共同价值观",提出国家至上,社会为先;家庭为根,社会为本;关怀扶助,尊重个人;求同存异,协商共识;种族和谐,宗教宽容。在全社会倡导个人贡献家庭、家庭服从社会的价值观。

"国家至上"与政府在社会保障中发挥引导和规范功能的理念相关。人民行动党主张以"好政府""强政府"作为政府衡量标准,好政府应该建立有秩序的社会,因为"亚洲国家的人民希望生活在一个有秩序的社会,并享有更高的生活水平。他们希望在生活方式、政治自由和其他自由方面,在合乎社会利益的范围内,尽量享有个人的选择机会"。③ 而"一个有序社会必定会有等级。如果要给船领航,必定需要一个船长。如果所有的乘客都表现得像船长,麻烦就大了"。④ 所以,政府应该发挥船长的作用,实行诸如强制储蓄等社保措施,

---

① 李光耀:《各国民主人权观有差异》(1993年6月14日),见《李光耀四十年政论选》,第582页。

② Irene Ng, *The Singapore Lion*:*A Biography of S.Rajaratnam*, Singapore, Institute of Southeast Asian Studies, 2010, p.345.

③ 李光耀:《亚洲国家关心政治稳定》(1991年5月9日),见《李光耀四十年政论选》,第557页。

④ *The prophetic and the political*:*selected speechs and writings of S.Rajaratnam*, p.539.

以保障"人民在食、住、就业、保健等方面都受到良好的照顾"①。

第三节　社会政策的制定与实施系统

一、社会政策的决策主体和行为主体

在新加坡,社会政策的决策主体和行为主体都是政府。这种模式源于新加坡的政治体制特点。

关于新加坡政治体制的特点及表现形式、形成原因的讨论已经很多,国内多数学者同意亨廷顿的观点,把它定义为"权威主义"或"威权主义"政治(Authoritarianism);也有人认为是精英民主政治;国外有的学者称之为"极限政府"(ultimate government)政治结构②。这些观点的区别是对新加坡政党制度、民主化程度的看法存在偏差,但是在总结新加坡政治体制的特点方面有一致性:权力的高度集中和政府对社会的高度控制,由此也带来了政府高效的决策力和执行力。李光耀毫不讳言政府决策的专断,并且将之总结为治国经验:"为了人民的长远利益,即使有一些政策在短期间不受欢迎,政府也毫不犹豫地付诸实施。……受欢迎的治国方法,并不意味着政府的每一个行动,都必须受到人民的欢迎,而是意味所有符合公众利益的政策,必须及时加以拟定。"③

新加坡是典型的精英政治模式,国会议员、执政党核心人员、政府高层高

---

① 李光耀:《好政府比民主人权重要》(1992年11月20日),见《李光耀四十年政论选》,第574页。

② 塞缪尔·亨廷顿:《第三波:20世纪后期民主化浪潮》,上海:上海三联书店1998年版;[新]尼古拉斯·塔林主编:《剑桥东南亚史》,贺圣达等译,云南人民出版社2003年,第355—359页,第七章,"独立国家的政治结构·新加坡";李路曲:《新加坡的权威主义政治与现代化》,《政治学研究》1997年第1期;陈祖洲:《新加坡——"权威型"政治下的现代化》,四川人民出版社2001年版,第112—154页;常征:《新加坡:权威主义,还是精英民主?》,《东南亚研究》2005年第4期;孙景峰:《新加坡人民行动党执政形态研究》,人民出版社2005年版。

③ 李光耀:《建国经验的总结》(1980年1月5日),见《李光耀四十年政论选》,第154页。

度整合,决定着国家命运。形成这种体制的原因是多方面的。"独立早期的岁月奠定了人民行动党政府的基础和执政模式。而与马来西亚的突然分立,以及随后英国突然放弃军事基地,都让新加坡人受到了过大的冲击,因此希望依赖强有力的领导层,引导他们度过危机,因此,他们也愿意接受激进的、有时让人不太舒服的劳工、国民服役、教育和家庭规模控制政策。"①人民行动党在1968年大选大获全胜,说明新加坡人对其的信任与信心。当然还与亚洲人对政治的漠视有关,20世纪70年代初,在新加坡本地媒体与政府的第一次博弈中,《海峡时报》公司主席比尔·西蒙斯就抱怨:"极少有人对公众事务表现出真正的关心"②。

到20世纪70年代初,短短五六年间,新加坡从一个"政治玩笑"③成长为稳定繁荣的新兴国家。在1971年的一次讲话中,李光耀将新加坡的成长归因为"都是一小群人的团结、决心和策划所建立起来的","目前负责策划和执行的重担,主要是落在约300名主要分子的肩上。他们包括人民行动党要员、国会议员和干部党员——他们负责动员民众和向民众解释政策,尤其是某些政策引起一时的不便或照顾不到局部利益的时候。此外一些杰出的文官、警察部队、武装部队人员、法定机构的主席和属下的高级行政人员——他们负责拟定政府政策的细节,并且确保政策有效实施。……如果这300个人都同在一架巨型珍宝喷射客机中撞毁而同时死去,那么,新加坡就难免要瓦解。"④这里的假设当然是玩笑,但是也确实反映了小众决策的高风险性。所以一方面是因为扩大决策队伍的必要性,另一方面随着经济发展,新加坡人要求更多的政治参与权,为了顺应形势的发展,20世纪80年代中期,拉惹勒南接受采访时承认人民行动党面临着国内越来越强烈的民主化压力,"我们现在在努力做

---

① [英]康斯坦丝·玛丽·滕布尔:《新加坡史》,第435页。

② 转引自[英]康斯坦丝·玛丽·滕布尔:《新加坡史》,第439页。

③ 1959年,李光耀曾经在当时的新加坡自治议会里说,在东南亚环境里,建立独立的新加坡岛国是一个政治玩笑。

④ 《李光耀四十年政论选》,第137—138页。

的是扩大议会之外的政府领域的参与权,像社区活动中心,居委会等等。政府正在考虑扩大市议会一级的参与权,由一个到多个议员组成。增强对民主的理解的一个方法是让人们加入到管理选区一级的公共事务中来,这样他们将开始学习管理机构的能力和知道管理机构的困难。"①其他的民主化措施还包括建立"民意组"、开展"全国对话活动"收集民意,让公民能直接参与到政策讨论、治理实践中。

民意组(The Feedback Unit)是常设机构,成立于1985年3月,其职责是听取和处理公众对国家课题和政府政策的意见;收集公众对政府政策的反应;协助政府向民众传达和解释国家政策和国家课题;为不同的社群举行对话会、茶会和公开讲座。②

"全国对话活动"从1989年首次对话会"新的起点"开始,已经举行过四次全国范围的对话会,2013年刚刚结束"我们的新加坡全国对话",对话活动的调查显示,公共医疗、住房和就业保障几乎是每个收入阶层都关注的三大课题,③而住房和就业保障长期以来是新加坡政府引以为豪、且被国际社会普遍赞誉的社会政策,说明随着经济发展和社会进步,新加坡人在社会保障方面有对政府更高的期望,要求政府在社会政策的调整上更加切合个人的需求。政府积极回应国民期望,针对国民最关心的医疗问题,2013年8月国会卫生委员会发表《改善新加坡人医药费支付能力》报告,提出扩大健保双全,减轻国人医药费负担。新加坡政府通过这种方式动员国民广泛参与对现实的检讨和对未来的憧憬,并将国民的意见建议充实到政策的修正当中,希望在政府、基层组织之外,增加公民个人参与国家、社会治理的渠道,完善政府、社区、国民三者相互协调、互相配合,共同维护有序、和谐社会环境的社会治理体系。

---

① *The prophetic and the political:selected speechs and writings of S.Rajaratnam*,p.531.

② 陈正编辑:《新加坡年鉴2000》,新加坡:新加坡新闻及艺术部、联合早报2000年版,第199页。

③ Wangliumei,《收入差异影响新加坡人对政府看法》,联合早报网,2013年8月26日。

但是,正如研究者指出的,这种看似决策民主化程度的提高是"'虚拟'的而非实质的,是处于技术层面而非本质层面,是出于对世界和国内民主化浪潮的一种应付性回应,而非从制度层面给予根本变革"。① 新加坡的决策权仍然集中在政府。作为人民行动党的第三代领导人,李显龙秉承了父辈和前任的观点:"我们的国家小而且脆弱,如果出现不合适的或不称职的政府,其后果要比其他国家更严重。领导人不仅要有能力,还要有经验、目标明确、有服务承诺、坚信自己判断的勇气;他们必须学会有政治直觉、精力充沛,能接受国内外的挑战,知道如果第一次错了,不能有第二次。""未来的成功依赖于新的领导人是否和以前一样能理解新加坡及其生存环境,得到国民信任,追求理想,保持政策连续性。……缺少领导能力和道德权威的政府不能明确国家的目标。如果管理混乱,缺乏领导,新加坡将面临灭亡。"②

具体到社会政策,当今新加坡制定和直接执行社会政策的政府部门有社会及家庭发展部、教育部、卫生部、人力部、国家发展部、环境部和律政部,负责住房、教育、就业、医疗、社会救助等所有社会事业的方方面面,具体职责如下③:

社会及家庭发展部(Ministry of Social and Family Development,MSF):社会福利、社区管理政策最集中、最主要的制定与执行部门。该部门几易其名,是自治以来新加坡建制最久但名称改动次数最多的政府部门,其前身是殖民政府的社会福利部,1965 年独立后设置社会事务部(Ministry of Social Affairs),1985 年整合社会事务部和总理公署及文化部的部分业务,成立社区发展部(Ministry of Community Development),2000 年 4 月 1 日改组为社会发展及体

---

① 孙景峰:《新加坡人民行动党执政形态研究》,第 175 页。

② 李显龙:"Singapore of the Future",Arun Mahizhnan,Lee Tsao Yuan(eds) :*Singapore:Re-engineering success*,Singapore,Tims Academic Press,p.7.

③ 各部门职能材料来自:陈正编辑:《新加坡年鉴 1998》,*Yearbook of Statistics Singapore*,*2013*,Department of Statistics,Ministry of Trade & Industry,Singapore,http://www.singstat.gov.sg/publications/publications_and_papers/reference/yearbook_of_stats.html,2014-2-8.

育部,2006 年为社会发展、青年与体育部(MCYS),2012 年 11 月改称社会及家庭发展部。其使命是培养有潜力的个人,强大的家庭以及仁爱的社会,负责监督政府在社会救助、社会服务、家庭、儿童护理及儿童发展、老人,残疾人以及管理赌博问题这些方面的政策。社会及家庭发展部不仅担任着发展和促进的角色,同时提供直接服务,包括儿童和青年罪犯的改造,民事婚姻登记,儿童护理中心和家庭事务中公共教育的许可。在社会及家庭发展部的监管职能中,也负责监管各种立法,如赡养父母法和心智能力法。新加坡回教理事会、人民协会、国家福利理事会是其法定机构。

教育部(Ministry of Education):负责制定和推行教育政策。它也负责管理和发展所有政府学校、政府辅助学校、自主学校、自治学校、高级中学、初级学院,并监管属下法定机构的政策。

人力部:1959 年自治政府成立时设立劳动和法律部(Ministry of Labour and Law),独立后分为劳工部(Ministry of Labour)和律政部(Ministry of Law)两部门,1998 年劳工部改组为人力部。负责发展稳定与和谐的工业关系,照顾工人的安全、健康与福利,并制定和实施外国劳工政策。中央公积金局是其法定机构。

国家发展部(Ministry of National Development):负责城市发展,包括土地利用规划、公共住屋、市区重建与保留、公园与消闲设施和原产品行业。它也同时负责监管本地的建筑业发展商、建筑师与工程师以及建筑工程和保护自然环境。负责公共住屋的建屋发展局及租金调解局和租户赔偿委员会是其法定机构,这三个机构是住房政策的执行者。

卫生部(Ministry of Health):负责医疗政策的职能部门。卫生部通过政府医院、自主医院和政府综合诊疗所,提供预防、治疗疾病和医疗服务;提供预防性和治疗性的牙科服务;注册专业医疗人员;训练医疗人员;策划和发展医疗保健设施;监察国内医疗服务素质;推广家庭计划和人口控制;制定和协调国家的保健政策;协调私人和政府医疗服务的发展。

环境部(Ministry of the Environment):负责保护和美化环境。它的使命是为新加坡人提供一个清洁的居住环境,以及一个高卫生水平、不受传染病威胁的公共环境。环境公共卫生署具体负责公共卫生。

律政部(Ministry of Law):负责法律、立法和宪法事务;土地、测量、地契与契据注册;处理各类法定申请、商标与专利权事务;注册典当商、贷款商;提供法律援助;管理土地资料和委任少年法庭顾问。其中的法律援助和委任少年法庭顾问的职能与社会及家庭发展部有关。

二、社会政策的基层行为体

新加坡没有地方政府,配合政府各部门执行政策的行为体是遍布于基层的新加坡"草根组织(Grassroots Organisations)"和国家福利理事会领导的慈善机构等非政府组织构成的两个系统。在政策执行方面作用最突出的是由人民协会、社会发展理事会、公民咨询委员会、民众联络所、居民委员会、全国青年理事会等构成的草根组织系统。

人民协会(People's Association,PA,简称人协)成立于 1960 年 7 月 1 日,是一个以推动社区发展工作、促进种族和谐和社会团结为宗旨的法定机构,隶属社会及家庭发展部。它的使命是通过组织群众参与教育、社会、文化、体育、康乐和其他社区活动,建立一个具有凝聚力、充满活力及优雅的国家。人协还负责通过协商和反馈加强政府和人民的联系。人协通过大范围的基层网络来实现其使命,目前网络覆盖 5 个社区发展理事会(社理会)和约 1,900 个基层组织。人协的基层网络包括公民咨询委员会 (Citizens' Consultative Committees,CCCs,设于每个选区)、社区俱乐部管理委员会(Community Club Management Committees)、居委会(Residents' Committees)、邻里委员会(Neighbourhood Committees)、马来人活动执行委员会(Malay Activity Executive Committees)、印度人活动执行委员会(Indian Activity Executive Committees)、老年人执行委员会(Senior Citizens' Executive Committees)、青年执行委员会(Youth

Executive Committees）、妇女执行委员会（Women's Executive Committees）、社区
应 急 与 参 与 执 行 委 员 会 （ Community Emergency and Engagement
Committees）①、社区体育俱乐部（Community Sports Clubs，2011 年人协将选区
体育俱乐部更名为社区体育俱乐部）、社交俱乐部管理委员会（T-Net Club
Management Committees）、建设基金委员会（Building Fund Committees）。

社区发展理事会（Community Development Councils）1997 年成立，担任三
个角色：帮助弱势群体、联合人民、连接社区。社理会与个人和公私部门合作，
配合政府的社会援助方案，开办课程，整合来自不同种族和宗教的个人与群体
（包括现有的和新的移民），帮助社区的穷人和老人。社理会也与政府机构和
公司合作，帮助求职者找到工作或提升他们的技能，以提高他们的就业能力。
通过这种方式，社理会旨在帮助政府和社会机构有效地实施他们的方案。

公民咨询委员会以选区为单位，每一个选区设立一个公民咨询委员会，协
调各选区的社区计划及活动，是沟通选民与政府之间的政治桥梁。

居民委员会分布于全国各组屋区，私人住宅区则成立邻里委员会，它们的
职责是在居民之间通过多种活动，促进睦邻精神、种族和谐及社区凝聚力。

全国青年理事会和人协青年运动负责联络和组织青年群体、协调青年事
务。全国青年理事会是全国性机构，其使命是促使青年人过具有目标、有活力
及稳定的生活方式，从而鼓励他们在国家建设事业中作出更大贡献。其主要
工作是通过主办全国性青年交流计划、设立青年奖和青年发展基金，推广青年
活动。人协青年运动是新加坡最大的青年组织，将 15—35 岁之间的青年组织
成青年团，以自我提升课程、探险、体育、文化、交流等活动方式，培养青年人成
为负责任的公民。

———————

① 2009 年人协将民防执行委员会更名为社区应急与参与委员会，民防执行委员会前身为
民防团（Civil Defence Corps），1951 年成立，到 1959 年分别有七种语言的团队：马来语、泰米尔语、
英语和四种华语方言群体，成员都是兼职，平时要接受文化培训和安保训练，以提高应急处理
能力。

图表 1-5　新加坡草根组织及数量　　　　　（单位:个）

年份	2009	2010	2011	2012	2013	2014	2015	2016	2017
社区发展理事会	5	5	5	5	5	5	5	5	5
公民咨询委员会	84	84	87	87	87	87	89	89	89
公民咨询委员会地区委员会（民众联络所管理委员会）	45	43	39	38	39	41	41	42	39
社区俱乐部管理委员会	105	105	106	106	107	107	108	109	110
居民委员会	557	556	564	571	574	582	600	627	644
邻里委员会	110	115	121	134	149	161	174	197	208
马来人活动执行委员会	97	97	97	97	99	98	98	97	98
印度人活动执行委员会	94	94	94	94	95	94	94	96	99
老年人执行委员会	327	321	314	309	295	292	286	268	265
青年执行委员会	99	99	99	100	101	102	102	102	100
妇女执行委员会	104	104	104	104	105	104	105	104	104
社区应急与参与委员会	84	84	86	86	87	87	87	88	89
社区体育俱乐部	84	84	86	86	86	86	87	88	89
社交俱乐部管理委员会	8	8	8	8	8	8	8	8	8
建设基金委员会	27	28	39	44	50	53	53	51	55

资料来源:1. *Yearbook of Statistics Singapore* 2013,p.313.

　　　　2. *Yearbook of Statistics Singapore* 2018,p.323,https://www.singstat.gov.sg/-/media/files/publi-cations/reference/yearbook_2018/yos2018. pdf,2019-3-16.

　　虽然这些草根组织名义上是非政府组织,但是正如李光耀所言"人协与民众联络所是政府贯彻建国政策的工具"[1],发挥着上传下达、下情上达的重要功能,特别是在促进种族和谐方面功劳卓著。

　　国家福利理事会成立于1992年,其前身是1956年成立的新加坡社会福利理事会,管理所有的社会服务志愿者组织和官方救助机构。改组后的国家福利理事会是隶属于社会及家庭发展部的法定机构,它的工作理念是:每一个人,无论才能和境况如何,都应有机会发展潜能,在社会上过着有尊严的生活;提供、发展和促进有效率的社会服务,鼓励志愿工作,以满足目前和未来的需

――――――――――

　　① 林凤英:《人协与联络所是贯彻国策的工具》,《联合早报》1985年6月30日。

求。为此,理事会与多个志愿福利团体、私人机构、社区和政府紧密合作,共同工作。据统计(图表1-6、图表1-7),新加坡志愿者队伍已发展到5万余人,在社区和福利工作的所有组织和机构中都有他们的身影,在执行政府社会政策方面发挥着积极的辅助功能。

图表1-6　新加坡各基层组织志愿者组织数量　　　（单位:人）

类型	志愿者工作部门或角色	2009	2010	2011	2012	2013	2014	2015	2016	2017
社区服务	社区发展理事会	307	309	299	298	298	291	284	290	293
	公民咨询委员会地区委员会	4,555	4,617	4,762	4,796	4,999	5,153	5,280	5,477	5,451
	社区俱乐部管理委员会	3,540	3,631	3,713	3,723	3,789	3,804	3.807	3.858	3,874
	居民委员会	12,783	13,137	13,978	14,008	14,955	15,372	15,945	16,165	16,610
	邻里委员会	1,864	2,047	2,324	2,593	2,908	3,224	3,454	3,877	4,152
	马来人活动执行委员会	1,759	1,787	1,886	1,885	1,988	1,947	1,978	1,930	1,896
	印度人活动执行委员会	1,573	1,681	1,788	1,733	1,838	1,882	1,873	1,902	1,983
	老年人执行委员会	5,716	5,767	5,815	5,718	5,600	5,633	5,535	5,165	5,054
	青年执行委员会	2,253	2,456	2,305	2,392	2,462	2,689	2,503	2,516	2,409
	妇女执行委员会	2,234	2,313	2,399	2,344	2,466	2,538	2,550	2,496	2,499
	社区应急与参与委员会	2,325	2,319	2,240	2,160	2,105	2,131	2,146	2,156	2,146
	社区体育俱乐部	2,041	2,046	2,160	2,073	2,147	2,137	2,214	2,178	2,165
	社交俱乐部管理委员会	105	146	147	140	147	161	163	155	157
	建设基金委员会	492	522	699	753	887	925	919	884	955
	选区基层会员计划	--	--	--	--	295	599	794	799	914
	社区服务志愿者人数合计	41,547	42,778	44,515	44,616	46,884	48,486	49,445	49,848	50,558

续表

类型	志愿者工作部门或角色	2009	2010	2011	2012	2013	2014	2015	2016	2017
福利服务	福利服务委员会	15	15	15	15	17	17	18	18	17
	志愿者缓刑监督官	321	319	321	284	229	223	253	296	296
	少年之家志愿者	119	110	315	256	258	238	238	192	175
	家庭义工计划	73	58	58	76	76	77	89	129	128
	寄养家庭	--	--	227	243	243	282	357	420	453
	运输看管志愿者	--	--	--	29	38	49	52	58	44
	艺术、休闲和体育促进之路计划	--	--	--	--	--	14	39	72	85
	福利服务志愿者人数合计	528	502	936	903	861	900	1,046	1,185	1,198

资料来源：1. *Yearbook of Statistics Singapore*, *2013*, p.314.

　　　　　2. *Yearbook of Statistics Singapore*, *2018*, p.323.

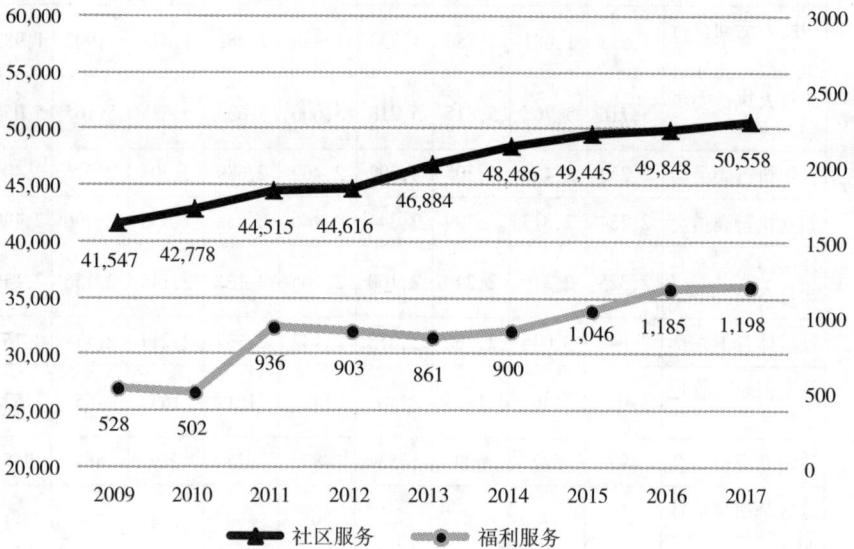

图表1-7　新加坡志愿者数量变化　　　　　　　（单位：人）

　　郑杭生先生谈到中国和西方国家社会转型的不同时说："中国和西方社会转型显著的不同点是,转型过程中社会组织沿着自上而下和自下而上两条轨迹兴起,西方社会组织则主要由民间兴起;中国则是半官半民组织和民间组织并存。在这个过程中,强势政党主导下的强势政府,具有强大的社会动员能力,发挥了重要的推动作用,主导着改革的价值取向。"①从上述新加坡社会政策的实施系统可以看出,新加坡的基本情况与中国的相似,强势政府通过政府机构和半官方组织自上而下推动社会转型,所不同的是新加坡国家福利理事会领导的民间组织大部分产生于殖民时期,先于人民行动党政府之前而存在,原本是纯粹的民间社会组织,在殖民时期就已经先于殖民当局积极介入了新加坡社会变迁,且发挥了重要作用。人民行动党将它们纳入政策实施系统反映了其对殖民遗产的继承与改造。这正是第二章要讨论的问题。

---

　　① 郑杭生:《中国和西方社会转型显著的不同点》,《人民论坛》2009 年第 5 期。

第二章　殖民时期的政策遗产

有人认为"英国殖民者留给新加坡的是一个族群隔阂而又矛盾重重的烂摊子"[1]。但是细究新加坡的历史轨迹,应当指出,英国殖民者在政治、经济、社会等领域都给新加坡共和国留下了或多或少的资产,一定程度上成为人民行动党缔造新加坡奇迹的基础。本章即探讨英国殖民者给人民行动党留下的社会政策遗产,认为经过时断时续的社会改革,到移交权力时,英国殖民当局已经在新加坡建立了比较完整的社会政策体系、实施系统和社会管理机制,给人民行动党政府的社会治理奠定了较好的基础。

第一节　从自由放任到有序管理:英属时期新加坡社会政策概况

因为把新加坡定位为自由港,因此在开埠后相当长一段时间,新加坡殖民当局没有税收,无法在公共服务和社会福利方面有所作为,到19世纪中期,连"政府应达到的最基本标准也够不上"[2]。19世纪40年代以前,新加坡没有公立医院,没有公共医疗服务。1844年由华商陈笃生出面,以私人捐助为主、

---

① 郭保强:《战后新加坡的族群管理与国家建构研究》,华东师范大学博士论文,2002年。
② [英]康斯坦丝·玛丽·藤布尔:《新加坡史》,第89页。

辅以少量政府财产税的方式,创建贫民医院,以救治日益增加的生病穷人。这是新加坡公共医疗服务的开始——虽然效果并不尽人意,在1852—1853年的官方统计里,有三分之一的住院病人死亡①。

1867年成为直辖殖民地后,殖民政府加强了对新加坡的管理,从自由放任向有序管理过渡,到1914年,相继成立了各个管理部门,分别负责教育、卫生和社会福利等事务,奠定了现代国家的基础。一战前,当局开展了针对疟疾的蚊虫消灭活动,铺设了第一批污水排放管道,接管了城市的粪便处理工作,建立了护士家访制以降低婴儿死亡率。第二次世界大战后的20世纪20年代,当局实施了一项医院建设计划,建立了一批公立医院,以改善医疗卫生条件。

两战期间,新加坡殖民当局继续出台系列社会政策,推进社会改革。20世纪30年代初取缔了妓院。1926年和1933年两次出台法律禁止购买"妹仔"(即女童),1939年通过立法,全面禁止买卖"妹仔",保护女童权益。提高女性地位的努力从20世纪20年代就开始了,1926年殖民地事务部组建了华人婚姻委员会,1940年颁布了《民事婚姻条例》,第一次提出一夫一妻制的自愿登记制度,同时也承认传统婚姻。劳工方面,1914年禁止了债务华工,30年代华民护卫司署免费受理华工的劳资纠纷案件;40年代英国尝试着将英式劳工法令引入新加坡,1940年通过了《工业法庭法》(*Industrial Courts Bill*)和《工会法》(*Trade Union Bill*),1941年通过《工会纠纷条例》(*Trade Disputes Ordinance*),这些法令虽然在当时并没有引起多大反应,但是为第二次世界大战后及独立后新加坡的劳工政策打下了基础。

1929年英国通过"探索性殖民地福利与发展立法"(Pioneer Colonial Welfare and Development Legislation),将政府的社会责任原则引入殖民地。但是大萧条和随之而来的战争使这一原则基本上只停留在法律层面,真正的实

---

① [英]康斯坦丝·玛丽·藤布尔:《新加坡史》,第91页。

践是在战争结束英国人重返新加坡后开始的。战后快速的人口增长是新加坡殖民政府面临的主要问题,与 1940 年相比,到 1953 年人口增长了 1 倍,病人数也增长了 1 倍,而门诊病人增加了 10 倍。[①] 半数人口在 21 岁以下[②]。儿童要上学,青年要就业要住房,人口激增给教育、医疗、住房造成极大的压力。1948 年新加坡举行了第一次市政委员会选举,新加坡进步党获胜。进步党和殖民当局都认识到,要让新加坡成为一个安定的社会,就必须以新的立场对待社会福利和教育事务,以回应战后新加坡人希望官方更积极地提供社会服务的要求。为了应对战后极度困难的状况,英国于 1945—1950 年实施"殖民地发展和福利行动"(Colonial Development and Welfare Acts),分配给新加坡的预算资金是 7,324,286 元,1955 年,新加坡的地区配额取消,但之前未使用的配额余额仍然有效,结果能用于发展和福利的款额每年仍然有 475,907 元,此外,1955 年英国殖民部设立了一笔总计 12,500,000 英镑的殖民地发展专款。[③] 英国政府的资金用于岛内道路建设、修建成人教育中心、卫生健康设施、通讯设备、男童宿舍、工会、地区资源调查等。新加坡的社会政策与社会管理体系在蹒跚中起步了。

第二节　教育政策

就现有材料上看,殖民时期的教育可能是新加坡历史最久远的社会政策遗产。莱佛士对新加坡的未来规划是商业港口,而从一开始他就将教育与商业并列为改造这个"小小殖民地"的核心,"教育必须与商业同步发展,以促进其好的方面,抑制其不好的方面。"[④]1823 年莱佛士离开新加坡前夕创建了新

---

① *Colony of Singapore Annual Report 1953*,Her Majesty's Stationery Office,London,1954,p.7.

② *Colony of Singapore Annual Report 1953*,p.8.

③ *Colony of Singapore Annual Report 1958*,p.86.本书的货币,除特别说明之处,都是指新加坡元。

④ [英]康斯坦丝·玛丽·藤布尔:《新加坡史》,第 35 页。

加坡书院,将其作为"我的最后一项公共行动"①,是当时唯一一所政府资助的学校,但是书院直到 1835 年才最后建成,1868 年改名莱佛士书院。19 世纪,移民社群和来自欧美国家的教会组织也相继开办了一些学校,然而来新加坡的移民们都为了赚钱,受教育的目的只是为了能找份工作,因此在 19 世纪,新加坡的学校基本上只提供基础教育,即便如此,也是学生很少,官方投入更少,惨淡经营。

到了 19 世纪后期,新加坡已经发展成比较成熟的殖民地,职业多样化,社会分层也日益明显,人们越来越认识到教育尤其是英文教育的重要性。为了适应教育的新需求,1902 年当局颁布了教育法,这也是新加坡殖民地第一部专门的教育法令,1909 年又成立教育委员会,殖民政府改变之前对学校提供经济资助(马来语学校全额资助,英语学校部分资助)的简单做法,开始有计划地介入教育,兴办英语小学,推动英语教育,同时也提供少量资助给一些华语和泰米尔语学校。

到第二次世界大战前,殖民政府对教育的扶持停留在初等教育层次,只有两所公立中学:莱佛士学院(1928 年开办)和维多利亚学校(1931 年),中等教育基本上靠民间自力更生。职业技术教育也在此时提上了议程,1929 年创办了第一家公立商业学校,1938 年一个官方的委员会建议大力发展职业教育和技术培训,只是英国人没来得及推行,却正好符合日本人的想法。日据时期日本教育政策的重点是技术和职业教育,到 1943 年,新加坡开办了 6 所技术学校和 2 所教师培训学校②,当然教学目的和内容设置都围绕日本的战时需要。

第二次世界大战后英国殖民政府在教育方面承担了更多社会责任,使新加坡的教育在短期内获得快速发展,在教育体系和教育政策的建设方面都为独立后的新加坡教育奠定了较好的基础。主要体现在以下方面。

---

① [英]康斯坦丝·玛丽·藤布尔:《新加坡史》,第 36 页。
② [英]康斯坦丝·玛丽·藤布尔:《新加坡史》,第 275 页。

一、加大官方投入

加大投入是政府承担教育责任的第一要务。如图表 2-1"20 世纪 50 年代新加坡殖民政府教育支出情况"所示,战后英国殖民当局对教育的投入显著增加,特别是 20 世纪 50 年代后半期,均占政府总开支的 20% 以上,几乎成了新加坡殖民地最大的财政开支领域。

图表 2-1　20 世纪 50 年代新加坡殖民政府教育支出情况

（单位:新加坡元）

年	校舍建设和学校运行	教育部门和学校工资	辅助学校的助学金	其他	教育总支出	政府总支出	教育占政府总支出比例
1951	---	---	---	---	16,344,440	127,397,183	12.8
1952	---	---	---	---	19,310,891	167,754,072	11.5
1953	2,541,571	8,645,982	5,611,728	4,137,101	20,936,382	169,730,548	12.3
1954	4,855,000	11,600,100	9,499,100	3,510,900	29,465,100	248,912,615	11.8
1955	---	---	11,870,100	---	40,041,500	197,911,662	20.2
1956	9,081,700	17,048,200	14,554,200	5,558,700	46,242,800	222,518,924	20.8
1957	---	---	20,388,694	---	57,146,928	238,432,454	24.0
1958	---	---	25,592,804	---	68,858,730	264,871,700	26.0
1959	1,227,000	54,418,000	1,560,600	5,789,000	63,081,000	253,825,759	24.0

说明:1959 年工资支出中含学校运行费,"其他"包括教师培训学院、新加坡工艺学院、马来亚大学和南洋大学的投入;比例为作者自算。

资料来源:1. *Colony of Singapore Annual Report 1953*, p.89;

2. *Colony of Singapore Annual Report 1954*, p.96; *Colony of Singapore Annual Report 1956*, p.51, pp.119-120; *Colony of Singapore Annual Report 1957*, p.148; *Colony of Singapore Annual Report 1958*, p.159; *Colony of Singapore Annual Report 1959*, p.218.

第二次世界大战后新加坡殖民当局发展教育的重点是初级教育。当局从 20 世纪初开始介入基础教育,逐渐形成了按经费来源区别的基础教育三大体系:一是政府学校(Government Schools),完全由政府财政支持,包括所有马来语学校和部分英校。二是政府辅助学校(Government-Aided Schools),接受政府援助,包括所有泰米尔语学校和大部分英校、华校,最初给予英校的资助包括教师工资、教师培训费和校舍建设,给华校的资助形式是学生助学金和英语教师工资,后来发展到包括职员工资,支出超过收费的部分,维持学校运行和维修的助学金,新校舍建设、教学设备。[①]三是无政府资助的私立学校(Non-Aided Schools)则基本上自筹经费,只有一些英校和华校属此类。如图表 2-2 "新加坡各类中小学校数量(1953—1958)"所示,发展趋势是政府学校和政府辅助学校越来越多,而私立学校越来越少。在官方投入不断加大的背景下,新加坡中小学数量、教师数量和学生数量都逐年上升(见图表 2-2、2-3、2-4),仅 1955 年一年就新增了 96 所小学和 11 所中学。[②]老师数量和学生数量增长尤其明显(见图表 2-5)。

图表 2-2　新加坡各类中小学校数量(1953—1958)　　　(单位:所)

	1953	1954	1956	1957	1958
政府学校					
英语学校	80	97	142	179	201
华语学校	---	---	5	9	12
马来语学校	36	58	64	65	66
泰米尔语学校	---	---	---	---	---
技术学校	1	1	3	4	4
总计	117	156	214	257	283
政府辅助学校					
英语学校	42	44	52	61	65
华语学校	111	203	235	233	233
马来语学校	1	2	1	1	---
泰米尔语学校	21	20	18	17	17
技术学校	1	1	1	1	1
总计	176	270	307	313	316
无资助私立学校					

---

① *Colony of Singapore Annual Report 1957*,HMSO,London,1959,p.137.
② [英]康斯坦丝·玛丽·藤布尔:《新加坡史》,第 359 页。

续表

	1953	1954	1956	1957	1958
英语学校	53	63	71	70	65
华语学校	162	74	51	37	38
总计	215	137	122	107	103
其他教育机构	51	57	59	58	59
未登记学校	10	12	2	--	---
各类学校总计	569	632	704	735	761

资料来源:1. *Colony of Singapore Annual Report 1953*,p.90.

2. *Colony of Singapore Annual Report 1954*,HMSO,London,1955,p.95.

3. *Colony of Singapore Annual Report 1956*,HMSO,London,1958,p.123.

4. *Colony of Singapore Annual Report 1957*,p.141.

5. *Colony of Singapore Annual Report 1958*,p.152.

图表 2-3　新加坡各类中小学校教师数量(1953—1958)　　(单位:人)

	1953	1954	1956	1957	1958
政府学校					
英语学校	1,527	2,090	2,807	3,228	3,502
华语学校	---	---	109	139	183
马来语学校	303	504	551	519	549
泰米尔语学校	---	---	---	---	---
技术学校	13	20	30	46	62
总计	1,843	2,614	3,497	3,932	4,296
政府辅助学校					
英语学校	916	951	1,101	1,269	1,318
华语学校	1,740	2,246	3,030	3,501	3,857
马来语学校	7	9	5	3	---
泰米尔语学校	49	52	49	47	49
技术学校	9	14	16	20	21
总计	2,721	3,272	4,201	4,840	5,245
无资助私立学校					
英语学校	312	303	336	418	418
华语学校	536	117	185	96	103

续表

	1953	**1954**	**1956**	**1957**	**1958**
总计	848	421	521	514	521
其他教育机构	180	194	200	245	230
未登记学校	40	11	5	--	---
各类学校总计	5,642	6,512	8,424	9,531	10,292

资料来源：1. *Colony of Singapore Annual Report 1953*，p.90.

2. *Colony of Singapore Annual Report 1954*，p.95.

3. *Colony of Singapore Annual Report 1956*，p.123.

4. *Colony of Singapore Annual Report 1957*，p.141.

5. *Colony of Singapore Annual Report 1958*，p.152.

图表 2-4　新加坡各类中小学校注册学生数（1953—1959）　（单位：人）

	1953	**1954**	**1956**	**1957**	**1958**	**1959**
政府学校						
英语学校	37,556	48,157	70,137	84,019	99,306	117,765
华语学校	---	---	1,418	3,647	4,831	6,564
马来语学校	9,033	10,241	12,365	13,312	14,213	15,804
泰米尔语学校	---	---	---	---	---	143
技术学校	190	211	442	932	1,413	---
总计	46,779	58,609	84,362	101,910	119,763	140,276
政府辅助学校						
英语学校	25,536	27,245	30,225	31,940	33,482	36,105
华语学校	58,586	77,063	100,064	110,228	120,774	127,387
马来语学校	203	229	166	107	---	---
泰米尔语学校	1,271	1,465	1,256	1,351	1,399	1,313
技术学校	104	145	213	196	216	---
总计	85,700	106,147	131,924	143,822	155,871	164,805
无资助私立学校						
英语学校	7,732	8,660	11,558	10,675	10,945	9,616
华语学校	20,686	4,542	7,008	3,499	3,550	6,280
总计	28,418	13,202	18,556	14,273	14,495	15,896

续表

	1953	**1954**	**1956**	**1957**	**1958**	**1959**
其他教育机构	8,865	7,811	9,959	12,687	12,413	
未登记学校	1,549	430	164	--	---	
各类学校总计	171,311	186,199	244,975	272,692	302,542	320,977

资料来源：1. *Colony of Singapore Annual Report 1953*，p.90.

2. *Colony of Singapore Annual Report 1954*，p.95.

3. *Colony of Singapore Annual Report 1956*，p.123.

4. *Colony of Singapore Annual Report 1957*，p.141.

5. *Colony of Singapore Annual Report 1958*，p.152.

6. *Colony of Singapore Annual Report 1959*，Singapore，Government Printing Office，1961，p.208.

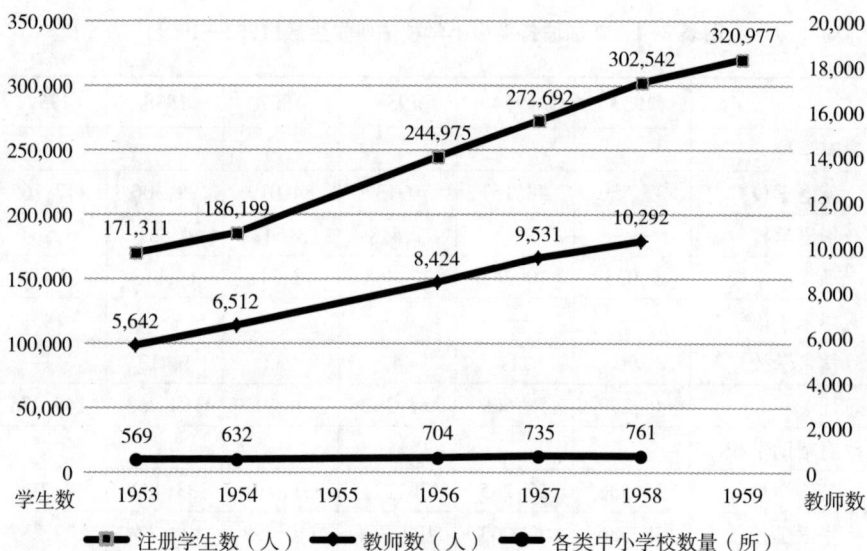

图表 2-5　新加坡各类中小学校数量、教师数及注册学生数变化（1953—1959）

二、普及小学义务教育

1947 年殖民政府启动一项教育发展"十年计划（Ten-Year Plan，1946 年制定，1947 年通过）"，计划基于三原则：政府应承担基础教育责任；所有种族所有儿童都应该享有平等的教育机会；要在小学免费教育基础上发展中学教育、职业教育和高等教育，以更好地适应社会需要。①

　　"十年计划"的主要目标是向所有本地出生的 6—12 岁儿童提供六年的小学免费教育，由父母选择受教育的媒介语言。由于英语的使用范围最广，选择英校的学生最多，政府的资助也大部分给了英校。1953 年开始在政府学校和政府资助的英校实施免费的五年小学义务教育，1954 年延伸到小学六年制义务教育。虽然当局目标是让所有儿童接受平等教育机会，但是实际情况却不理想，20 世纪 50 年代中期，在英校读书的小学生毕业后超过半数的人会继续中学学习，而只有六分之一的华校小学生继续读中学，在马来学校和泰米尔语学校读书的小学生平均在校时间只有 5 年和 3 年。

　　由于种族结构，英语、马来语、华语和泰米尔语四大语言各自办学是殖民时期新加坡教育的一大特色。第二次世界大战前政府不多的资助给了所有马来语学校和部分英校，因为对马来学校的倾斜是新加坡独有的政治需要，英校则体现了教育的实用性。华校和泰米尔语学校反映着华人和印度人对本族群的归属和认同，在自由放任的殖民政策下，这两类学校几乎处于自生自灭状态。四类学校办学质量也参差不齐，英校和华校普遍好于马来语学校和泰米尔语学校。第二次世界大战后在"十年计划"的原则下，不同语言源流学校的平等均衡发展成为殖民政府、直至共和国成立后的人民行动党政府教育政策中首当其冲的问题。战后殖民政府主要解决的是马来学校的落后和华校的平等待遇。

　　为了提高马来语学校的办学质量，延长马来族学生的受教育时间，殖民当局规定在基础教育阶段，马来语学校前 3 年以马来语为教学用语，后 4 年以英语为教学用语，以便马来学生小学毕业后能进入英校中学学习。20 世纪 50 年代初，负责马来语教育政策的马来语教育理事会还要求所有马来语小学使用马来语，英语只作为一门课程教授，立刻开办马来语中学，未来应该设立独

---

① *Colony of Singapore Annual Report 1953*, p.91.

立的马来语大学。这些建议没有完全被采纳,当局只同意增加更多马来语小学,并计划在 1957 年开办一所马来语中学,加强马来语教师培训,以解决马来语教师短缺的情况。1960 年新加坡第一所马来语中学开办,符合条件的新加坡马来公民可以享受免费中学和大学教育,可以自由争取奖助学金。

华校的平等待遇问题是"十年计划"关注点之一。1953 年 9 月,当局针对华校受资助的问题提出建议,以马来语为正式语言,以华语和英语作为工作语言,接受这一条件的华校如果已经享有资助,资助额将有大幅度提高;如果没有资助可以进入受资助学校行列。当局还将向这些华校派出英语教师,提供本地教材。但是这一建议并不受欢迎,一些华校宁愿不要资助也不接受以马来语作为学校正式语言。结果,1954 年教育方面的重大步骤是当局终于给予华校与马来学校和英校平等地位,华校可以不受任何限制申请政府资助。1955 年 5 月,当局组织了一个所有党派代表组成的华语教育委员会,对如何推进殖民地华语教育提出建议。委员会于 1956 年 2 月提交报告,指责殖民当局实施区别对待的教育政策,建议对所有学校和所有四种主要语言及文化一视同仁,打破教育体系之间的隔离,委员会还敦促政府在初级教育阶段实施双语教育。① 报告的许多建议被当局采纳并且写入 1956 年 4 月出版的《教育政策白皮书》。白皮书承诺给予所有达到办学条件的学校平等资助,所有符合条件的教师工资都由当局发放——不管其使用的教学语言是英语还是华语,改变了此前华校教师中英语教师工资官办而华语教师工资自筹的做法。作为采纳的建议之一,当局还注册成立了新加坡华校中学生联合会(Singapore Chinese Middle School Students' Union),但规定学生会不得参与政治活动,不过规定很快被打破了,学生会领导们成了党派会议和罢工运动的活跃分子。

三、加强基础教育管理

1950 年,当局颁布《学校注册登记条例》(the Registration of Schools Ordi-

---

① *Colony of Singapore Annual Report 1956*,HMSO,London,1958,p.118.

nance），对中小学校实行注册登记制，规定注册学校必须有完整的校舍，首次将新加坡各类学校纳入统一管理。1955 年教育局改为教育部，政府加强了对教育的干预和规范。

一是加强了学生的体育课学习。到 1957 年教育部成立了 5 个学生运动协会：中学男子运动协会、华校运动协会、中学女子运动协会、泰米尔语学校运动协会、马来学校运动协会。1959 年所有公共游泳池都向学生免费开放，同年教育部设立新加坡青年运动中心，负责在大部分初级和中等学校推广体育运动和比赛。

二是明确了学校开展宗教和种族知识教育的必要性。1955 年教育部成立了一个种族和宗教委员会，研究在新加坡学校进行道德教育的问题。1957 年委员会向当局提交调研报告并被采纳。报告提出：a）每个孩子在学校都应该接受宗教或种族知识的教育；b）应该为孩子们的宗教信仰提供教育便利；c）宗教教育应该得到学校允许并纳入学生在校时间安排；d）如果家长反对，不能强迫孩子接受宗教教育；e）所有的孩子都应当被教授种族知识。①

三是编制统一的教学大纲和教材。培养人们对新加坡共同的忠诚是战后殖民政府教育政策的主要目标之一，为此当局意识到有必要在不同语言的学校使用统一内容的教学大纲。1956 年成立了一个通用教学大纲和教材委员会，下设各课程分会，负责制定统一的教学大纲，安排出版统一的教材。委员会最大的成功是从不同种族和宗教源流中汇集了有共同价值的部分，并把它们作为共同学习内容融汇于不同语言的教育当中。1959 年教育指导理事会组建了教学大纲和教材标准委员会，由来自四大语言学校的代表组成，分 14 个课程委员会，为中小学的 14 门课程制定统一的教学大纲，为学生提供免费教材。

殖民政府做的最后一件大事是 1957 年年底出台了《教育条例》（*Educa-*

---

① *Colony of Singapore Annual Report 1957*, p.139.

tion Ordinance，1957），规定为殖民地的所有学校、所有教师、管理者登记注册；原则上赋予四大主要语言平等权；基本政策是继续推行小学六年制免费教育（由家长选择语言媒介），中学教育和职业教育向免费教育发展，高等教育要完全适应新加坡需要。[1] 条例成为此后 30 年新加坡教育政策的基调。新加坡教育机构的管理趋向统一：共同遵守的法令，由教育指导理事会协助教育部制定政策，所有学校享受同等的助学金、工资、培训条件和服务。

1959 年自治政府成立后，给新加坡教育带来的最大变化是为与马来亚合并做准备的马来亚化。自治政府的教育政策基于三个主要原则：一是四大语言平等原则；二是马来语为自治邦官方语言；三是重视实践科目的学习，比如数学和科学，以适应工业社会的需要，鼓励学习官方语言。[2] 为此，人民行动党大力提倡学校教育多语言制，1960 年开办第一所混合制学校，到 1967 年有 84 所混合制学校，学生可在一个学校里选择不同语言学习。教育经费从 1960 年的 60 万元上升到 1963 年的 1,000 万元，同时在校生人数从 29 万上升到 43 万。[3]

四、形成比较完整的教育体系

经过第二次世界大战后几年的努力，英国殖民统治退出新加坡时已经建立了比较完备的教育体系，正规教育序列从基础教育到中等教育再到高等教育一应俱全，辅助性教育形式包括技能教育、职业教育和成人教育等也初具规模。

正规教育方面。四种语言都有小学，到 1957 年只有英校和华校有中学，华校 6 年制，英校 4 年制，英校学生毕业后可以参加海外剑桥学校证书考试，

---

① *Colony of Singapore Annual Report 1957*，p.185.
② *Colony of Singapore Annual Report 1959*，p.207.
③ ［英］康斯坦丝·玛丽·藤布尔：《新加坡史》，第 382 页。

准备升入马来亚大学的要再读两年预科。华校中学毕业生参加政府的中学水平考试,通过考试者可以得到海外剑桥学校证书和高中毕业证,想上南洋大学读书的学生还要在华校读一年预科。针对从英校小学毕业不能升入中学的学生,政府开设夜校补习文化或技能培训。第二次世界大战后新加坡创办了两所大学。一所是马来亚大学分校,由马来亚联邦和新加坡当局联合支持,其办学历史可以追溯到 1905 年海峡殖民地和马来亚联邦政府成立的医学学校,1913 年该校命名为爱德华七世医科学校,是新加坡高等教育的肇始,1921 年学校再次更名为爱德华七世医学院,1949 年与莱佛士学院合并组成马来亚大学,1959 年分别在吉隆坡和新加坡开设一所分校。马来亚大学是新马地区第一所正规大学,也是英国在东南亚地区的最高学府。另一所大学是私立南洋大学,1955 年宣布成立,1956 年开始招生,1958 年正式落成。

辅助性教育形式多样。1951 年开始设立技能和职业教育,到 1959 年时有 1 所政府商业学校,2 所中等技术学校(1959 年注册学生 1,322 人),3 所贸易学校和 3 所女子职业学校。3 所贸易学校中 2 所公立,1 所政府资助,招收 13—16 岁的小学毕业生,学制 2—3 年,1959 年注册学生 649 人。3 所女子职业学校分别使用英、华、马来三种语言教学,其中英校和华校为政府资助学校,马来语学校是政府学校,1959 年共有注册学生 905 人。①

新加坡工艺学院(The Singapore Polytechnic)成立于 1954 年,分全日制、白天班、非全日制三种学制,设置工程、建筑、工艺设计、科技、商业等课程,1960 年后更加强化技术课程,弱化普通教育。

职业教育领域代表性的是教师培训学院,在 1959 年成为东南亚地区最大的教师培训机构之一。培训学院分两年全日制专门课程和三年非全日制普通课程两种类型。1950 年时只培训英语教学学校的教师,1954 年开始培训华语教学学校教师,1957 开始负责培训马来语教师。1959 年教育部要求四大语言

---

① *Colony of Singapore Annual Report 1959*,p.210.

学校的教师都要接受非全日制的培训。1959 年学院有注册学员 3,826 人,完成培训的有 599 人。①

由于大多数劳工移民都是文盲,不会英语,到新加坡从业后经常遭遇语言障碍,当局从 20 世纪 50 年代开始开办夜校进行成人教育,主要教英语,来学习的大多数是成年男性,学费很低,基本上是当局补贴。1956 年底建成成人教育中心,由新加坡成人教育理事会(Singapore Council for Adult Education)负责。1960 年设立了成人教育局,专职负责对成年人和校外青年的职业培训。职业培训的范围非常广泛,包括工艺班、职业和职业预备班、商业班、特色学科班、外国语文班等,通过这种训练,不仅可为经济部门提供具有一定工艺技能的人员,而且还可为一部分有进取心的学员开辟一条晋升到专科学校深造的途径,因此受到普遍的欢迎,成人教育得以迅速发展(见图表 2-6),1958 年注册学生大约 14,000 人,1959 年增加到 26,544 人,1960 年接近 37,000 人,有33%的学生从未接受过任何教育。②

图表 2-6 第二次世界大战后新加坡成人教育情况(1953—1959)

年份	1953	1954	1956	1957	1958	1959
班级数(个)	388	370	---	504	500	---
学生数(人)	10,500	11,148	---	12,892	14,000	26,544
政府投入(元)	---	---	377,000	500,000	---	500,000

资料来源:1. *Colony of Singapore Annual Report 1953*,p.97.
　　　　　2. *Colony of Singapore Annual Report 1954*,p.95.
　　　　　3. *Colony of Singapore Annual Report 1956*,p.123.
　　　　　4. *Colony of Singapore Annual Report 1957*,p.147.
　　　　　5. *Colony of Singapore Annual Report 1958*,p.158.
　　　　　6. *Colony of Singapore Annual Report 1959*,p.218.

---

① *Colony of Singapore Annual Report 1959*,p.211.
② *Colony of Singapore Annual Report 1959*,p.217.

第三节　住房政策

20 世纪 20 年代,迅速增长的人口使新加坡城区变得拥挤不堪、杂乱无章,催生出新的官方机构应对城市发展的各种新问题。1927 年殖民当局制定《改良条例》(*Improvement Ordinance*),并据此成立新加坡改良信托局(Singapore Improvement Trust),负责制定新加坡所有地方的改造方案,规划和控制新加坡的布局与发展。信托局不仅负责制定城市规划,也负责殖民地的公共住房建设。但是信托局成立的最初几年工作力度不大,而且不久即遇上经济大萧条,到 20 世纪 30 年代中期新加坡住房紧张的问题凸显,特别是工人阶层,信托局因此开始建造专门租售给工人的廉价房。到 1942 年日本进占新加坡前,信托局修建了 2049 套住房,包括 793 间公寓,779 套住房和 477 间出租房。[①]

第二次世界大战后新加坡住房紧张问题更加严重。1947 年殖民当局的一项生活条件的调查显示,新加坡人口 1931 年有 56 万,1947 年达到 94.1 万,人口过度拥挤,"每户人家大都居住在一室户或者小隔间里,而有四分之一的非熟练工家庭居住空间甚至还更小。"[②]在人满为患的牛车水一带,同一个铺位被分时段租给"寻空人(spacemen)":晚上租给日工,白天租给夜工。1948年,新加坡殖民当局的一个住房委员会提供的报告称:"新加坡所患的是巨人症。拜盲目而缺乏规划的发展方式所赐……一个杂乱无章的混杂地就此诞生。"在城市人口中,仅有不到三分之一的人对自己的居住条件感到满意,而且情况还在恶化:由于人口增长过快,当局的住房建设项目只能满足每年新增人口中三分之一人数的要求。[③] 1948 年为了解决日益严重的住房问题,改良

---

① *Colony of Singapore Annual Report 1953*, p.82.

② [英]康斯坦丝·玛丽·藤布尔:《新加坡史》,第 322 页。

③ 参见[英]康斯坦丝·玛丽·藤布尔:《新加坡史》,第 322 页。

信托局启动一项旨在为3.6万民众提供住房的新计划,同时准备在内城之外建辐射状的卫星城,缓解内城人口高密度的压力。1948—1958年10年间,信托局投入了121.6百万元用于住房建设①,包括修建专门针对月收入不足600元的低价公寓,公寓租金十年间维持在每月12—100元不等;在女皇镇等新城区营建能容纳数万居民的现代综合性住宅区,住宅区紧邻工厂,内有商店、市场、学校、娱乐场所和医院等其他公共设施,居民就近就业、就近上学,既缓解住房压力,也缓解城区交通压力。

第二次世界大战后新加坡住房供给有三种方式:信托局是最大的房屋提供者,提供了殖民时期新加坡一半的公共住房,这些住房主要针对广大平民,特别是低收入人群,基本依赖当局投资,包括住宅配套设施的建筑成本控制在一英亩25,000元,超出部分作为固定资产由当局买单。第二种也是官方提供,服务于部分公职人员,分别由新加坡市议会(City Council)和新加坡港务局(Singapore Harbour Board)为雇员修建住房,公共工程部(Public Works Department)为政府官员提供住房,军队为军人提供住房。第三种是完全由民资投资修建出售或出租的商品房,在20世纪50年代也由几百套发展到上千套,主要针对中等以上收入群体,虽然战后新加坡人购买私有房产的积极性很高,但是这种压力远不如低收入群体对住房的急切渴望,因此在地少人多的新加坡,殖民当局严格控制私营房产公司,使政府成为住房供应的主体,这一政策也被独立后的执政党继承下来,并一直坚持到现在。

与百余万人口相比,每年数千套的住房供应仍然是杯水车薪。到1959年信托局完成的住房是22,975套,市议会、港口局和公共工程部一共建造了20,129套,当局出资提供的住房共43,104个单位(见图表2-7)。而1953年预计有必要每年新增10,000套住房出租②,1959年类似的建议则要求未来十

---

① *Colony of Singapore Annual Report 1958*, p.135.
② *Colony of Singapore Annual Report 1958*, p.138.

年每年新增 17,400 套住房①。为了尽可能解决更多人家的住房需求,信托局将房间面积减小到最低标准,主要发展两居室公寓,1956 年起鼓励人们购买自住房。但是住房紧缺直到新加坡独立仍然与就业并列为最令人民行动党头痛的事情。

图表 2-7　第二次世界大战后新加坡殖民当局住房供应情况(1948—1959)

(单位:套)

年份	1948	1949	1950	1051	1952	1953	1954	1955	1956	1957	1958	1959	合计
改良信托局住房	597	828	1102	1304	1886	2041	1872	2795	1275	1300	3841	1611	22975
公共工程部住房						180	506	737	694	323	296	494	9660
市议会住房	351	873	950	925	690	347	317	--	244	4	64	108	4788
港务局住房						324	168	--	179	72	--	--	5681
私营住房	360	685	839	780	1486	2054	2161	3202	2000	1851	2179	--	--
合计	1308	2386	2891	3009	4062	4946	4987	6734	4392	3550	6380	--	--

说明:1948—1952 年公共工程部、市议会、港务局的住房为合计数。

资料来源:1. *Colony of Singapore Annual Report 1953*,p.84.

　　　　2. *Colony of Singapore Annual Report 1954*,pp.90,92.

　　　　3. *Colony of Singapore Annual Report 1956*,p.115.

　　　　4. *Colony of Singapore Annual Report 1957*,pp.130,133.

　　　　5. *Colony of Singapore Annual Report 1958*,p.141.

　　　　6. *Colony of Singapore Annual Report 1959*,p.236.

日益繁重的战后重建工作使改良信托局不堪重负,当局酝酿着将信托局的规划和建设职能分开。1958 年通过了《规划法》(*Planning Bill*)和《建屋发展法》(*Housing and Development Bill*),取代此前的《改良条例》,根据新法案,改良信托局继续负责新加坡的发展规划,公共住房的建设职能将由新组建的建屋发展局承接。

---

① *Colony of Singapore Annual Report 1959*,p.244.

第四节　卫生健康政策

殖民政府在公共卫生领域起步很晚,第二次世界大战结束时,新加坡的公共卫生状况和医疗条件非常糟糕,迫使政府采取行动。1945—1946 年疟疾在新加坡肆虐,当局展开灭蚊行动,持续到 20 世纪 50 年代初,高峰期每月要在全岛进行一次大检查,不让任何地方有遗漏。1948 年开始了一项为期十年的医疗计划,目的是扩展医疗保健服务,增加 X 光透视设备等医疗设施,降低死亡率(特别是母婴死亡率)。10 年间,对新加坡岛内主要疾病如瘟疫、霍乱、天花、疟疾基本实现免费治疗,使这些传染病得到有效控制;虽然没有建立起全民健康保险体制,但基本能保证让每个需要的人可以得到必要的医疗服务。①

医疗计划建立了完善的门诊看病系统和一流的免费血液供应服务,形成了一个比较完整的公共卫生组织系统:市议会的卫生部负责监管城市食品、酒水和毒品的流通以及母婴福利中心的运行;郊区归殖民当局的医药局卫生处管辖。医药局是殖民政府负责卫生健康事务的部门,负责监管医院和诊所的服务及学校卫生、环境卫生等其他市区卫生事务。1956 年医药局改组为卫生部。此外大量的志愿者组织也在卫生事务中发挥着重要作用。1952 年组建了新加坡储备医院(Singapore Hospital Reserve),旨在为志愿者培训护理能力,同时也为新加坡所有医院的职员提供战时和应急事务培训,参与"后备护士(Nursing Auxiliaries)"项目的男女志愿者要参加总时长 170 小时的专业培训,结业后和民防团一起工作。

到 1959 年新加坡自治政府成立时,新加坡的卫生服务体系已经比较完善,医疗条件得到极大改善,床位数和医务人员数增长较快,死亡率明显下降(见图表 2-8)。1959 年,新加坡有 1 家现代综合性医院,5 家特殊医院,都是

---

① *Colony of Singapore Annual Report 1953*, p.99.

公立,政府出资,病人付费很少。在此基础上,自治政府建立了由卫生部负责、预防和治疗统一的卫生健康服务体系,由医院、诊所、药房和健康中心构成。另有 5 家志愿者医院,1 家专门治肺结核的志愿者诊所(1953 年已有),由专职人员提供医药和护理服务,实际上是免费的。受英国国内福利思想的影响,殖民政府认为现代医疗的付费服务不符合普通公民的要求,这一观念半个世纪前就根植了下来,没有随着社会和环境的发展而改变,尽管私人诊所和志愿者健康服务机构越来越多。

图表 2-8　新加坡卫生健康事业发展情况(1937—1959)

项目	1937	1947	1951	1952	1953	1954	1955	1956	1957	1958	1959
出生率%	45.81	45.88	--	47.53	48.68	48.86	--	48.05	42.9	42.0	39.8
婴儿死亡率%	--	87.33	75.15	69.97	67.04	56.10	49.67	42.66	41.11	43.73	36.0
产妇死亡率%	--	2.9	1.6	1.7	1.2	1.5	0.9	0.7	0.9	0.8	0.7
自然死亡率%	21.96	13.21	11.88	11.20	10.31	9.26	8.73	8.11	7.40	7.0	6.4
床位总数(张)	--	--	--	--	5,352	5,579	--	6,483	6,691	7,141	7436
公立医院(张)	--	--	--	--	4,814	4,974	--	5,893	6,084	6,529	6,694
私立医院(张)	--	--	--	--	538	605	--	590	607	612	742
注册医务人员数											
医生	--	--	--	--	416	454	--	634	651	676	680
牙医	--	--	--	--	53	60	--	76	334	331	326
女护士	--	--	--	--	606	539	--	496	818	966	925
男护士	--	--	--	--	199	196	--	225	240	225	131
助理护士	--	--	--	--	--	--	--	84	194	224	271
助产士	--	--	--	--	341	396	--	240	239	272	460
药剂师	--	--	--	--	74	77	--	86	87	91	94
卫生财政支出(百万元)	--	--	14.4	19.0	26.2	27.2	--	38.1	39.9	42	37.5
占政府总支出比例(%)	--	--	11.3	11.3	12.2	10.9	--	17.1	16.7	15.8	14

续表

项目	1937	1947	1951	1952	1953	1954	1955	1956	1957	1958	1959
病人付费(百万元)	--	--	--	--	1.15	1.18	--	1.20	0.02	0.02	0.19

资料来源:1. *Colony of Singapore Annual Report 1953*,p.37;pp.101,108.

2. *Colony of Singapore Annual Report 1954*,p.10;pp.106,117.

3. *Colony of Singapore Annual Report 1956*,pp.129,146.

4. *Colony of Singapore Annual Report 1957*,p.65;p.73;pp.150,166.

5. *Colony of Singapore Annual Report 1958*,p.75;pp.162,176.

6. *Colony of Singapore Annual Report 1959*,pp.279,304.

第二次世界大战后人们对卫生重要性有了更新的认识:公共卫生不仅关乎公共安全,而且有助于稳定社会秩序。因此改善医疗条件的同时,殖民政府加大了公共卫生服务力度,采取了一系列举措,极大改善了新加坡公共卫生条件。1953 年新加坡城区饮用水达到西方城市标准,可直接饮用。同年,新加坡建立了母婴健康服务网络,设置了 27 家专业诊所、22 个访问中心、8 个农村助产士中心,全部政府出资,对婴幼儿的健康服务一直持续到上学年龄。在当时,新加坡的妇女儿童保健服务被认为是亚洲最好的[①],20 世纪 50 年代中期婴儿死亡率与当时大部分西方国家相当,被认为是亚洲最健康地区之一[②](婴儿死亡率是敏感指标)。1955 年新加坡建立了鸦片治疗中心(Opium Treatment Centre),强制戒烟,也为自愿戒烟者服务。1956 年成立健康教育理事会,负责向全岛普及健康卫生知识,理事会每周日在电台播出周末健康广播,农村则在周末放电影,理事会还在世界健康日组织主题为"血液与健康"的展览,在社区中心举办"你的健康服务"展览。1957 年新加坡颁布《残疾与治疗条例修正案》[*The Mental Disorders and Treatment(Amendment)Ordinance, 1957*],规定不能中断残疾人的治疗,同时也规定医院不能将康复后的残疾人滞留在医院。1957 年的《离婚条例修正案》[*The Divorce(Amendment)*

---

① *Colony of Singapore Annual Report 1953*,p.104.

② *Colony of Singapore Annual Report 1954*,p.112.

Ordinance,*1957*] 专门针对涉及病人的离婚申请作出规定,要求配偶如有不可治愈疾病,提出离婚前病人一方必须得到至少五年的照顾,如果不在殖民地,也必须按照殖民地的医疗标准进行。[①] 1958 年对 14 岁以上人员进行肺结核"X 光"普查,1960 年第二次普查,范围进一步扩大到全岛所有人,以遏制肺结核病的发展,当时它已经是新加坡最致命疾病。1959 年颁布《家庭护理和产妇家庭登记条例》(*The Nursing Homes and Maternity Homes Registration Ordinance*,1959),为住在家里的病人、康复期病人、孕妇、产妇提供登记、管理和治疗服务。[②] 此外,专门为在校学生开设了 4 家诊所,定期体检。

第五节　社会福利政策

第二次世界大战前,新加坡的社会福利事业主要由慈善机构操持。战后殖民地的社会福利由志愿者组织和社会福利部共同承担。

1946 年 6 月,殖民当局成立了社会福利部,开办人民餐馆、儿童喂养中心以及民意局来帮助难民和流离失所的人们。随着战后生活常态的回归,社会福利部的工作逐渐扩展到提供一些长期服务,其职责包括:管理社区中心等社会福利组织和机构;照料和保护妇女与女孩,特别帮助那些以非正常方式谋生的女性;负责儿童与青少年条例的执行和儿童福利事务;社会服务工作培训;提供法律援助,1952 年建立了针对穷人的法律援助(Counselling and Advice Service);负责落实对老、病、孤、寡、失业者和肺结核患者的财政援助;全面、深入的社会状况调查,为社会政策的制定、城市规划以及其他政府部门提供现实依据和实际信息。

[①]　*Colony of Singapore Annual Report 1957*, p.182.
[②]　*Colony of Singapore Annual Report 1959*, p.93.

一、社会福利组织与机构

1. 社会福利部负责的收容机构包括：

男童宿舍（Boy's Hostel），两所，其中一所在武吉巴督，耗资 161,000 元[1]，可同时接收 60 人容量，用于收容和感化因犯罪、父母无法管教、法庭认为需要照顾和保护的 14—19 岁少年。

男孩学校（Gimson School），接受 10—16 岁被少年法庭定罪的男孩，在校时间 3—5 年。学校以家庭的方式组织学习、劳动，除了对男孩们进行感化教育外，主要是为他们提供机器维修、家具制作、烹饪、蔬菜种植、裁缝、建筑工等技能培训，以使他们离开学校后能自食其力。

Perak House，依据《儿童和青少年条例》设立的儿童看护中心，收容 6—14 岁的孤儿和贫困男童，大部分儿童从中心进入公立学校读书，1956 年有 38 人进 26 人出；1959 年收容了 91 名儿童，其中的 89 人去了公立学校就读。

女孩家庭手工艺中心（Girls' Homecraft Centre），依据妇女和女孩保护条例（Women and Girls Protection Ordinance, 1951）设立，分看护部（nursery section）和家庭手工艺部（homecraft section），设计容纳 160 人。看护部为 50 名 7 岁以下的贫困、生病儿童提供看护，家政部为 150 名 7—18 岁的女孩提供家庭式照料，收容的女孩包括身处危险者和父母或祖辈无法管教者。在 1959 年，家庭手工艺部收容了 55 名女孩，同年有 64 名女孩回到父母身边或受雇工作；看护部收容了 42 名儿童。同年有 20 名儿童回到父母身边，42 名女孩上公立学校读书。家庭手工艺部还为其他女孩们提供职业培训，包括服装制作、烹饪、蛋糕制作、刺绣、看护儿童等家务劳动项目。

少女收容所（Girls' Home），可同时容纳 40 人，对从妓院里搜捕的 18 岁以下青年女性进行再教育，培训家务劳动和制衣等手工，1956 年有 27 人进 35

---

[1]　*Colony of Singapore Annual Report 1959*, p.87.

人出,1959 年有 32 名女性进入少女之家,同时有 28 人被释放,重新就业或回家。

智障儿童收容所(Home for Mentally Deficient Children),收容 12 岁以下智障男孩和 16 岁以下智障女孩,教他们基本生活能力和手工活,30 人容量,1959 年 10 月起归健康部管理。

养老院(Home for Old People),由成人收容所(Homes for Adults)发展而来,收容无家可归和贫困的老人,当时主要是老年妇女。

图表 2-9　社会福利部所辖收容所收容情况(1953—1959)　（单位:人）

	1953	1954	1956	1957	1958	1959
男孩学校	161	60	121	133	139	174
男童宿舍	60	---	50	60	50	---
Perak 儿童看护中心	70	70	80	85	81	91
女孩家庭手工艺中心	160	150	178	110	114	97
少女收容所	40	40	33	23	41	32
智障儿童收容所	16	30	30	32	36	42
养老院	275	240	211	200	200	202

资料来源:1. *Colony of Singapore Annual Report 1953*,pp.113,114.
　　　　2. *Colony of Singapore Annual Report 1954*,p.123.
　　　　3. *Colony of Singapore Annual Report 1956*,pp.153,154.
　　　　4. *Colony of Singapore Annual Report 1957*,pp.171,173.
　　　　5. *Colony of Singapore Annual Report 1958*,pp.188,190.
　　　　6. *Colony of Singapore Annual Report 1959*,pp.151,152.

2. 社会福利部负责的其他福利机构:

托儿所(creches),为白天上班的母亲托管幼儿(一个月到六岁),每个孩子每天收费 10 分(整个 20 世纪 50 年代基本未变),1956 年在托儿所增加了幼儿护理内容。

幼儿社会中心(Children's Social Centres),主要由志愿者管理,社会福利部也会派职员,集治疗、健康护理、幼儿教育,家庭育儿咨询于一体,福利部在儿童中心实行免费牛奶制,为儿童提供免费牛奶,这项服务后来扩展成在校学生的每日牛奶制。到1959年共有20个幼儿中心,19个由社会福利部管理,1个由志愿者管理。

社区中心(Community Centres),1953年开始设立,其初衷来自幼儿社会中心,希望类似的服务能惠及更大的孩子甚至成人,有社区图书馆、母婴诊所,也开设健康教育项目和家庭教育课程,后来逐渐发展出就业培训、承办各类展览、开展文体活动等多种功能,发挥密切邻里关系、促进社会共识、实施社区教育和福利的积极作用。社区中心由咨询委员会、管理委员会或社区协会管理,城乡都有,城区的由社会福利部负责,农村的社区中心归农村局管,社会福利部会作为代表参与管理委员会,有时也向中心委派职员。除社会福利部或农村局直接管辖外,城乡社区中心的工作还有卫生部、合作发展部、农业部、渔业部和信息服务部等政府部门的配合支持。1959年自治后,所有的社区中心统一由社会福利部管理。

图表2-10 托儿所、幼儿社会中心、社区中心情况表(1953—1959)

机构	1953	1954	1956	1957	1958	1959
托儿所						
数量(家)	--	--	2	2	2	6
接收人数(人/天)	--	--	140	140	93	310
幼儿社会中心						
数量(家)	16	16	18	21	20	20
接收人数(人/天)	--	2000+	2250	2400	1450	1360
社区中心(家)	2	--	4	11	23	33

资料来源:1. *Colony of Singapore Annual Report 1953*,p.116.

2. *Colony of Singapore Annual Report 1954*,p.124.

3. *Colony of Singapore Annual Report 1956*,pp,156,157.

4. *Colony of Singapore Annual Report 1957*,pp,176,177.

5. *Colony of Singapore Annual Report 1958*,p.192.

6. *Colony of Singapore Annual Report 1959*,pp.153,154.

3. 志愿者组织的收容所：

志愿者组织旗下的收容所有：基督教救世军（Salvation Army），收容孤儿、未婚妈妈和被父母遗弃的儿童；儿童救助社（Children's Aid Society），1902 年成立，收养 30 名孤儿；新加坡儿童社（Singapore Children's Society）；红十字会残疾儿童中心（Red Cross Home for Crippled Children），40 人容量，3—12 岁（1956 年规定 6—16 岁）残疾儿童；其他分别为华人、马来人、印度人设立的儿童救助机构和盲、聋哑等残障人士救助机构。

在新加坡的基督教教会（Roman Catholic Organisations）也有机构收容孤儿、需要帮助和保护的女孩、未婚妈妈、老年妇女，他们还有新加坡最大和设施最好的男孩城，收养男童。

志愿者组织的福利机构和项目占了新加坡福利机构总数的一半，特别是残疾儿童的看护，主要是志愿者组织负责。1956 年 7 月承担社会服务的志愿者组织新加坡社会服务理事会（Singapore Council of Social Service）改组为社会福利理事会（Social Welfare Council），管理所有的志愿者组织和官方救助机构。

二、保护妇女、儿童与青少年

保护妇女、儿童与青少年是社会福利部的主要职责，其法律依据是《儿童与青年条例》（*Children and Young Persons Ordinance*）、《妇女与女孩保护条例》（*Women and Girls Protection Ordinance*，1951）和《儿童收养法》（*The Adoption of Children Ordinance*）。《儿童收养法》规定法庭有权判定父母离异后，未成年子女由父亲或母亲抚养，并且规定，有收养意愿的夫妻要双方共同提出请求。

1949 年颁布的《儿童与青年条例》，巩固并扩展了之前保护青少年的立法，明确对生病、未被好好照管的、有不良行为的青少年进行救治、帮助和教育。条例还强化了战前就制定的禁止"妹仔"制度的法律。依据条例，殖民政府建立了一家青少年法庭,开办了儿童收容所和青少年感化院。《儿童与青年条例》1954年修正案增加了儿童和青少年的福利保护,提升了保护女孩反对强迫婚姻的权力,规定雇佣 12—17 岁青少年的私营企业必须经过劳工部对劳动场所、工种、工时等系统调查。1956 年修正案则禁止私营部门雇佣 16 岁以下童工。

《儿童与青年条例》和《妇女与女孩保护条例》两个条例授权社会福利部帮助被虐待(ill-treatment)和未被好好照管的孩子,规定应当将依条例被认定受虐待和未被好好照管的孩子送至安全场所,一般是儿童收容所。另一种情况是"被转移孩子"(transferred children),即离开亲生父母或兄弟、被他人收养的 14 岁以下华人女孩(特殊原因者除外),这种收养关系在当时不合法但符合华人社群的习俗。① 1954 年后福利部将类似情况的男孩也归于"被转移"之列。1953 年起"被转移孩子"要在社会福利部登记(见图表 2-10),社会福利部负责这些"被转移孩子"的安全跟踪,发现有虐待情形者即带走,或者补办合法的收养手续。

在女性保护方面,20 世纪 50 年代,卖淫和妓院的管理问题比较严重。英国人曾经在 30 年代取缔了妓院,但日占期间日本人又让妓院合法化。战争结束后,社会福利部尤其重视被不良目的驱使而处于危险的不满 18 岁女性,依据女性保护条例,这些年轻女性应该被收容到安全的地方。警方每年都组织数百次(后逐渐降到几十次)对妓院等卖淫场所的突击搜查,发现 18 岁以下的女性即行带走送进少女收容所教养(见图表 2-11)。入境殖民地的外来女性会被仔细调查以防被利用于卖淫。

图表 2-11　青年女性保护情况(1953—1959)　　　　(单位:人)

	1953	1954	1955	1956	1957	1958	1959
"被转移孩子"登记数	2123	1000	805	895	995	1,004	2,296

① *Colony of Singapore Annual Report 1954*, p.125.

续表

	1953	1954	1955	1956	1957	1958	1959
18 岁以下卖淫女性收容数	80	46	--	43	30	40	37

资料来源:1. *Colony of Singapore Annual Report 1953*, p.117.
　　　　　2. *Colony of Singapore Annual Report 1954*, p.125.
　　　　　3. *Colony of Singapore Annual Report 1956*, p.158.
　　　　　4. *Colony of Singapore Annual Report 1957*, p.178.
　　　　　5. *Colony of Singapore Annual Report 1958*, p.195.
　　　　　6. *Colony of Singapore Annual Report 1959*, pp.155,156.

　　青年福利项目由新加坡青年理事会(Singapore Youth Council)负责,教育部和社会福利部共管,主要活动是:开办青年度假区,发行《青年世界》报,推进青年组织的竞争,开办青年俱乐部,培训青年领袖。到 1957 年新加坡有 42 家专为年轻人组织的俱乐部[1],分性别和种族组织,吸引年轻人参与,俱乐部活动包括各种文体活动、技能培训。1957 年各种青年组织吸纳成员共 13,500 人,其中男性 10,000 人,女性 3,500 人[2]。

三、公共援助项目

　　社会福利部最主要的福利项目是公共援助(Public Assistance,PA),主要有公共援助(Government Public Assistance Scheme)和肺结核治疗补助计划(Government Tuberculosis Treatment Allowance Schemes)两类,都由政府出资,为需要帮助的家庭提供资金援助(见图表 2-12)。

　　公共援助 1946 年 7 月开始,对象包括:65 岁以上男性和 60 岁以上女性;病患者包括肺结核病幸存者;寡妇和孤儿;永久性伤残者;暂时伤残者;失业者。[3] 公共援助局负责落实。1959 年 9 月起,受援助的家庭每月得到的援助是:户主 16 元,妻子 10 元,16 岁及以上的受赡养者每人 8 元,16 岁以下的受

---

[1]　*Colony of Singapore Annual Report 1957*, p.174.

[2]　*Colony of Singapore Annual Report 1957*, p.175.

[3]　*Colony of Singapore Annual Report 1953*, p.111.

赡养者每人 5 元,每个家庭援助金额每月不超过 90 元。同年 10 月,针对全盲、或全聋哑、或全残、或失去双上肢或双下肢的户主每月追加 10 元。①

肺结核治疗补助计划于 1949 年 4 月设立。肺结核是第二次世界大战后到 20 世纪 60 年代新加坡最严重的疾病。该计划旨在为肺结核患者及其家属(仅限新加坡公民)提供全免费治疗和后期康复帮助,除在政府医院免费治疗外,每个患者家庭在治疗和康复期间可领取不超过每月 180 元的津贴。② 50 年代初新加坡公立肺结核医院是当时亚洲大型肺结核专门医院之一,1953 年起对所有患肺结核的门诊病人实行免费接诊。针对肺结核的措施还包括对在校生和老师免费胸透体检。

图表 2-12　新加坡公共援助和肺结核治疗补助计划支出情况(1946—1959)

年份	公共援助		肺结核治疗补助计划	
	受助家庭数 (个)	财政支出总额 (元)	受助家庭数 (个)	财政支出总额 (元)
1946	3,570	194,895	---	---
1947	2,254	262,418	---	---
1948	2,193	244,656	---	---
1949	2,109	221,746	120	100,468
1950	2,524	171,618	305	228,491
1951	2,714	385,817	478	405,347
1952	4,162	913,104	984	890,887
1953	6,835	2,423,503	1,253	1,239,990
1954	9,943	3,595,311	1,461	1,454,396
1955	12,960	4,799,584	1,693	1,712,196
1956	14,895	5,564,666	1,969	1,991,091
1957	16,590	6,229,655	2,094	2,121,004
1958	19,051	6,922,409	2,081	2,362,368

① *Colony of Singapore Annual Report 1959*, p.148.

② *Colony of Singapore Annual Report 1959*, p.149.

续表

年份	公共援助		肺结核治疗补助计划	
	受助家庭数（个）	财政支出总额（元）	受助家庭数（个）	财政支出总额（元）
1959	17,050	7,746,840	2,644	2,770,658

资料来源:1.1956 年以前的数据出自 *Clony of Singapore Annual Report 1956*,p.150.

2.1957、1958 年数据出自 *Colony of Singapore Annual Report 1958*,p.180.

3.1959 年数据出自 *Colony of Singapore Annual Report 1959*,p.149.

四、社会调查

新加坡从 1954 年开始正式的社会调查行动,当年主要调查新加坡人的家庭生活条件,收集生活条件、家庭结构及收入、每月收入不足 400 元的家庭生活水平等方面信息和有价值的数据。1955 年成立一个最低标准委员会(Minimum Standards Committee),研究新加坡的最低生活标准,包括社会安全。1956 年在国际劳工组织的协助下,社会调查项目有所扩大:未成年人不上学也不去儿童社会中心的原因、老年人生活条件、青年休闲需要、三轮车夫群体状况调研。1957 年的调查课题是:郊区农民状况,公积金缴纳者失业情况调查,人口普查。可见,20 世纪 50 年代新加坡当局已经开始重视不同层次、不同群体,尤其是中低收入者和弱势群体的生活状态,对社会问题和社会矛盾给予适当的关注。

在社会福利部的工作下,第二次世界大战后新加坡社会福利支出有所增加(见图表 2-13),社会服务得到改善,为期五年的社会福利计划让老人、残疾人和有小孩的寡妇可以领取社会保障金。1956 年通过《法律援助条例》(*Legal Aid and Advice Ordinance*),保障穷人享有与富人一样选择私人律师处理个人事务的权利,1958 年成立法律援助局,专门负责法律援助的受理和实施。

图表 2-13　第二次世界大战后新加坡殖民政府社会福利支出情况

年份	支出额（元）	占政府总开支比例（%）
1951	2,079,806	1.6
1952	3,491,157	2.1
1953	5,483,535	3.2
1954	7,278,130	2.9
1955	8,694,823	4.4
1956	9,855,654	4.4
1957	10,772,530	4.5
1958	11,695,494	4.4
1959	12,461,308	4.9

资料来源：1. *Colony of Singapore Annual Report 1953*, p.37.
　　　　　2. *Colony of Singapore Annual Report 1954*, p.39.
　　　　　3. *Colony of Singapore Annual Report 1957*, p.73.
　　　　　4. *Colony of Singapore Annual Report 1959*, p.75.

第六节　人口政策

人口政策是一个国家或地区根据本地人口增长趋势而采取的相应的政策措施，包括调节外来人口的移民政策、决定内部人口迁移的人口分布政策和调节人口自然增殖的生育政策。由于新加坡的特殊性，殖民时期的人口政策主要表现为移民政策，关系人口数量的生育问题开始引起注意。

新加坡是一个移民之地，为了吸引劳动力，英国殖民当局对新加坡和马来亚都实行自由开放的移民政策，毫无限制。1873 年殖民政府颁布了第一部移民法《华人苦力移民法案》（*Chinese Coolie Immigration Bill*），提出移民要注册，不能强迫签署合同或建立非法接待站。法案因被认为违反自由移民原则遭到欧洲商人、立法会议和英文报刊的反对，没有得到切实执行。但是因为 19 世纪后期新加坡的经济繁荣和马来锡矿对劳动力的需求，贩运苦力和虐待劳工都到了泛滥的程度,殖民政府意识到必须加强对移民的管理,1877 年华民护卫司署(Chinese Protectorate)成立,当年通过了《华人移民法令》(Chinese Immigrants Ordinance)和《诱骗法令》,实际上是对《华人苦力移民法案》的重新确认。在之后的几年里,华民护卫司署将管理触角伸进了移民、劳工、娼妓、赌博等行业。

19 世纪末新加坡人口激增,当局开始考虑对移民进行控制。1933 年颁布《外国人移民条例》(Aliens Ordinance,1933),这也是新加坡第一部对移民进行限制的法律,新的移民条例对外国移民实行配额制,女性和儿童不受限制可自由移民①,希望以此鼓励女性移民,但当时申请移民的仍然以男性为主。中国抗日战争全面爆发后情况发生变化,大量住在中国的妻儿为躲避战乱来到新加坡与丈夫团聚,同时也有众多未婚女性从中国来到新加坡或马来亚。新的移民潮改变了新加坡人口的性别比,1931 年男女比例是 1.713∶1,1947 年为1.217∶1,1957 年时为 1.117∶1,②基本趋于正常。也是从 1933 年的移民条例开始,为了保持本地生活水准和本地人的就业,新加坡当局对外籍移民实行越来越严格的限制。

1948 年当局启用殖民地人口登记制,超过 12 岁且没有英属直辖殖民地身份证的人在新加坡停留的时间不得超过 30 天③。1953 年 8 月 1 日起实施《移民条例》(Immigration Ordinance),规定只有英国公民、马来亚联邦公民和特定人群可以自由进入新加坡,在新加坡停留时间超过 14 天的外籍公民必须向外国人登记处报告。④ 第二次世界大战后经济恢复需要技术工人,因此新加坡欢迎熟练工——比如来自中国香港的纺织技工、手工艺工匠、渔民等,一般无技术的商业职员不受欢迎。特别是 1959 年自治政府成立后,移民问题移

---

① *Colony of Singapore Annual Report 1959*,p.54.
② *Colony of Singapore Annual Report 1959*,p.54.
③ *Colony of Singapore Annual Report 1953*,p.19.
④ *Colony of Singapore Annual Report 1953*,p.18.

交自治政府管辖,移民限制更加严格,当年自治政府颁布几个新法令限制移民,最大的变化针对留居在原籍的妻儿。1959 年的《移民条例修正案》(*Immigration Amendment Ordinance*,1959)废止了已实行百余年的妻儿无限制移民政策,规定妻子和 18 岁以上的子女必须取得许可证方可入境,而如果是新加坡公民,其未满 15 岁的子女可无限制入境,如果是未取得公民权的新加坡永久居民,其未满 12 岁的子女可无限制入境。[①]

1959 年新加坡颁布《禁止移民法》(*Immigration Prohibition Order*,1959),规定从 1959 年 9 月 1 日起禁止非新加坡公民的妻儿移民新加坡;即使是新加坡公民,如果与在国外的妻子分开时间超过 5 年,其妻也被禁止移民新加坡,但其 15 岁以下的子女允许移民。[②]

20 世纪 30 年代开始的限制移民政策使新加坡人口趋于稳定,本地出生的人口比例逐渐增加(见图表 2-14),1957 年的人口普查显示,64.3% 的人口出生于新加坡,8.6% 出生于马来亚,只有 27.1% 出生在其他国家或地区。[③]

图表 2-14　新加坡本地出生人口占总人口比例变化情况　　(单位:%)

比例	1921	1931	1947	1953	1954
总比例	31.0	39.0	60.7	72	73
男性比例	23.4	31.1	56.2	68	70
女性比例	47.1	52.7	66.2	76	76

资料来源:1. *Colony of Singapore Annual Report* 1953,p.18.
　　　　　2. *Colony of Singapore Annual Report* 1954,p.16.

限制移民的同时,新加坡也开始控制人口的自然增长,尝试实行计划生育。1953 年政府援助成立了家庭计划协会(Family Planning Association,FPA),成员包括提供志愿服务的专业医务人员,他们为家庭计划生育提出建

---

① *Colony of Singapore Annual Report 1959*,p.55.
② *Colony of Singapore Annual Report 1959*,p.55.
③ *Colony of Singapore Annual Report 1959*,p.57.

议,为需要的人提供门诊帮助,到 1965 年总造访者达到 103,986 人①。新加坡的 FPA 是亚洲最早建立的家庭计划协会,也是 1952 年成立的国际计划生育联合会的发起成员之一,协会通过教育和医疗,为推广普及家庭计划的理念与实践创造了社会基础,在一定程度上促使 1958 年及以后新加坡出生率的下降。②

性别政策方面,从单纯地保护妇女不受侵害向提高女性地位、推进男女平等发展,比较彻底的变化发生在第二次世界大战后。1952 年新加坡妇女理事会(Singapore Council of Wonmen)成立,蔡杨素梅任主席,成员主要是受过英式教育的上层社会女性,理事会呼吁废除一夫多妻制。1956 年人民行动党组建人民行动党妇女联盟,推动女性平等事业。1961 年新加坡议会通过了具有里程碑意义的《妇女宪章》,禁止一夫多妻制(穆斯林除外),规定法庭宣判之外的离婚无效,实现了人民行动党"一夫,一妻"的竞选纲领。

第七节 就业与劳工政策

第二次世界大战后的移民限制使劳工人口趋于稳定,劳工部门的工作重心转向工作条件、工业安全和工业关系等问题,负责监督劳工法律的执行、机器的使用、工会登记并处理工会建议、商店店员周末的强制休假和童工问题。③ 因此 20 世纪 50 年代也是新加坡就业与劳工政策密集出台时期。主要有:

工资工时政策。"劳工条例"规定每周工作日不能超过 6 天,每天连续工作时间不能超过 6 小时,每天实际劳动时间不能超过 9 小时。到 20 世纪 50 年代初,新加坡 90% 的企业实行每天 8 小时工作制,68% 的企业每周工作 6 天,

---

① [新加坡]苏瑞福:《新加坡人口研究》,薛学了、王艳等译,厦门:厦门大学出版社 2009 年版,第 196 页。

② 苏瑞福:《新加坡人口研究》,第 197 页。

③ *Colony of Singapore Annual Report 1953*,p.20.

夜班不再普遍,只在特殊部门或特殊需要时允许夜班,比如公共部门、渔业加工、新年前的市场供应等等,但是女工和青少年被禁止上夜班。[①] 如图表 2-15 所示,整个 20 世纪 50 年代,新加坡劳工的工资稳中有升,工时则趋于减少。

图表 2-15　新加坡劳工平均工资工时变化(1952—1959)

类别	1952	1953	1954	1955	1956	1957	1958	1959
周薪(元)	31.43	31.0	33.04	36.8	37.12	37.90	36.67	36.88
时薪(分)	62	63	65	74	77	79	79	80
每周工作时数（小时）	49.4	49.9	50.5	49.98	48.42	47.80	46.23	46.38

资料来源:1. *Colony of Singapore Annual Report 1953*, p.26.
　　　　　2. *Colony of Singapore Annual Report 1954*, p.25.
　　　　　3. *Colony of Singapore Annual Report 1956*, p.36.
　　　　　4. *Colony of Singapore Annual Report 1957*, p.47.
　　　　　5. *Colony of Singapore Annual Report 1959*, p.136.

《工人赔偿条例》(*Workmen's Compensation Ordinance*)。1954 年通过,规定雇主无论是否应该对事故负责任,都必须对工伤者、因事故致死的家属和患工业疾病的雇员进行赔偿,包括医药费、住院费等,不能因事故解雇工人,工人疗伤期间的工资照付。

带薪休假政策。1953 年"劳工条例修正案"规定带薪休法定假日,私营企业一年 11 天假日,加班付双倍工资;政府部门和军队的劳工一年 15 天假日;大型企业的假日等同或多于政府部门。"周末假期条例"专门针对商店职员,规定商店每周歇业一天,确保职员每周休息一天。1955 年通过新的劳工条例,规定带薪病假,女工带薪产假。

就业条件治理。新加坡百人以下的小工厂和小型商业公司很多,1956年,新加坡 80%的工业企业是雇员不足 20 人的小企业,许多人的工作环境恶劣,房屋低矮、阴暗、肮脏。第二次世界大战后当局对城区重新规划整治,淘汰

---

① *Colony of Singapore Annual Report 1953*, p.27.

小企业,将工厂集中于皇后区等地,新建厂房改善了工作环境,安全、照明、事故救援和福利都达到当时世界先进国家的水准。

工业培训。由劳工和教育部联合负责,规定所有工人上岗前进行6个月免费培训。

中央公积金制度。20世纪50年代,新加坡最重要的劳工福利被认为是官方提供的廉价住房[1],而对独立后的新加坡共和国影响最大的劳工政策要数中央公积金制度了。此前,新加坡已经有一个为政府雇员提供的公共资金资助的养老金计划。为解决大多数劳工的退休金问题,经过论证[2],在已有的自助式中央公积金制度基础上,1953年制定《中央公积金条例》(*Central Provident Fund Ordinance*,1953),为所有在私营部门工作又不能从雇主那得到更好退休福利的雇员提供退休(55岁)保障。1954年开始对雇员进行登记,1955年初实行。如果雇员身故,公积金由其被赡养者领取。雇主和雇员每月工资的5%缴纳公积金,月薪不足200元的雇员免缴,但雇主要缴。1956年第一次统计结果显示,缴纳公积金的雇员人数为19,000人,雇主人数为230,000人,公积金总额为25,168,005元。[3]

1957年《公积金修正条例》[*Central Provident Fund (Amendment) Ordinance*,1957]特别规定殖民地永久居民的海员也应缴纳公积金,还规定雇主应该首先缴纳公积金,雇主可以从雇员的工资中扣除其应交的公积金额以代缴。新加坡公积金的强制性应该就是出自此规定。修正案将应缴公积金的受雇时限从原来的3个月调整为1个月,即雇佣时间不少于一个月的雇佣双方就必须缴纳公积金。[4]

在自治时期新加坡民众享受到了实际的好处,住房条件改善,教育有了长

---

① *Colony of Singapore Annual Report 1953*,p.33.
② 第一章已有论及。
③ *Colony of Singapore Annual Report 1956*,p.49.
④ *Colony of Singapore Annual Report 1957*,p.181.

足发展,就业明显增加,妇女处境有了改善。社会服务和住房教育覆盖范围的扩大,在一定程度上推动了民众收入的再分配。

第八节　殖民时期社会政策特点

一、深受英国社会政策思潮和实践的影响

作为英国殖民地,英国人在新加坡的统治理念、制度风格都直接受到英国国内的影响。虽然 1601 年即有了最早的社会政策——《济贫法》①,但是人们一般将 19 世纪末 20 世纪初自由党进行的社会改革和社会立法看做是英国福利制度的雏形和奠基阶段②。第二次世界大战期间国民共渡难关与对持久和平的渴望使英国国内形成了建立全面社会保障体系的强烈共识③,催生了英国福利国家在战后短期内建成。英国社会政策从局部到全面的实践过程也投影到了殖民地。

也是进入 20 世纪后,新加坡殖民地有了专门的社会管理部门,负责教育、卫生和社会福利等事务,奠定了现代国家的基础,并陆续出台系列社会政策,推进社会改革。1929 年的"探索性殖民地福利与发展立法",明确将政府的社会责任原则引入殖民地。《贝弗里奇报告》里政府统一管理社会保障原则非常明显地落实在新加坡殖民政府的战后实践中,当局完全摒弃了此前的自由放任行政,使新加坡的社会政策体系在短短的十余年时间里基本趋于完整。报告的三大支柱——国民保健服务、退休保险计划和家庭津贴——都或多或少地在新加坡殖民地有对应,从政府对教育有限资助到成为教育供给的主体,对公共卫生的关注和大规模公共卫生的整治,政府提供住房与新城镇建设,对

---

① ［英］肯·布莱克默:《社会政策导论》,第 33 页。
② 孙洁:《英国的政党政治与福利制度》,北京:商务印书馆 2008 年版,第 10 页。
③ 朱大伟、魏炜:《推进社会保障:西方大国探索二次大战后建构世界和平的一种视角》,《历史教学问题》2012 年第 2 期。

老弱病残妇幼的公共援助,林林总总都与英国福利国家的制度建设如出一辙,有些政策法规直接来自英国本土,比如1957年的"离婚条例修正案"即由英国皇家委员会婚姻事务分会制定。

二、具有明显的本土针对性和实用性

虽然新加坡殖民政府的社会改革深受英国社会政策思潮和实践的影响,但是在实际操作层面又具有明显的本土性,主要针对的是新加坡的具体情况。战后的新加坡脏乱不堪、失业率高、食物稀缺,生活成本飞速上升,为口粮和工资而举行的罢工游行时有发生,因此安抚人心、稳定秩序是英国人恢复统治的重点。所以,新加坡殖民政府落实了《贝弗里奇报告》政府统一管理社会保障原则,但没有吸收报告的社会保障普遍性和全面性原则——这两个原则恰恰是报告最具革命性的部分,没有建立普惠性的医疗服务和退休保险,更没有将福利体系推广到"从摇篮到坟墓"的全覆盖,而是顺应新加坡各族群社会高度自治的传统,弥补其不足,主要关注基础教育、技能培训、公共卫生、移民、住房条件的改善和妇女儿童老弱病残等特殊群体的社会救助,解决关乎人们切身利益的急迫问题。由此看来,这种立足本土解决实际问题的实用主义原则也是英国殖民者留给人民行动党的遗产。

三、社会政策体系趋于完整且具有较强的稳定性和延续性

第二次世界大战后十余年是新加坡殖民政府社会政策体系趋于完整的时期,也是新加坡政局变化最频繁的时段。从1945年到1959年,14年时间,新加坡在政治体制上经历了直辖殖民地、选举产生市议会、林德宪制、内部完全自治的重大变化;英国人、本土政党的劳工阵线和人民行动党先后执政。然而社会政策却保持了稳定性和延续性,不随政体的改变而废弃,也不因执政者的变化而颠覆,其原因在于政策的针对性突出,立足新加坡现实。比如对妇女儿童和青少年的社会关怀、四大语言教育平等政策、确保每个儿童平等教育机会

的原则、在学校教育中培养对新加坡的忠诚、以政府供房为主而控制私营企业房产开发、公共卫生的综合治理、中央公积金制度、福利的有限性,这些政策都切合新加坡的实际,也符合新加坡的发展需要,因而得以延续。至于《儿童与青年条例》《妇女与女孩保护条例》《儿童收养法》《劳工赔偿法》等社会领域的立法,更是一直沿用至今。

四、形成比较完整的社会政策实施系统

如图表2-16所示,殖民政府在实施政策的同时在教育、住房、卫生、福利、就业和人口等领域都设置了相应的政府机构和委员会或理事会等法定机构,事实上建立起了比较完整的社会政策实施系统和社会管理机制,给新加坡自治后人民行动党政府的社会治理奠定了较好的基础。

图表 2-16 殖民时期新加坡社会政策行为体系统

社会领域	政府管理部门	法定机构
教育	教育部	教育委员会、教育指导理事会、马来语教育理事会、华语教育委员会、马来亚大学、南洋大学、新加坡工艺学院、教师培训学院、成人教育理事会
住房	改良信托局、市议会、新加坡港务局、公共工程部	住房委员会
卫生	卫生部、市议会	健康教育理事会
社会福利	社会福利部	社会福利理事会、新加坡青年理事会、新加坡妇女理事会、社区咨询委员会、社区管理委员会
移民与人口	华民护卫司署、外国人登记处	家庭计划协会
就业与劳工	劳工部	

1959年6月5日,第一届民选自治政府产生,首届自治政府共7个部门,与社会事业有关的部门有5个:卫生部(Ministry of Health)、劳动和法律部(Ministry of Labour and Law)、教育部(Ministry of Education)、内务部(Ministry of Home Affairs)、国家发展部(Ministry of National Development)。1959 年 7 月,市议会并入中央政府,国家发展部承接了市议会大部分职能,负责城市规划和住房建设。

自治时期的人民行动党政府还利用殖民时期的基层机构强化了新加坡基层组织建设。1960 年成立人民协会,独立于其他部门,直接由总理管辖,李光耀称其是"新加坡有史以来,政府主动地把它和它的活动带到人民的层次上去"。[①] 原有的地方民众联络所归人协管理。1959 年,全新加坡有民众联络所 24 个,到与马来亚合并前,新建了 100 多个联络所,是政府上情下达的重要工具。

---

① 吴俊刚、李小林:《李光耀与基层组织》,新加坡:新加坡胜利出版私人有限公司 2000 年版,第 85 页。

第三章　工业化初级阶段的社会政策

新加坡政府从 1966 年起实施出口导向工业化发展战略,期间经过了劳动密集型工业化阶段(1966—1979 年)和资本、技术密集型工业化阶段(1980—1985 年);1986 年提出优先发展国际通讯、贸易、金融和咨询等服务业,要把新加坡建成东南亚和亚太地区的区域性服务中心;20 世纪 90 年代后,新加坡在继续发展出口工业和服务业同时,加大对外投资力度,增强新加坡经济的辐射性。每一次经济战略的调整与实施到位,都为新加坡带来新的晋级。按照经合组织的评级标准,完成劳动密集型工业化阶段的 70 年代末,新加坡成为新兴工业国;经过资本、技术和知识密集型工业化发展,到 1995 年新加坡成为发达国家。经济转型带动社会转型,社会转型推动社会政策的调整和完善。在第三、四、五章,将以初级工业化—新兴工业国—发达国家的阶段性为基本线索,探索新加坡社会转型中的社会政策。

本章讨论工业化初级阶段的社会政策。从脱离英国殖民统治的 1963 年到 20 世纪 70 年代末,是新加坡转变港口城市角色,实行工业化以达到经济自立的时期,也是独立建国后人民行动党政府社会政策的起步和初创阶段,通过对殖民时期的社会政策遗产进行继承、改造,形成符合人民行动党理念的新国家社会政策体系。

第一节　工业化初期的社会状况和社会问题

1959 年 5 月，人民行动党在新加坡第一次完全自治政府的大选中胜出，成为这个"小红点"政治实体的执政党，并一直稳坐其位至今。初出茅庐的人民行动党踌躇满志，"对于新加坡来说，国家建设不是一项强调我们共同的过去的任务（因为只有过去 150 年）而是强调我们共同的未来；不是我们过去在我们祖先的土地上取得的，而是我们能在未来一起完成的"[1]。

但是彼时的人民行动党却完全不像现在风光。从 1959 年到 20 世纪 60 年代末，新加坡经历了至今为止最动荡的政局——自治、并入马来西亚、新马分离、独立建国；最严重的经济衰退——1964 年 GDP 增长率为-3.7，最高的失业率——1965—1969 年失业率在 6.7—8.7 之间居高不下；最严重的种族骚乱——1964 年爆发"黑色的穆罕默德诞辰"事件；与此同时出现了持续时间最长的高生育率——1961—1966 年生育率在 4.5—5.3 之间，高出生率——1961—1968 年间出生率在 36.2 到 24.5 之间。[2] 执政初期的人民行动党，面对的是一个贫富悬殊、族群隔离、失业严重、人口激增、形势严峻的后殖民社会，各种社会问题异常尖锐，特别是就业、住房和教育问题，亟待解决。官员们下到选区最常被问到的问题就是"我什么时候能找到工作？""我什么时候能有房子住？"[3]

1960 年 2 月完成殖民政府的权力移交后，李光耀提出："我们得解决的首要问题，就是在经济上提供充分扩展的机会，也就是：（一）为日益增加的人口

---

① Chan Heng Chee & Obaid ul Haq(eds.) : *The Prophetic and the Political : Selected Speechs and Writings of S.Rajaratnam* , p.259.

② 数据详见本书附录：附 1、附 3、附 4。

③ Chan Heng Chee&Obaid ul Haq(eds.) : *The Prophetic and the Political : Selected Speechs and Writings of S.Rajaratnam* , p.255.

提供就业机会。（二）为占人口半数的青年人提供教育费用的来源。"①1961
年政府宣布的发展计划提出，要对住房和教育问题特别关注，因为它们是"当
时的两个政治热点"②。解决失业问题的直接途径是增加就业。开埠以来，英
国人利用新加坡的区位优势将其定位于转口贸易港和远东海军基地，第二次
世界大战后，东南亚新兴民族国家自谋出路，纷纷绕开新加坡直接对外贸易，
新加坡转口贸易地位下降，为了改变单一的经济结构，增加经济的独立性，人
民行动党决定实行工业化战略，将实现工业化看作摆脱困境的唯一出路。
"对于新加坡来说，尽快进入工业时代是很有必要的。……我们国土面积很
小，我们只有两百万人口，我们没有农业基础以及我们没有原材料。……但是
当我们国家变成了一个技术工业社会，这些事实无关了。国土面积不会成为
我们前进和繁荣的阻碍。

　　住房、就业和教育是工业化初级阶段人民行动党社会政策的重点领域，
其目的是通过提供住房和就业，稳定民心；通过整顿教育，培养劳动力，充分
释放新加坡的人力资源。独立后，人民行动党提醒国民，在新国家里，在缺
乏天然资源的新加坡，必须改变工作态度，必须调整各种不实际的优待措
施，"我们开始要解决的基本问题，是消除一种要不得的态度，这态度是：
'你得照顾我的生活。根据人权宪章，我有权享受最低的工资，有薪假期，
教育机会等等'。我们要消除的是这态度。除非你消除掉这种认为世界都
欠负着对我的生活照顾的态度，否则我们的其他问题都不可能着手解
决。"③人民行动党坚信，无论个人还是国家，只有自食其力，才能在新马分家
后的格局中生存。

---

　　① 李光耀：《实现公平的社会》（1960 年 2 月 24 日），见《李光耀四十年政论选》，第 116 页。

　　② Irene Ng, *The Singapore Lion: A Biography of S.Rajaratnam*, Singapore, Institute of Southeast
Asian Studies, 2010, p.334.

　　③ 李光耀：《酬劳与工作表现挂钩》（1967 年 6 月 4 日），见《李光耀四十年政论选》，第
125 页。

第二节　住房政策化解住房危机

　　1960 年建屋发展局的成立开启了新加坡公共住房建设新的篇章。建屋发展局成立初期的主要工作是为低收入者提供住房,成熟后其法定职能是:"负责策划与发展人民负担得起的公共住屋,以及建造辅助性的商业、消闲和公共设施。它也提供基础设施、清理供重新发展的土地、填土作为新的发展用途,以及出售和出租组屋。"①建屋发展局成立后马上宣布它的第一个五年计划,5 年内在女皇镇完成 50,000 个单位住房,每年 10,000 个。结果到 1965 年计划结束时建屋局实际建成 54,000 个单位,是其前身改良信托局工作 32 年总成果的 2 倍多。到 1966 年,1/4 的新加坡人住在建屋局的公寓里。②

　　建屋局 1964 年启动了"居者有其屋"计划,以国家提供大量补贴的方式,帮助低收入公民购买公寓。最初几年标准的公寓多为一房式,包括一厨一卧一卫,首付 20%,余额分 5—20 年付清。③ 以 1966 年的房价(见图表 3-1)为例,当年新加坡劳工平均周薪是 43.73 元④,也就是说,一名体力劳动者两到三年的工资可以买一套两室或三室住房。最受欢迎的三居室售价一般是普通家庭年收入的 2—2.5 倍。租金控制在普通家庭月收入的 15% 以下,⑤月收入不超过 800 元的家庭才能申请建屋局的出租房。⑥ 1968 年起家庭月收入不超过 1,500 元的购房户可动用公积金购房,但是必须保证最低存款作退休金,从而不改变公积金的基本功能——退休保障。1974 起公积金购房扩大到月收入 1,500 元以上的中等收入群体。

---

① 陈正编辑:《新加坡年鉴 1998》,第 163 页。
② *Singapore Year Book 1966*,Singapore,Government Printing Office,1967,p.364.
③ *Singapore 1971*,Singapore,the Publicity Division,Ministry of Culture,Singapore,1971,p.227.
④ *Singapore Year Book 1966*,p.196.
⑤ *Singapore 1971*,p.226;*Singapore 1975*,p.192.
⑥ *Singapore '78*,Singapore,the Publicity Division,Ministry of Culture,Singapore,1978,p.241.

　　严格控制组屋房价自始自终都是新加坡政府住房政策的基本原则,以保证中低收入阶层能买得起房子。从 1966 年到 1982 年,建屋局公寓租金涨了 1/3,售价平均上涨 1.7 倍(见图表 3-1);同期私营公寓租金涨了 5—10 倍,私营房产售价上涨超过 8—10 倍。[①] 而当时的工资增长情况是:1972 年工业部门工人平均周薪是 75.6 元,1984 年涨到 252.7 元,12 年间年均增长率是 10.6%。不包括缴纳的公积金[②]。政府补贴、房价受抑、工资增长、公积金辅助等多重因素提高了人们的购房能力,1977 年自购房数量首次超过出租房数量[③]。同年,财政住房补贴共 6.9 千万元,平均每个住户每年补贴 50 元。[④]

图表 3-1　1966—1984 年建屋局公寓租售价　　　　（单位:元）

调价时间	平均租金			平均售价				
	一居	二居	三居	一居	二居	三居	四居	五居
1966	20	40	60	3,300	4,900	6,200	12,500	--
1974	30	40	60	3,300	6,900	11,800	18,500	--
1978	23.5	40	75	--	--	15,800	24,500	35,000
1983	43	73	--	--	--	22,100	--	79,400
1984	40	70	--	--	--	22,700	--	82,400

资料来源:*Singapore Year Book 1966*,p.196;*Singapore 1971*,p.227;*Singapore '78*,pp.240,241;*Singapore 1984*,pp.168,169;*Singapore 1985*,p.188.

　　随着经济发展水平和国民收入的提高,组屋的房型和面积都在顺势而变,到 20 世纪 80 年代中期最受欢迎的是三居室组屋,四居、五居的需求量也越来越大,建屋局改造或淘汰了原来的一居、二居室,增加大面积组屋供应量。在政府发展性支出中,60 年代住房支出居第三位,次于工业发展和公共设施建

[①]　Daljit Singh,editor:*Singapore 1983*,Singapore,the Information Division,Ministry of Culture,Singapore,1983,p.160.

[②]　*Singapore 1985*,Singapore,the Information Division,Ministry of Culture,Singapore,p.13.

[③]　*Singapore '78*,p.26.

[④]　*Singapore '78*,p.26.

设支出。而从 20 世纪 70 年代直到 1986 年,住房支出则是发展性支出中最大的单项支出项目,1986 年高达 70.6%(图表 3-2)。

图表 3-2　新加坡工业化时期用于住房的发展性支出(1965—1989)

年份	1965	1966	1969	1970	1972	1973	1974	1975	1977	1978
支出额(百万)	36.6	50.9	71.9	103.9	300.6	383.8	487.8	573.3	762.0	910.0
占总发展性支出比例(%)	14.2	17.3	18.9	18.9	28.2	28.3	28.3	29.8	41.8	33.3
年份	1980	1981	1982	1983	1984	1985	1986	1987	1988	1989
支出额(百万)	965.7	1,268.8	2,246.5	3,574.3	2,693.9	1,782.6	9,560.9	1,172.9	1,982.5	941.0
占总发展性支出比例(%)	29.5	32.1	45.2	58.7	46.9	28.6	70.6	19.3	42.1	30.7

资料来源:*Singapore Year Book 1966*,p.128;*Singapore 1971*,p.292;*Singapore 1974*,p.304;*Singapore 1976*, p.270;*Singapore '78*,p.137;*Singapore' 82*,p.234;*Singapore 1983*,p.276;*Singapore 1984*,p.280; *Singapore 1985*,p.296;*Singapore 1986*,p.247;*Singapore 1987*,p.263;*Singapore 1988*,p.266;*Singapore 1989*,p.271;*Singapore 1990*,p.263;*Singapore 1991*,p.265.

建屋局住宅基本上建在卫星城,1966 年通过《土地征收法》,政府可以公共目的低价购买私人土地,使政府能够有效控制土地这一稀缺资源,为政府的城市规划和公共住房建设用地扫除了法律障碍,也阻止了土地投机活动。组屋是一个全面、协调的社区。为了方便生活,每个居住区住 1000—5000 个家庭,有超市、餐饮设施、购物中心、停车场、操场、图书馆、游泳池和小学等生活教育配套设施;集中了三个以上居住区会配有一个含邮局、银行、百货店和剧院的小镇中心,由居委会管理。

旧城改造与新城扩建的主要问题是对居民的重新安置和自建屋主的搬迁,政府重新安置的政策是:愿意租住或购买组屋迁入新住宅小区的,原自建屋主可相应得到一块地基,并且提供适当的租金补贴和拆迁赔偿。1971 年起补偿政策统一为一套位于新城镇的大三居室公寓以及 7,800 元(1974 年后上调至 11,800 元)现金补偿或一块新农地。在操作过程中,选择建屋局公寓的农民越来越多,实际上拆迁和改造的过程也是新加坡农村的城镇化过程,正好与政府的工业化战略匹配。

人民行动党统一规划、租售住房的政策有多重功能:首先,居者有其屋计划提供保障性住房,是一剂社会稳定的良药。政府建房,国民用公积金购房,这样一来,人民行动党成功地将新加坡人的工资、住房与国家经济发展、政治稳定完全联系在一起。在新加坡这个以选举制为基本制度的国家里,这其实是人民行动党赢得选民长期支持的一大法宝。李光耀对此直言不讳,他将居者有其屋和公积金看做是新加坡"稳定的关键因素"[1],因为房子是不动产,房子的价值要靠信心、稳定和发展前景来维持。"只要新加坡保持稳定,行政管理得好,同时继续发展,一个公民在一间组屋方面的投资,经过几年价值必然会增加,增加得比任何其他财产都多。从过去 10 年来价格增加的情形,新加坡人了解这个事实。"[2]"由于两种资产,也就是(一)房子和(二)可观的公积金存款,到了 1994 年,对大约 75% 的新加坡人来说,他们所选出来的政府是好是坏,有很大的利害关系。……如果不顾后果地投票,那么你的组屋和公积金存款便会贬值,可能所剩无几。"[3]"如果你们选举无赖、投机分子、庸才或不讲实际的人进入国会,你们的组屋价值和储蓄就会缩小。你们有责任选举有才干和诚实的人进入国会,这样,你们的组屋才会增值,而你们的公积金存款才会不断增加。"[4]

---

[1] 李光耀:《民选总统保障资产》(1984 年 8 月 20 日),见《李光耀四十年政论选》,第197 页。

[2] 李光耀:《说服人民接受好政策》(1981 年 12 月 24 日),见《李光耀四十年政论选》,第168 页。

[3] 李光耀:《民选总统保障资产》(1984 年 8 月 20 日),见《李光耀四十年政论选》,第198 页。

[4] 李光耀:《民选总统保障资产》(1984 年 8 月 20 日),见《李光耀四十年政论选》,第199 页。

　　图表 3-3 的统计可见,从 1960 年到 1989 年,住建屋局组屋的新加坡人快速增长,1989 年占总人口的比例达到最高值 87.6%,之后稳中有降,在 2008 年稳定在 82% 的新加坡人住组屋。下降的原因是到 20 世纪 80 年代末,新加坡人生活质量提高,住房来源多元化,有条件的人士会选择更高档私营地产。不过建屋局组屋仍然为新加坡人的安居问题提供了最低保障。在 2013 年举行的全国对话会中,高达 97% 的参与者表示,拥屋对他们来说依然很重要。2014 年 2 月 12 日,是新加坡推行"居者有其屋"(Home Ownership)计划的 50 周年纪念日,新加坡国家发展部长许文远当天在题为"居者有其屋—50 年馈赠"的博文中,重申这项住屋政策扮演的举足轻重角色,今天依然是新加坡"关键的社会支柱","它让新加坡人在自己的国家中拥有一份有形的股份,给了国人财务保障和重要的归属感。"①

图表 3-3　住建屋局组屋的新加坡人口比例(%)(1960—2017)

年份	1960	1961	1962	1963	1964	1965	1966	1967	1968	1969	1970	1971
比例	9.1	11.4	15.3	18.3	22.1	23.2	24.4	25.9	29	32	34.6	37.4
年份	1972	1973	1974	1975	1976	1977	1978	1979	1980	1981	1982	1983
比例	41.6	42.7	46.8	51	56	60	64	67	69	69	75	77.5
年份	1984	1985	1986	1987	1988	1989	1990	1991	1992	1993	1994	1995
比例	81	84	85	86	87	87.6	87	87	87	87	86	86
年份	1996	1997	1998	1999	2000	2001	2002	2003	2004	2005	2006	2007
比例	86	86	86	86	86	85	85	84	84	83	82	81
年份	2008	2009	2010	2011	2012	2013	2014	2015	2016	2017		
比例	82	82	82	82	83	82	82	82	82	82		

说明:表中统计的人口含新加坡公民和永久居民。

资料来源:1. 1960—1995 年数据出自 *Singapore 1971*,p.265;*Singapore' 82*,p.263;*Singapore 1983*,p.298;*Singapore 1993*,p.335;*Singapore 1996*,p.382。

　　　　2. 1996—2017 年数据出自 "*Key Indicators-Public Housing and Utilities Usage*",*Yearbook of Statistics Singapore*,2006,2007,2008,2009,2010,2014;"*Residential Units Constructed and Sold by Housing and Development Board*",*Yearbook of Statistics Singapore*,2018,p.141。

---

① 杨丽娟:《许文远:居者有其屋政策是重要社会支柱》,联合早报网,2014 年 2 月 12 日。

其次,居者有其屋计划以低价房产为基础,政府通过控制土地、补贴造价等方式保证不同收入者能购买或租住相应规格的住房,能拥有自己的房产,其实是国家给予购房者的一种福利,使公积金摆脱了单纯的个人储蓄、自我保障的局限,成为有一定国家支持的保障性个人储蓄。随着经济发展水平的提高,建屋局及时调整政策,满足人们对公共房屋的保障和增值期望。1988年,建屋局开始出售店铺,当年卖出390个店铺。1994年起建屋局还从房屋市场上回购3居室组屋,再以补贴价格重新售卖给月收入不超过1,000元的家庭。

最后,社会整合的功能,便于实施社区化管理。申请建屋局住房有严格的条件,新加坡《组屋政策》严格规定申请条件、申请程序、缴款方式等[1],公共住房的租售与收入挂钩,处于哪个收入水平可以租购多大的组屋有细致的规定。[2] 也正是因为政府对住房的主导性,建屋局住房常常被用于配合政府其他政策的辅助措施。比如为了促进种族交流和谐共处,同一小区内不同种族有一定比例,避免出现新的种族社区,以支持多元种族与多元文化和谐共处、相互影响的政策。在1989年政府作出了明确的规定,建筑物和居民区必须有一个广泛的种族混合,华人不允许拥有超过总住宅的87%,也不允许在地产中拥有超过84%的物业,马来人相对应的数字限额分别是25%和22%,印度人和其他族群相对应的数字限额分别是13%和10%。除了加强不同种族间的相互认同,李光耀认为不同种族做邻居能够产生积极的效果:"假如我们没有去调整制度,让马来人能够享有同等的利益,我们就无法团结整个社

---

① 《新加坡〈组屋政策〉核心内容》,见《新加坡社会保障制度》附录,第207—231页。

② 《新加坡社会保障制度》,第94—109页;Kwame Addae-Dapaah, Grace Khei Mie Wong: *Housing and the elderly in Singapore- financial and quality of life implications of ageing in place*,Journal of Housing and the Built Environment;Jun 2001;16,2,p.153;ProQuest Social Sciences Premium Collection.

会。……他们之所以会提升,是因为看到邻人重视孩子的教育,这直接影响了他们。"①

第三节　就业政策与劳工保护

工业化初级阶段,新加坡就业政策的基本原则是激活经济,维持低工资;吸引投资,增加就业岗位;职业技能培训,提高就业竞争力。实现充分就业最直接的政策就是促进经济持续发展,创造充足的就业岗位,人民行动党通过经济发展战略达到了目的,20 世纪 60、70 年代,新加坡的 GDP 年均增长率平均超过 10%(见附 1),失业率从 1965 年的 8.7 降到 1979 年 3.4(见附 4)。为了优化投资环境,1968 年新加坡通过了两项具有争议的法案,一项是《就业法案》,另一项是《产业关系修改法案》,1972 年成立全国工资理事会,由政府统一管理工资调整。工会的传统角色削弱了,管理得到加强,雇工的条件标准化。在社会政策领域政府做的主要工作是劳工保障、安全保护与就业服务。

一、劳工保障

政府通过制定并严格执行一些涉及工作环境、工伤补偿、退休养老等方面的法令、政策,保护工人权益。保障项目不少,不过要出钱的项目多数是雇佣方出资,由政府出资的项目并不多。

中央公积金制是最为人熟悉的新加坡劳工保障政策②,从最初单纯的退休金储蓄逐渐拓展成集养老、购房、保健、家属保障和投资于一体的制度。

---

① ［美］汤姆·普雷特:《李光耀对话录:新加坡建国之路》,张立德译,北京:现代出版社 2011 年版,第 57 页。

② 公积金复杂的缴费率及管理和运行参见《新加坡社会保障制度》,第 25—55 页;或 Linda Low:*How Singapore's Central Provident Fund Fares in Social Security and Social Policy*,*Social Policy & Society 3*:*3*, 301 – 310, Cambridge University Press, the United Kingdom, 2004 DOI: 10.1017/ S1474746404001824。

1968 年起低收入家庭可以用公积金购买建屋局组屋,1974 年起中等收入家庭可以用公积金购买建屋局公寓和纯商业房产。1978 年公积金首次开发其投资功能,1978 年 4 月,每个会员的公积金分成特别账户和普通账户,特别账户只能用于养老,对于那些不到 55 岁的人,按照年龄从 11.1% 到 16.7% 不等捐款纳入这个账户,缴纳金额的比例随年龄的增加而增加,年龄超过 55 岁的人不需要为这个账户缴纳金额。普通账户缴纳金额的比例随着年龄的增长递减,除退休和购房外增加了投资功能,会员可以用普通账户公积金购买新加坡巴士股份公司股票。这是一家国有企业,股票只涨不跌,允许公积金购买其实和居者有其屋计划一样,是将国家的发展红利通过公积金投资的方式进行二次分配,为公积金增加社会保障的性质。

遣散基金(或译裁员支付基金,Redundancy Payments Fund Act)是 1968 年因英国撤离海军基地需大量裁员,为稳定和保障基地雇员利益而成立,之后成为常设基金。基金由雇主缴纳,采用第三方支付的方式保障受裁减雇员的利益。工业化时期的支付情况见图表 3-4。

图表 3-4　遣散基金统计(1974—1986)

年	会员数(人)	资金额(百万元)	领取人数/月	领取金额(元)
1974	---	1.0	---	---
1975	1744	1.3	---	---
1981	886	1.5	600	218,787
1982	821	1.3	610	132,080
1983	784	1.9	496	214,435
1985	741	3.0	708	400,000
1986	689	2.0	884	500,000

资料来源:*Singapore 1975*,p.140;*Singapore 1976*,p.147;*Singapore' 82*,p.51;*Singapore 1983*,p.123;*Singapore 1984*,p.132;*Singapore 1986*,p.110;*Singapore 1987*,p.123.

1977 年通过《新加坡劳工基金法》(*Singapore Labour Foundation Act*),吸收基层工会为会员,主要目的是通过为工会成员的子女就读新加坡国立大学、新加坡工艺学院和义安学院或接受职业与工业训练局培训提供补贴、奖助学金,以及开设职工中心、支助工伤者家庭等方式,提高工会成员及其家庭的福利保障,为提升他们社会、经济、教育的平等地位提供辅助和援助。但是它将援助与工人和工会运动之间的关系联系在一起,实际上是以提供援助的方式限制工人参与罢工等工运。因为人民行动党对劳资关系的成功整合,进入20世纪80年代后,劳工基金的"利益拉拢"功能逐渐退化,对困难劳工家庭补助和工伤抚恤的作用越来越突出,特别是帮助出生于工人家庭的年轻人接受中学后教育或技能培训方面意义重大,每年有100万的专项资金作为奖助学金用于学生教育。1982年劳工基金增加了教育旅行奖励,基本月薪不超过1,250元、且被认为贡献突出的公私部门雇员,可以去东盟其他国家度假,开支由基金会提供75%雇主提供25%。① 20世纪80年代后工人在职培训也可以得到基金会资助。

二、职业安全保护

工伤赔偿制在殖民时期已经实行,1975年起实行新的工伤赔偿法,提高最高赔偿额, 死亡赔偿21,600—35,000元, 完全丧失生活能力的赔偿28,800—45,000元。② 1981年分别调整到35,000—45,000和45,000—60,000元③,20世纪80年代实际赔偿执行的分别是45,000元和60,000元的上限。1990年赔偿额再次大幅调高,分别达到78,000元和105,000元。④

---

① *Singapore 1985*, p.121.

② *Singapore 1976*, Singapore, the Publicity Division, Ministry of Culture, Singapore, 1976, p.146.

③ *Singapore ' 82*, Singapore, the Information Division, Ministry of Culture, Singapore, 1982, p.50.

④ Joyce Tan, editor: *Singapore 1991*, Singapore, the Publicity and Promotions Division, Ministry of Information and the Arts, Singapore, 1991, p.125.

1995 年分别是 147,000 元和 111,000 元①。

图表 3-5　1966—1995 工伤赔偿情况（百万）

年份	1966	1969	1970	1972	1973	1974	1975	1976	1977	1978	1979
赔偿事例（例）	152	———	———	———	———	———	13,966	18,192	20,086	18,556	10,493
赔偿额	0.31	1.21	1.61	3.26	6.18	5.83	5.79	12.96	18.54	15.84	9.16
年份	1982	1983	1984	1985	1986	1987	1988	1989	1990	1991	1992
赔偿额	27.2	34.9	33.9	37.9	32.4	31.4	28.8	27.8	30.14	43.05	52.61
年份	1993	1994	1995								
赔偿额	46.54	49.34	46.57								

资料来源：*Singapore 1971*, p.165；*Singapore 1975*, p.140；*Singapore 1976*, p.147；*Singapore 1978*, p.174；*Singapore' 80*, p.56；*Singapore 1984*, p.129；*Singapore 1985*, p.153；*Singapore 1986*, p.108 *Singapore 1986*, p.110；*Singapore 1987*, p.121；*Singapore 1988*, p.125；*Singapore 1989*, p.122；*Singapore 1990*, p.121；*Singapore 1991*, p.124；*Singapore 1992*, p.146；*Singapore 1993*, p.167；*Singapore 1994*, p.213；*Singapore 1995*, p.210；*Singapore 1996*, p.242.

　　高速工业化带来很多生产安全问题，尽管有工伤赔偿制度赔偿工人损害（赔偿情况见图表 3-5），但解决问题的根本肯定应该是尽可能防止安全事故的发生。为了在制度和政策上提高企业的安全意识、规范企业的安全措施，1971 年劳工部设立工业卫生处，负责监管工业安全、劳工生产安全，保障工业场所的生产安全，1973 年颁布新的《工厂法》（*Factories Act*）取代 1958 年的旧法律，规范工厂的安全水准，规定企业必须关注生产安全和职业健康，要求在一定规模的企业中应成立雇佣双方组成的安全委员会和安全用工办公室。为落实法令的实施，1975 年制定了 4 项相关的具体细则："安全委员会规则"〔Factories（Safety Committee）Regulations〕，"安全管理员资格与培训通知"〔Factories（Qualification and Training of Safety Officers）Notification〕，"安全管理员登记和责任规则"〔Factories（Registration and Duties of Safety Officers）Regu-

---

① 　S B Balachandrer, editor：*Singapore 1996*, Singapore, Ministry of Information and the Arts, Singapore, 1996, p.130.

lations]和"安全管理员守则"[Factories(Safety Officers)Order],对工厂安全生产问题作出详细的政策规定。1977 年颁布"建筑操作和工程建设工作规则"(Building Operations and Works of Engineering Construction)要求施工现场必须配备安全设施和事故防范设施以及急救设备。劳工部每年都会抽检劳动场所,重点是造船厂、船只修理与建筑工地这三个安全事故重灾区,排查侵犯《工厂法》及其附属法规的案例,一旦发现,课以重罚,同时鼓励企业自查。规定发生导致死亡、残疾、受伤超过三天不能工作、在医院观察或治疗超过 24 小时的工伤事故必须向劳工部报告(统计情况见图表 3-6)。

工人职业健康问题也是工业化初级阶段劳工部的工作重点之一。1971年劳工部成立工业卫生联合会(Industrial Health Unit),监管工业场所的卫生条件、健康咨询、职业病防治等,降低劳动环境对工人健康的损害。20 世纪 70年代新加坡主要的职业病有矽肺病、噪音伤害、皮炎,1975 年劳工部设立听力保护项目,定期对噪音行业工人进行听力检查,减少噪音行业对工人的听力损害(统计情况见图表 3-6)。1978 年设立职业性癌症保护项目,定期对职业性癌症高发行业的从业人员体检,及时治疗。

图表 3-6 工业安全和健康保护情况(1962—1979)

	工业事故数(例)				安全环境检查(个)		职业病调查(例)		
	总计	死亡	永久性伤残	暂时性伤残	受查场所	违规	登记总数	听力损害	其他工业伤害
1962	9,315	63	431	8,821	--	--	--	--	--
1963	8,793	75	490	8,228	--	--	--	--	--
1964	7,850	85	448	7,317	--	--	--	--	--
1965	8,215	98	539	7,578	--	--	--	--	--
1966	8,599	108	552	7,939	--	--	--	--	--
1970	1,525	36	73	1,416	--	--	--	--	--

续表

	工业事故数（例）				安全环境检查（个）		职业病调查（例）		
	总计	死亡	永久性伤残	暂时性伤残	受查场所	违规	登记总数	听力损害	其他工业伤害
1972	2,892	--	--	--	--	--	--	--	--
1973	2,910	72	119	--	5,234	137	--	--	--
1974	3,221	88	3,034		7,597	121	--	--	--
1975	3,827	63	3,678		8,220	71	236	--	31例矽肺病
1976	4,252	62	--		--	--	1,123	529	--
1977	4,575	57	--		10,663	10,120	734	298	--
1978	4,554	131	--		11,474	10,590	505	257	219例皮炎
1979	2,476	--	--		5,380	3,739	180	76	94例皮炎

说明：1979 年的数据为 1—6 月的半年数据。

资料来源：*Singapore Year Book 1966*, p.206；*Singapore 1971*, p.165；*Singapore 1974*, p.158；*Singapore 1975*, p.140；*Singapore '76*, pp.147-148；*Singapore '78*, p.175；*Singapore' 80*, p.57.

法规约束的同时，劳工部也注意一方面加强对内宣传举办各种展览，提高人们的安全意识；另一方面加强对外合作，提高应对能力，1978 年新加坡工业卫生处成为世界卫生组织职业健康协作中心成员，协作中心的主要工作是：与 WHO 合作承担指定项目研究；应 WHO 要求提供职业健康方面的服务；按 WHO 要求培训职业健康领域的专业人士。[①] 1991 年成立职业安全与健康培训中心，调查工业安全和健康问题，提供职业安全和健康方面的培训和咨询服务。

三、就业服务

1960 年新加坡设立工业仲裁法庭，负责核准雇主和工会针对就业条件所

---

① *Singapore '82*, p.52.

达成的集体协议；调解无法通过谈判解决的工业纠纷，经仲裁法庭裁决的纠纷不允许上诉。工业仲裁法庭至今仍然是主要的劳资仲裁机构。

1976 年新加坡在《就业法》和《青少年保护条例》基础上实施《青少年雇佣规则》(*Employment of Children and Young Persons Regulations*)，保护年轻工人的健康和福利，重申禁止任何形式雇佣 12 岁以下儿童，未经劳工委员会签字许可不准让 14 岁以下儿童在工业场所劳动，受雇于被工业训练局批准的学徒计划的除外。在工业场所劳动的 14—16 岁工人，雇主必须在雇佣后的 30 天内通知劳工委员会，并递交经注册医生出具的该青年适合受雇的体检证明，16 岁以下工人每天劳动时间不能超过 7 小时。[①] 劳工督察负责督察违反就业法的事件和处理。

劳工部设有 3 个公共就业市场，汇总供需信息，提供就业服务，包括残疾人的就业。1950 年起，殖民当局劳工部设立残疾人再安置计划(Disablement Resettlement Scheme)，免费为残疾人培训合适的技能课程，包括：锡制品、木工、塑料制作、玩具缝制、小工艺品制作、图书装订、组装晶体管、做假肢、加工木制品，帮助他们获得经济独立。独立后人民行动党沿用了这一计划，帮助残疾人自食其力(受助情况见图表 3-7)，培训期间，每人每月可获得 30—50 元不等的补贴(1975 年上调至 40—150 元)。1974 年成立特殊裁员联合会(Special Retrenchment Unit)帮助被裁减的工人重新就业。

图表 3-7　1970—1982 残疾人再安置计划实施情况

年	新进受训人数	完成人数	就业人数
1970	31	11	10
1975	65	--	89

① *Singapore 1978*, p.173；Tan Ern Ser, *Balancing State Welfarism and Individual Responsibility*：*Singapore's CPF Model*, in C.Jones Finer and P.Smyth(ed.), *Social Policy and the Commonweaith*：*Prospects for Social Inclusion*, Basingstocke, 2004.

续表

年	新进受训人数	完成人数	就业人数
1976-1977	128	67	223
1981	66	--	125
1982	39	--	119

资料来源:*Singapore 1971*,p.160;*Singapore 1976*,p.143;*Singapore' 78*,p.175;*Singapore' 82*,p.48;*Singapore 1983*,p.115.

第四节 教育政策建构国家意识

独立后新加坡的教育政策两大目标:培养劳动力;培养国民意识,帮助塑造一个团结、稳定和繁荣的国家,将生活在同一个小岛,但各说各话、不能听懂一个笑话的多个族群塑造成一个共同体——"新加坡人"。李光耀刚任自治政府总理时,就宣布"我们未来所要拟定的一种教育制度,将使到出身于我们所有学校的人,都能具有共同的理想和价值观"。[1] 后者的任务更加艰巨,因为"新加坡的教育还被赋予了极深的感情色彩,非常容易引起分裂,因此具有深远的社会和政治影响力"。[2]

人民行动党围绕两大目标的具体政策是:

一、统一不同源流教育,建立完整的国民教育体系

教育部负责制定和推行教育政策。它也负责管理和发展所有政府学校、政府辅助学校、自主学校、自治学校、高级中学、初级学院,并监管属下法定机构的政策。工业化时期教育部的下属部门有:行政署、教育服务署、规划与检

---

[1] 李光耀:《英文教育者特性改变》(1959 年 8 月 16 日),见《李光耀四十年政论选》,第368 页。

[2] [英]康斯坦丝·玛丽·藤布尔:《新加坡史》,第424 页。

查署、研究与测试署、学校署、课程发展中心,常设秘书处负责管理各署。新加坡大学、南洋大学(1980年后两校合并为新加坡国立大学)、教育学院(原教师培训学院)、南洋理工学院、新加坡工艺学院、义安学院、职业与工业训练局、新加坡科学馆、东南亚研究院是教育部法定机构。

行政署负责制定和控制预算,人力管理,学校建设,项目提升,学校供给和一般性管理。

教育服务署下设培养处、教材与图书馆处、课外活动处。培养处负责组织培养项目和课程服务、师资、贫困学生奖助学金;教材与图书馆处负责审查教材的适用性,推进学校图书馆的有效使用;课外活动处负责课外活动和其他文体项目。

规划和检查署设计算机服务处、资源规划处和系统处三部门。计算机服务处负责教育部信息系统和计算机服务系统,资源规划处负责规划学校设备和师资要求,系统处负责检查或更新教育系统的发展。

研究和测试署是1981年合并了原研究与监控处和考试服务中心而成立,负责研究和监控政策执行情况,组织所有国家公共考试。

学校署设中学处、小学处和课程处,负责基础教育的正常运行和学生服务。

1973年在教育部设立了特殊教育处,专门负责残障儿童的学习。

为了建立完整的国民教育体系,教育部首先在20世纪50年代末已经统一法令、统一中小学教学大纲和教材基础上,1960年实现了由新加坡考试局组织的四种语言小学统一的小学离校考试,1966年统一中等职业学校入学考试,1971年实现了四种语言学校中学毕业的统一考试——新加坡剑桥普通教育证书"普通水准"(O水准)考试。

其次,改革华校学制,将华校中学三三制改为四二制,使其与英校一致。

最后,扩大混合制学校数量,从学校建制上打破种族藩篱。到1970年,全国526所学校中有106所是混合制学校,半数中学和绝大部分工艺与职业专科学校改成混合制学校。① 1969 年设立初级学院,与高级中学一起实施大学先修教育。1970 年,完成大学先修课程准备报考大学的学生可以选择参加政府高级学校证书(华语)考试和剑桥普通教育证书高级水准考试(报考新加坡大学和马来亚大学)。

到 20 世纪 70 年代初,新加坡形成了完整的国家正规教育系统(如图表3-8),小学 6 年,中学 4 年。1970 年起学生完成中学二年级后可以选择继续修读文科课程、理工课程或商业课程,也可以离开中学进入职业教育机构或工业培训中心。1970 年有 65% 的中学二年级学生选择工艺课程。

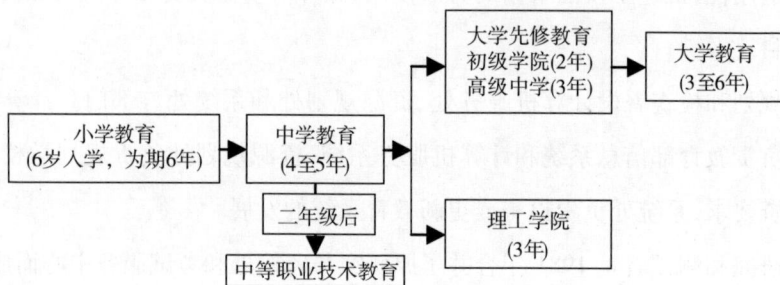

图表 3-8 1977 年分流制前的教育系统

20 世纪 70 年代教育体系方面最重要的政策是初试教育分流制。

1977 年前有 35%—40% 的小学生在小学离校考试(Primary Leaving Examinations, PSLE)中不及格,无法适应工业化对劳动力越来越高的文化要求,因此 1977 年新加坡教育政策进行重大调整,采用新的基础课程以确保那些学习能力较差的学生不用进入更高水平的学习,而是学习适合他们能力的职业教育课程,以为其个人发展提供更多机会(如图表 3-9)。

新政策将小学教育分标准课程和基础课程。标准课程学 6 年,学完参加 PSLE 考试,通过 PSLE 考试的学生进入中学。学力不足的学生可以将小学教

① 《李光耀回忆录:我一生的挑战,新加坡双语之路》,南京:译林出版社 2012 年版,第28 页。

```
                                    ┌──────────────┐
                                    │  大学先修教育  │   ┌──────────┐
                                    │ 初级学院(2年) │──▶│  大学教育  │
                                    │ 高级中学(3年) │   │ (3至6年)  │
                                    └──────────────┘   └──────────┘
                                           ▲
┌──────────────┐    ┌──────────┐          │
│   小学教育     │    │  中学教育  │──────────┤
│(6岁入学，为期6年)│──▶│ (4至5年)  │          │
└──────────────┘    └──────────┘          ▼
       │                  │         ┌──────────┐
   ┌────────┐             │         │  理工学院  │
   │ 二年级后 │             │         │  (3年)    │
   └────────┘             ▼         └──────────┘
       ▼            ┌──────────────┐
┌──────────────┐    │ 中等职业技术教育 │
│  初级培训(3年) │    └──────────────┘
└──────────────┘
```

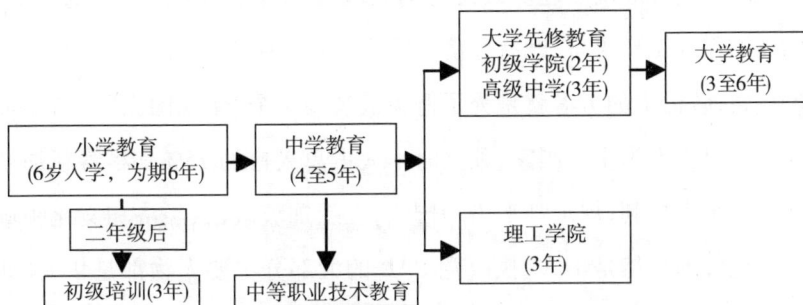

图表 3-9　1977 年实行分流制后的教育系统

育时间延长到 8 年参加 PSLE 考试，通过 PSLE 考试的学生进入中学；或者学完 2 年标准课程后在 3—6 年级期间转学基础课程，基础课程学习时间 1—4 年（B1-B4），选修基础课程的学生小学时间可以延长到 9 年，之后进入初级培训系列（Junior Trainee Scheme，JTS）。在 JTS 里培训者接受就业培训，加上每周 6 小时的成人教育文化课程。JTS 的正常培训时间是 3 年，男孩也可以一直待到 18 岁服兵役。[①] 这是第一次分流。

中学四年，仍然可以在二年级后继续学术课程直至考大学或者转入职教学校。1978 年起中学分流更加灵活，中学四年期间，学生可以在任何年级转向职业技术教育。

1977—1978 年间的政策调整只是一个前奏，更加精细的分流设计出自《吴庆瑞报告书》。分流与双语教育是新加坡二十世纪八九十年代基础教育的两大特色。

二、实行双语政策

教学语言问题是新加坡独立后最纠结的教育政策。

在新加坡，"语文问题就是政治问题"[②]，不仅是国内政治问题，也是新加

---

① *Singapore 1978*，p.179.

② 《李光耀回忆录：我一生的挑战，新加坡双语之路》，第 30 页。

坡与邻国间的国际政治问题。人民行动党以马来语作为象征意义的国语,以中立的英语作为工作语言,既有经济原因也有政治原因,经济上的考虑是与国际市场接轨,政治上的考虑就是为了避免被视为一个"华人国家"。新加坡是东南亚唯一以华人为主的国家,独立时华人占总人口的75%。尽管新加坡以法律保障马来人权利,规定马来语为国语,在新加坡政治、经济和文化领域中占据主导地位的仍然是华人,执政党PAP的大部分主要人物都是华人,如李光耀、吴庆瑞、杜进才、林金山等。这种状况使新加坡成了东南亚地区一个绝对的异类。更糟糕的是,新加坡独立时,东南亚国家普遍存在一股对华侨华人的排斥、歧视甚至仇视态度,并且程度不同地推行同化华人的政策,两大邻国印尼和马来西亚更是处于反华、排华高峰,新加坡从马来西亚分离出来的原因之一就是马华种族平等与否的矛盾。其他东南亚国家,菲律宾曾经严厉限制华侨入籍和中国移民入境,直到中菲建交后放宽;越南从20世纪60年代中期开始,由强迫华侨入籍发展到1978年公开大规模排华和驱赶华侨华人出境,造成几十万的华人难民流离失所;柬埔寨和老挝一度也是追随越南的政策;即使在泰国和缅甸这两个相对比较善待华人的国家,也曾经采取过限制华侨华人的政策。① 在这种氛围下,1965年独立的新加坡很自然地被怀疑是否会变成"第三中国",或是"第五纵队"的集结地②,连英国人当初反对新加坡独立时也有这种考虑,"新加坡迟早必须与马来亚合并,除非我们准备看到它成为

---

① 关于东南亚各国华侨华人问题的相关研究有:暨南大学东南亚研究所编著:《战后东南亚国家的华侨华人政策》,广州:暨南大学出版社1989年版;方金英:《东南亚"华人问题"的形成与发展》,北京:时事出版社2001年版;庄国土:《华侨华人与中国的关系》,广州:广东高等教育出版社2001年版;庄国土:《二战以后东南亚华族社会地位的变化》,厦门:厦门大学出版社2003年版;吴前进:《国家关系中的华侨华人和华族》,北京:新华出版社2003年版;李恩涵:《东南亚华人史》,台北,五南图书出版股份有限公司2003年版。

② 第二次世界大战后,新加坡华校激进分子是马来亚共产党的一部分,在新加坡政坛特别活跃,人民行动党也是借助他们的力量成为执政党。参见 C.P.Fitzgerald:*The Third China*,Singapore,Donald Moore Books,1965。

一个独立的、处于东南亚战略核心区的海外中国。"①独立不久李光耀将新加坡形容为"中世纪的威尼斯","马来—黑色穆斯林中的以色列""沙漠中的绿洲"②和"马来海洋中的华人岛屿"③,正是反映了当时新加坡被猜疑、被孤立、被戒备的艰难处境。因此,谨慎的语文政策关乎新加坡的生存与发展。

以英语为工作语言是新加坡独立后人民行动党最早制定的几项建国基本决策之一。李光耀将英文比喻为"谋生工具"④,确实,英语不仅是新加坡国家的谋生工具,也是新加坡人的谋生工具。新加坡能够利用的资源就是地理位置和人力,只有与国际市场联系在一起才可能有出路,而国际市场的通用语言是英语,"它不只是国际外交场合的共同语,还是吸取科学及技术知识的媒介,是新加坡要工业化、要谋生的重要工具。"⑤因此,尽管是殖民语言,英语成了实用主义的人民行动党的最佳选择。英语的通用性很自然地影响着学校的语言教育。因为学英语的升学和就业前景更好,大部分人选择英校就读。1968 年时,以英语为教学语言的学校学生超过 30 万,而华校生只有 13.5万,⑥进入华校的新加坡学生从 1959 年的近 46%下降到 1977 年的不到11%⑦,马来语和泰米尔语小学的入学率则一直在下降。甚至新加坡马来教师联合会在 1970 年正式向政府请愿,要求实行以英语为主要教学语言的全国教育体系,以改变民族语言教学带来的教育、就业落后状态。

但是在新加坡这个多元种族多元文化的国家,如果只学英语,"将使人民

---

① "Singapore":*Cabinet Memorandum by Mr Lennox-Boyd on Policy to be Pursued at the Forthcoming London Constitutional Talks*,*British Documents on the End of Empire.Series A*:*The Conservative Government and the End of Empire*,*1951–1957*,Part 2,David Goldsworthy edited,London:HMSO,1994.p.394.

② Philippe Regnier:*Singapore*:*City-state in South-East Asia*,马来西亚,1992,p.149。

③ Lee Kuan Yew:*The Singapore story*:*Memories of Lee Kuan Yew*.Singapore,1998,p.23.

④ 《李光耀回忆录:我一生的挑战,新加坡双语之路》,第 30 页。

⑤ 《李光耀回忆录:我一生的挑战,新加坡双语之路》,第 34 页。

⑥ [英]康斯坦丝·玛丽·藤布尔:《新加坡史》,第 425 页。

⑦ [英]康斯坦丝·玛丽·藤布尔:《新加坡史》,第 428 页。

脱离自己的文化根源。如果人民不了解自身的历史文化,因为学英文而斩断了源头,丧失了文化认同感,失去对自己文化的自豪感,以致没有定向,不知何去何从,那又是一出悲剧。"①于是,双语政策应时而生,所有中小学生既要学母语,又要学英文。李光耀这样解释新加坡的双语教育理念:"全体学习英文,为的是能公平竞争。以母语教育的传统价值观和文化语言作为根基,为的是培养起人民的斗志和骨气,为国家社会带来稳定和繁荣。"②

1966 年规定国语马来语作为第三种语言,非马来族学生从小学三年级到中学三年级是必修,小学阶段每周 3 学时,中学阶段每周 2 学时。③

双语并重的语言要求增加了学生的学业负担,"在建国的最初 15 年里,各所母语源流学校存在的双语教育造成了学生无法完成学业,中途退学的大量损耗","使我们失去最少 20%有潜能的学生"。④ 为了避免人力资源的继续流失,检讨新加坡的教育问题,1978 年 8 月李光耀委托副总理兼国防部长吴庆瑞亲自组织团队对教育进行了深入调研,调研团队成员来自于总理公署、财政部和国防部的系统工程师。1979 年 2 月吴庆瑞团队提出了调研报告《吴庆瑞报告书》。报告书检讨了人民行动党执政以来的教育语言问题,重点关注如何使双语教育更有效,指出在英语越来越大众化的背景下,英语和母语并重的语言要求既增加学生的负担,又加重了政府不断新建英语学校的压力,造成资源浪费。报告书确定了英语为主、母语为辅的双语政策新基调,以保证新加坡人在不丧失民族特性和传统价值观的同时,能熟练地使用对个人对国家都至关重要的生存工具——英语。这一语言政策成了新加坡教育的底色,保留至今。

因为大学教育直接与就业相关,因此大学教学语言的问题不是靠政府政

---

① 《李光耀回忆录:我一生的挑战,新加坡双语之路》,第 35 页。
② 《李光耀回忆录:我一生的挑战,新加坡双语之路》,第 38 页。
③ *Singapore Year Book* 1966,pp.101,257.
④ 《李光耀回忆录:我一生的挑战,新加坡双语之路》,第 153 页。

策、而更多的是自然淘汰的结果。到 1970 年,以华语教学的南洋大学毕业生占到行政公务员的近 40%,但是能升到管理职位的很少,受英语教育者在政府、商业和工业领域的竞争中都具有明显优势。因此,尽管仍然强调双语政策,但是如何提高学生的英语能力以更加有利于他们的就业和深造已经变得非常紧迫。1977 年南洋大学宣布以英语作为教学语言,1978 年 3 月南洋大学与新加坡大学签署协议,两所大学的艺术、科学、会计和商业管理采用同样的课程。1980 年南洋大学与新加坡大学合并组成新加坡国立大学,新加坡高等教育教学语言全部英语化。

三、继续平等教育政策

在独立前已经实现的小学免费教育基础上,新加坡 1966—1970 年教育的"五年计划"集中关注中等教育和高等教育,增加学校数量和师资力量(见图表 3-10、图表 3-11)。

图表 3-10　新加坡各类中小学校数量(1966—1977)　　(单位:所)

类别	1966	1970	1973	1974	1975	1976	1977
政府学校	257	266	265	262	263	262	——
政府辅助学校	269	236	228	221	218	209	——
自主学校	3	14	64	61	60	8	6
总计	529	516	557	544	541	529	——

资料来源:*Singapore Year Book 1966*,p.254;*Singapore 1971*,p.263;*Singapore 1974*,p.170;*Singapore 1975*,p.149;*Singapore 1976*,p.154;*Singapore 1978*,p.51.

图表 3-11　中小学学生与教师数(1965—1974)　　(单位:人)

	1965	1966	1967	1968	1969	1970	1973	1974
学生总计	476,563	502,987	513,102	522,611	514,862	509,258	——	——
教师总计	——	18,247	——	——	——	18,778	18,631	19,290
小学师生比	——	1:30	——	——	——	——	1:30	1:29.5

	1965	1966	1967	1968	1969	1970	1973	1974
中学师生比	--	1:25	--	--	--	1:22	1:24.7	--

资料来源:*Singapore Year Book 1966*, p.253; *Singapore 1971*, pp.263,181; *Singapore 1974*, p.175; *Singapore 1975*, p.153.

　　人民行动党政府延续了殖民时期四大语言教育平等对待的政策,并且确实改善了马来语、华语和泰米尔语学校的设施,增加了资助。为了使更多人能完整地接受六年中学教育,政府以奖学金的方式给予资助,仅独立后的第一年给予中等教育各类奖学金 57.6128 万元(图表 3-12),给予高等教育和职业教育的奖学金 100 余万(图表 3-13)。奖学金提供的基本原则是:给予家庭困难奖学金的学生不超过注册学生数的 10%,给予成绩优秀奖学金的学生不超过 5%;出生于新加坡或已是新加坡公民的马来人享受免费中学教育;贫困学生免缴教材费,1966 年免费教材补贴总计 26.1208 万元,受益学生 35,761 人[1]。1959 年到 1965 年,小学在校生增幅是 38%,中学在校生增幅达 157%。[2]

图表 3-12　1966 年中等教育 1—4 年级政府奖学金支出　　（单位:元）

类别	伊斯兰学生	马来中学生	非马来中学生	技工和商业学校	职业学校	公交补贴	总计
支出额	106,000	98,136	148,176	38,952	17,784	167,080	576,128

资料来源:*Singapore Year Book* 1966, p.259.

图表 3-13　1966 年高等教育和职业技术教育政府奖学金支出（单位:元）

类别	大学预科	新加坡大学	马来亚大学	南洋大学	新加坡工艺学院	义安学院	新加坡职业中心	教师培训学校	总计
支出额	210,000	476,440	24,680	242,250	139,560	82,040	14,800	8,000	1,197,770

资料来源:*Singapore Year Book* 1966, p.260.

---

[1] *Singapore Year Book 1966*, p.260.
[2] 《李光耀回忆录:我一生的挑战,新加坡双语之路》,第 25 页。

四、重视职业技术教育

为了配合工业化的人力需求,建国后新加坡利用殖民时期初步形成的职业技能教育系统,加大投入,扩大规模,提高层次,重点培养经济发展所需的技术工人、工程师、科学家和商业经理人。

1959 年人民行动党执政的第一份教育部年度报告宣布:"政府教育政策的第三个基础是计划用在工厂从业所必要的技术、能力、态度装备年轻一代。"[①]建国不久新加坡教育部长即宣布:"教育计划必须伴随经济计划,为国民提供技术教育和训练必须被看作是取得任何经济成功的基本要素。"[②]人民行动党认为,帮助失业人群最好的方法不是为其提供财政资助,而是帮助他们增进自身技能并通过工作程序来促进其就业。1961 年,自治政府组织了一个专门委员会,调查"新加坡一切有关政府与非政府之职业、商业及工艺学校的设备、教学形式,并且提供综合性的计划以为教育部采纳,使职业与工艺教育能调整及系统化,以配合新加坡政府所提出的工业化计划"。[③] 委员会经过调查发表了"职业与技术教育报告书",指出当时的教育过于学术性,不能适应广泛的社会需求和工业化计划的需要,建议建立一个由初级到高级的技术教育体系。报告直接催生了新加坡职业技术教育体系的创立。政府成立成人教育局,在普通教育之外另设各类职业培训班、职业中学和工艺中学,还开办了工艺学院和义安工艺学院两所高等技术教育机构,对成人和校外青年进行职业训练,初步形成从低到高的职业技术教育体系。

义安学院(Ngee Ann College)1963 年组建,主要课程有理工、家政和语言,属私立学校,招收华校中学毕业生。1968 年改名义安理工学院(Ngee Ann

---

① W.O.Lee:*Social Change and Educational Problems in Japan*,*Singapore and Hong Kong* .London,1991,p.100.

② W.O.Lee:*Social Change and Educational Problems in Japan*,*Singapore and Hong Kong*.p.99.

③ 引自马早明:《亚洲"四小龙"职业技术教育研究》,福州:福建教育出版社 1998 年版,第 159 页。

Technical College），培养目标为工商业专业人才，课程与市场需要挂钩，在训练学生快速适应工作方面扮演着重要角色，毕业生的就业机会与起薪不逊于大学毕业生，吸引了不少优秀的普通水准中学毕业生报读。

但是20世纪60年代初开始的职教缺乏系统规划，主要是为了解决就业所需的基本技能问题，档次低，以培训为主，带有应急性。当1965年新加坡因独立失去了马来西亚的原料供应和销售市场而被迫由进口替代转向出口导向经济时，这种低层次、小规模的职教体系就远远满足不了出口导向工业对技能提出的更高要求。如果说50年代末开始的国家工业化促成了新加坡职业技术教育的诞生，那么60年代中、后期从进口替代向出口导向工业的转型则使职教体系在短期内上了一个新台阶。60年代后期，新加坡政府提出"向技术教育进军"的口号，从国家发展的战略高度考虑职业技术教育的改革和发展问题，确立了职教在整个教育体系中的重要地位，初步形成普通教育和职业技术教育双轨并行的局面。1969年新加坡理工学院成立，作为中等职业教育和新加坡工艺学院之间的过渡学校，职教系统更加完善。

20世纪70年代末，为了配合第二次工业革命的实施，新加坡进行全面的教育改革，确立新的统一分流教育制度，把职业技术教育正式纳入正规教育范围，形成由中学普通工艺课程、工艺教育学院、义安学院、理工学院、大学构成的由低到高、适应不同层次需要的完善的职业技术教育体系，最大限度地开发人才智力资源，保证人尽其能，学以致用。

成人教育是职业技术教育的补充，由教育部成人教育局管理，1964年起新加坡大学也开办成人教育业务。1966年，成人教育向农村发展，文化与语言课程提供第二、第三种语言和文化学习，外语课程提供日语、法语、德语、俄语、西班牙语、泰语、印地语学习，一般教育课程提供学校入学考试水平学习，另有商业课程、服装制作、服装设计等课程。为了解决成人教育的时空限制问题，方便更多成人业余充电，1967年新加坡开通电视教育服务，加上视听辅助项目，所有从小学到大学先修课程都可以通过视听媒体学习。1973年建立新加坡教育媒体服务项目,媒体教育正规化。

对职业技术教育的管理也进一步加强。除原有的成人教育局外,1968 年组建国家工业培训理事会,以促进技术教育和工业培训,教育部设立技术教育署(Technical Educaion Department)管理,专门负责实施技术教育和工业训练计划,课程设置适应外向型经济的需要,培养工业所需的各级技术人员。1970 年有 4 个工业培训中心和 3 个职业教育机构,并且建立了完整的培训模块系统,培养学生知识和技能。1973 年技术教育署设立工业培训局(Industrial Training Board)专门负责工人的技术培训,管理着 12 家工业培训机构。1979 年成人教育局和工业训练局合并组建职业与工业训练局(Vocational and Industrial Training Board,VITB),管理 18 家培训机构,负责所有的职业培训和继续教育。

同时,政府也重视普通教育中的技能教育和工人培训。1966 年在教师培训学院开设家政学课程,鼓励中学一、二年级以下的女生学习家政。

到 20 世纪 70 年代末,新加坡职教系统已经形成工程、服务和商业三个类别,工程与服务系统由工业训练局负责,商业系统由成人教育局负责,工业训练局与成人教育局合并后由职业与工业训练局统一管理。职教课程很灵活,可以在就业期间一段时间内全日制学习,工作着的学徒可以半天制学习。

这一时期,高等教育体系也趋于健全,有新加坡大学(1962 年马来亚大学新加坡校区独立成新加坡大学)、南洋大学、新加坡工艺学院(以培养工业技师为目标)、义安学院。1968 年成立东南亚研究院(ISEAS),是一个自治研究机构,政府出资,一般维持 20—25 人,半数来自东南亚国家,目的是培养一批对东南亚地区感兴趣的学者,对区域的稳定、安全、经济发展和政治、社会、文化变革等多方面课题进行研究,为全球东南亚和亚太事务研究提供交流平台,扮演"智囊荟萃"的智库角色。[1] 1973 年教师培训学院改组为法定机构"教育

---

[1]　陈正编辑:《新加坡年鉴 2000》,第 224 页。

学院"（the Institute of Education），负责中小学师资培训和帮助大学毕业生获取教育学位。

新加坡小学教育全免费，中学教育大部分由政府开支，其中政府学校全部是政府出资，辅助学校和初级学院支出的 50% 以上由政府承担，此外通过各种奖助学金的方式提供支助。1969 年前教育是新加坡最大财政支出，超过总支出的 20%，1969 年开始国防支出第一，教育支出第二，整个 20 世纪 70 年代教育支出占比维持在 11% 以上（见图表 3-14）。新加坡政府对教育的重视造就了国民高文化素质和双语能力的显著提高。到 80 年代初，84% 的人口接受过至少 10 年的教育；所有受过教育的人当中，37.5% 的人具备双语或两种以上语言的读写能力。[①]

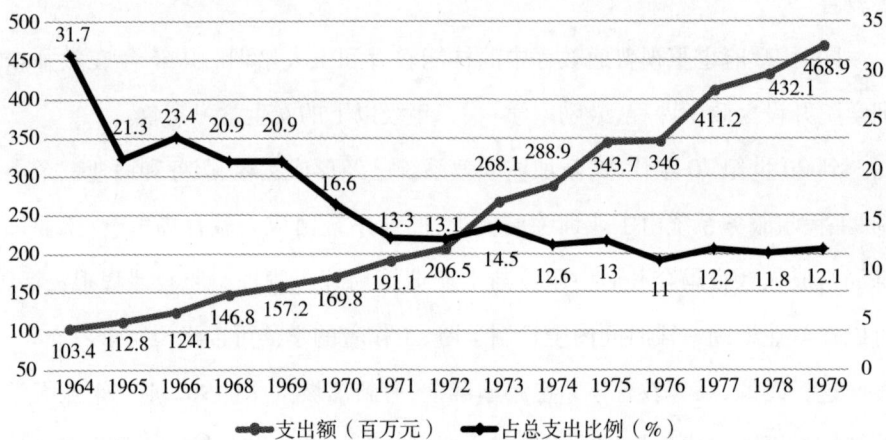

图表 3-14　新加坡政府教育支出情况（1964—1979）

说明：数据及比例均为经常性开支。

资料来源：*Singapore Year Book 1966*，p.101，p.263；*Singapore 1971*，p.290；*Singapore 1974*，p.301；*Singapore 1975*，p.258；*Singapore 1976*，p.269；*Singapore '78*，p.310；*Singapore '80*，p.273.

---

① *Singapore '82*，p.90.

第五节　卫生政策创建清洁城市

工业化初级阶段新加坡政府的卫生政策集中于两方面：在殖民政府整治公共卫生的基础上，继续推进公共卫生服务；扩建医院，加强医务人员的培养，配备现代卫生医疗设备，提高医疗服务能力。

一、整治公共卫生环境

独立后政府立即建立了完备的公共卫生管理体系，落实公共卫生政策，从建国至今，常抓不懈，使新加坡成为闻名世界的干净、健康城市。

在环境部设立前，公共卫生由卫生部公共卫生署负责。20 世纪 60 年代公共卫生署下设环境卫生局、检疫及流行病局、学校卫生局、母婴健康局、卫生培训教育局、小贩部，在工业化时期投入较大、工作较多的是环境卫生局、学校卫生局和小贩部。1972 年成立环境部，环境卫生局的职能转到环境部，负责公共卫生事务。

1966 年，环境卫生局开始部署清洁城市运动和整治小贩行动。清洁城市运动（Public Cleansing Services（City））包括：清洁所有公共街道、小巷、排水沟；定时收集垃圾（早晚各一次）；清洗主干道；处理垃圾场；处理私营企业和政府机构的无用的食物、废物；清洁液体废料，建立良好的污水排放系统；清理粪便，阻止粪便从污水管排放；为公共设施提供卫生设备。[1] 1968 年《环境卫生法》出台，旨在防止污染，促进清洁，美观环境，提出"清洁、绿色和美观"口号。之后每年开展围绕主题的环境卫生教育运动。

小贩问题是困扰新加坡城市的难题，1966 年 1 月颁布新的小贩政策（Hawker Policy Code），所有小贩必须注册执证营业，规定小贩有责任维护社

---

[1]　*Singapore Year Book 1966*，p.337.

区公共卫生,不能妨碍交通,不能违反有关法律规定。将小贩集中于小贩市场,1966 年建了 45 个小贩市场,35 个在城区,9 个在郊区。①

食品安全和控制蚊虫也是 20 世纪 60 年代公共卫生领域的工作重点。食物安全方面,通过入口管制、执照管制和严格检查、监督、立法及公共教育等方法,保证食物安全和食物卫生。所有食品加工厂、餐馆、食品店、熟食摊等售卖熟食的地点和设施都必须执有执照,其卫生情况经常受到检查,确保每一个环节、每一样商品都符合安全卫生标准。

由于地处热带,蚊虫是新加坡公共卫生环境的一大痼疾,新加坡为此专门成立蚊虫控制和研究局,负责控制来自蚊虫的侵害公共卫生的疾病来源,如蚊子、苍蝇、鼠类、虱子和蟑螂等。该局制定蚊虫控制计划,强调通过环境控制措施,杜绝蚊虫的繁殖,也展开卫生教育,强制公众不得助长蚊虫的繁殖,促进社区参与灭蚊行动和防止因蚊虫传播的疾病,遇到疾病蔓延和大量蚊虫滋生时,动用杀虫剂。

对学生的健康服务较自治时期有所提升。学校卫生局负责为在校生提供常规和特殊体检;治疗小病和营养不良;为医疗机构专家提供调查、治疗和建议参考;在学校人员中控制肺结核;控制其他传染病;负责学校场所的卫生检验;落实 1957 年教育条例的卫生规定;安排残障学生的特殊照顾;监督营养过剩和为需要的学生免费发放脱脂牛奶等问题②。因为人力不足,最初只对政府学校和辅助学校学生进行常规体检。20 世纪 50 年代开设的 4 家专门针对在校生的诊所继续为学生提供免费医疗服务。

二、提高医疗服务能力

独立后的头 5 年里,政府在公共卫生整治和建立基本的健康护理体系方面投入力度较大,图表 3-15"新加坡卫生健康事业发展情况(1964—1979)"

---

① *Singapore Year Book 1966*,p.345.

② *Singapore Year Book 1966*,p.340.

显示,1964—1969年卫生支出在总支出的比例均超过10%,是新加坡至今为止卫生支出比例最高的几年,注册医务人员数量呈快速增长态势。到20世纪70年代,新加坡的婴儿死亡率和预期寿命指标在发达国家中排名前列。由于实施了大规模的疫苗和免疫计划,天花、霍乱、白喉和小儿麻痹症消失,疾病的最大杀手由之前的肺结核让位于癌症和心脏病。到1970年新加坡杜绝了主要传染病。新加坡人可以低价享受到全世界最好的卫生服务。

除针对女性和儿童的福利诊所、肺结核治疗和易传染的疾病外,独立前殖民当局建立的免费公共卫生和医疗服务开始收费。1976年成立登门护理基金会(Home Nursing Foundation),是自愿福利组织,由专业护士或志愿者为不方便住院的病人提供全日制或非全日制的家庭治疗和护理。

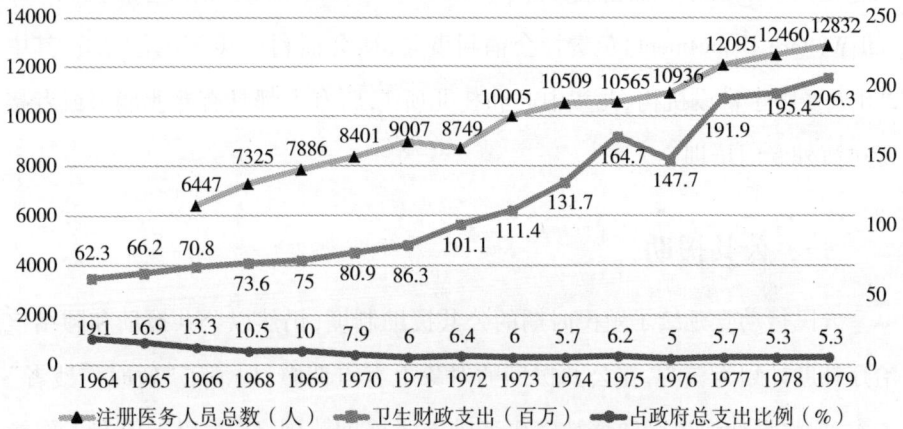

图表3-15　新加坡卫生健康事业发展情况(1964—1979)

说明:从1974年起,新加坡将公共卫生的支出计入"环境"项目中,属于社会服务大类,之后的"卫生"开支仅指与医疗相关的支出。

资料来源:*Colony of Singapore Annual Report 1959*,pp.279,304;*Singapore Year Book 1966*,p.100,p.318,p.319,p.321;*Singapore 1974*,p.301;*Singapore 1975*,p.258;*Singapore 1976*,p.269;*Singapore '78*,p.310;*Singapore '80*,p.273.

新加坡卫生政策贯彻的是"大健康"政策的概念。社会政策中的健康政策包含两层含义:通过医疗服务和治疗来改善健康状况的种种政府努力和政策;任何影响健康和疾病的政府活动,不只是健康部门、国民健康计划、医疗专业人员或其他医疗服务活动。① 从新加坡的情况看,政府几乎在改善国家医疗条件和公共健康环境方面下了同样大的功夫;如果从受益者的角度看,政府为国民提供健康环境以提高健康水准和生活质量的公共卫生服务应该视为是一种免费的健康福利。

第六节　福利政策提供最低保障

在社会福利方面,独立后的新加坡基本延续了独立前的措施,社会福利的项目主要有:公共援助、肺结核治疗援助、法律援助、政府医院的免费医疗、对孤儿、残障人士和老人的福利院安置,这些津贴和照料的方式为需要的个人和家庭提供基本保障。社会事务部(Ministry of Social Affairs)的社会福利局(Social Welfare Department)负责社会福利事业,社会福利局共 530 名官员,其中288 人受聘于常设机构、儿童中心和托儿所②,所有人都具有专业能力或者接受过海外专门培训。

一、公共援助

人民行动党延续了殖民时期的公共援助制度,仍然以公共援助和肺结核治疗补助计划为核心,在公共援助的对象上有点调整:取消了"暂时伤残者"一类,但将慢性病患者和精神障碍者纳入了援助范围;55 岁以下但有工作能力的孤寡人员也不在援助范围。③ 其他规定与 1959 年的一样(见第二章)。增设了自雇援助计划(Self-Employment Assistance),为公共援助接受者提供无息贷款,帮助他们自己创业。

独立之初,公共援助增加了对马来人的特殊补贴。1965 年 11 月,政府决

---

① [英]肯·布莱克默:《社会政策导论》,第 122 页。
② *Singapore Year Book 1966*, p.207.
③ *Singapore Year Book 1966*, p.210.

定向受城市重建工程影响的马来家庭发放财政补贴,以弥补他们因拆迁而蒙受的损失。受补家庭的户主必须符合以下条件:是新加坡公民;是马来人;受到重建工程影响;接受建屋发展局的安置;家庭收入每月不足 300 元。[①] 第一批被纳入评估范围的家庭有 1060 个,经过严格审查,有 416 个家庭符合条件获得补贴,政府支出的补贴总额 12,211 元。[②] 1970 年 495 个马来家庭获得总计 36,777 元的补贴[③]。

公共援助中曾经有对居住于小岛渔民的援助,1966 年 8 月以后取消,1965 年 5 月至 1966 年 8 月,大约有 250 个家庭享受这种补贴,每户每人每月 5 元,每个家庭每月最多不超过 30 元,政府补贴额共计 90,083 元。[④]

受审核严格、生活条件改善等多种因素的影响,1965 年后以公共抚恤金形式支付的福利资金总额及受助家庭数都持续下降,1965 领取福利补助的家庭有 2.4 万多户,1976 年后降到不足 7000 户(图表 3-16),领取人只有接近赤贫者[⑤]。

图表 3-16　新加坡公共援助和肺结核治疗补助计划支出情况(1964—1979)

	公共援助		肺结核治疗补助计划	
	受助家庭数(个)	财政支出总额(元)	受助家庭数(个)	财政支出总额(元)
1964	2 项援助合计 29,141 个家庭,援助合计 12,450,284 元			
1965	24,808	9,313,793	1,426	1,441,418
1966	22,248	8,262,816	1,085	1,070,708
1970	10,669	3,268,630	313	248,367
1971	4,162	913,104	984	890,887
1973	7,407	3,041,523	145	109,268

① *Singapore Year Book 1966*, p.209.

② *Singapore Year Book 1966*, p.210.

③ *Singapore 1971*, p.200.

④ *Singapore Year Book 1966*, p.209.

⑤ [英]康斯坦丝·玛丽·藤布尔:《新加坡史》,第 433 页。

续表

	公共援助		肺结核治疗补助计划	
	受助家庭数(个)	财政支出总额(元)	受助家庭数(个)	财政支出总额(元)
1974	7,031	2,917,102	116	95,471
1975	7,015	2,935,894	97	180,570
1978	6,330	——	——	——
1979	6,181	——	——	——

资料来源:*Singapore Year Book 1966*, p.208,209; *Singapore 1971*, p.200; *Singapore 1974*, p.201; *Singapore 1975*, p.174; *Singapore 1976*, p.174; *Singapore' 78*, p.212; *Singapore' 80*, p.123.

二、儿童与青少年福利

社会福利局儿童与青少年处(Children and Young Persons Section)负责儿童与青少年福利,为儿童和青少年提供照顾和保护,包括:登记和跟踪"被转移孩子"的安全;管理儿童福利院;调查暴力、虐待和不妥善照管儿童的事件;保护被卷入非法交易的儿童;受理并审查收养申请;执行寄养计划(Boarding-Out Scheme),为 10 岁以下孤儿或精神病患儿寻找合适的寄养家庭或养母,接受 4 岁以下孤儿的养母每人每月补贴 50 元,接受 4—10 岁孩子的养母每人每月补贴 60 元,另加一年 120 元上学补贴。[1] 大部分需要保护的孩子都被送到福利院,但是如果能得到亲戚和朋友的照看,被认为是比进福利院更好的保护方式。与殖民时期比较,没有了处理童工和童婚的职责,应该是因为童婚现象不复存在,童工管理职责转交劳工部。

政府完善了收容所、儿童中心、托儿所等福利机构的设施与服务,并扩大了规模。除保留殖民时期所有收容所外,增加了穆斯林妇女福利院(Muslim Women's Welfare Home),收养需要照顾和保护的穆斯林妇女和儿童,年轻人大部分送进学校读书,年长者接受缝纫等技能培训后留在福利院。

---

[1] *Singapore Year Book 1966*, pp.211-212.

男孩学校强化了技能培训和操作工作,为此 1963 年 5 月新建了男孩福利学校(Welfare School for Boys),将 Gimson School 中 14 岁以下的男童分离出来,以教育为主。增加了女孩宿舍(Canning Rise Girl's Hostel),接受从女孩家庭手工艺中心和少女收容所里出来的暂住者。少年收容所越来越重视职业训练和教育,以帮助被收容者重返社会,自食其力为主要目标。

儿童中心全部收归社会事务部管理,由政府出资。儿童中心保留独立前的儿童照看功能,从招收 5—6 岁的学龄前儿童拓展到 8—15 岁少年的职业训练,月收入不超过 500 元的新加坡公民的子女都可以进入中心学习和培训,每天依然收费 10 分钱,享受公共援助的家庭免费。1975 年后撤销儿童中心。

托儿所每天收费 1.5 元,家长工作或生病的、家庭收入在 300—500 元之间的每天收 30 分,家庭月收入 300 元以下的每天 10 分,享受公共援助的家庭免费。1979 年社会福利局将 11 所托儿所转交全国职总(The National Trades Union Congress)和新加坡工业劳工组织(Singapore Industrial Labour Organiza-tion),①由它们及志愿者组织共同承担在职母亲的福利,社会福利局负责监管和员工培训。

三、其他福利事项

除上述公共援助和儿童、青少年福利项目外,其他福利事项由一般福利处负责,主要工作是针对老人、赤贫者、流浪者、残障人士的一般福利,设有 1 个养老院(安置 60 岁以上无人照看者,且身体健康)和 2 个安置赤贫者的福利院。养老院和福利院提供衣食住生活用品、就医服务,鼓励入院者自己照顾自己、处理自己的内务。养老院的老人每人每月有零花钱,男性 5 元,女性 4 元。② 1965 年通过《赤贫者法》(Destitutes Persons Act),1966 年 5 月实行,规定

---

① *Singapore' 80*,p.123.

② *Singapore Year Book 1966*,p.221.

不能因赤贫被判入狱;不管出于主动还是被动,赤贫者应该安置在福利院。①

　　独立前已有的志愿者福利组织或机构独立后依然活跃于福利事业(见图表 3-17),在儿童看护、福利收容等领域中依然扮演着不可或缺的角色,并增加了新的福利组织——互助会。20 世纪 70 年代后期,政府鼓励志愿者组织更多地介入社会福利事业,1977 年在组屋小区设立了第一家家庭服务中心,以社区为基础为家庭提供服务。中心配备了专业社会工作者,提供专业服务来强化家庭功能和增加福利。家庭服务中心提供的服务包括资讯及转介、个案及辅导、社区支援计划及推广。1977—1979 年政府援助志愿者组织在组屋小区建成 7 家社区福利院,并计划新建更多社区福利院,社区养老开始取代养老院成为孤独老人的主要去处。政府也明确鼓励小区或家庭养老,照顾老人的家庭可以减税。

图表 3-17　新加坡福利机构情况表(1966—1977)

	幼儿中心		托儿所		收容所、福利院		互助会	
	数量(家)	接收人数/天	数量(家)	接收人数/天	数量(家)	接收人数	数量(家)	接收人数
1966	16	1277	10	433	11	1068	423	--
1970	8	474	10	371	12	1358	440	198,410
1973	6	480	12	780	13	1731	427	191,367
1974	6	480	13	900	13	1792	427	190,360
1975	2	--	13	900	13	1755	417	190,718
1977	--	--	9	--	14	--	--	--

资料来源:*Singapore Year Book 1966*,pp.215,216,221;*Singapore 1971*,pp.201,202;*Singapore 1974*,pp.202,204;*Singapore 1975*,p.175;*Singapore 1976*,pp.175,177;*Singapore 1978*,pp.212,214.

　　社区服务也包括司法服务。1971 年设立社区缓刑监视服务,让关怀犯人及关心这方面问题的公众担任志愿的缓刑监视官,参与协助受监视者改过自

―――――――――

　　①　*Singapore Year Book 1966*,p.220.

新(1—3年),为受监视的犯人提供改造机会与个人照顾,让他们能重新做人。

在新加坡步入发达国家之前,其社会福利事业与经济发展成反比,不管是公共援助还是机构救助,提供的是维持基本社会或生活安全的最低保障。反映在财政支出中,社会福利支出在政府总支出的占比长期维持低水平,并且呈下降趋势(见图表3-18)。1974年后,在新加坡政府的财政支出统计中,社会福利作为支出单项消失,与社区、环境及其他社会服务支出合计在一起。

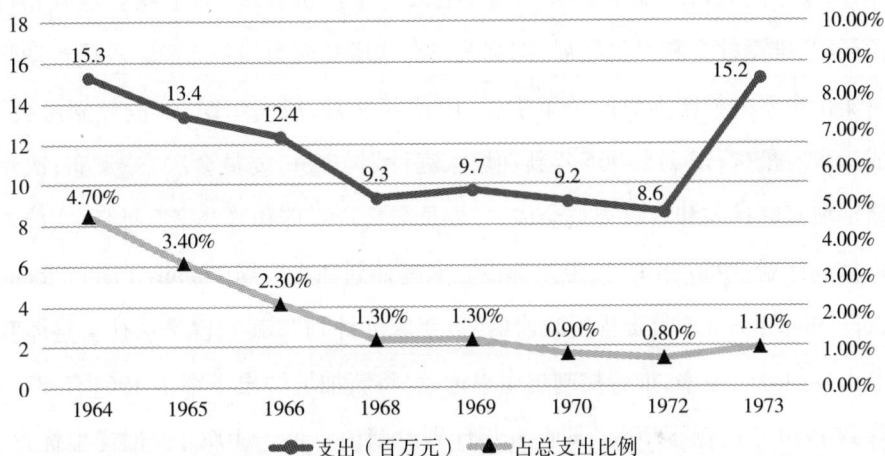

图表 3-18 1964—1973 年新加坡社会福利支出

资料来源:*Singapore Year Book 1966*, p.101;*Singapore 1971*, p.202, p.290;*Singapore 1974*, p.304.

第七节 人口政策控制人口数量①

一、生育政策

作为独立的城市国家,1965年后新加坡的人口政策重心不再是移民政策。新加坡国土面积狭小,又缺乏必备的自然资源,这种自然地理条件严格限

---

① 本节所有未注明出处的人口数据均出自世界银行数据库,见附录3"新加坡人口状况(1961—2012)"。

制了新加坡人口政策的选择,长期以来政府的人口政策围绕两个核心因素考虑:一是控制人口数量,二是提高人口质量。提高人口质量的目标通过持续的卫生医疗条件和教育水平的提升实现,控制人口数量则经历了抑制生育和鼓励生育两个完全相反的政策阶段。在工业化的初级阶段实施的是抑制生育政策。

20世纪50年代末,新加坡人口年增长率上升到4.4%,1957年与1947年相比,十年间人口增加了54%。独立后没有了经济腹地,为了克服地域和资源局限,推动社会和经济发展,抑制人口高速增长成为当务之急。人民行动党密集出台系列控制人口的政策措施:1965年9月,民间组织"家庭计划协会"成为政府机构;12月《1965年新加坡家庭计划与人口委员会法案》颁布;次年新加坡家庭计划和人口委员会成立,委员会负责宣传和普及家庭计划,实施人口控制计划;1966年1月,卫生部设立家庭计划和人口局(Family Planning and Population Board),负责推行政府的"五年家庭计划",其宗旨是从社会整体利益出发削减出生率,推行控制出生率运动,将新加坡的出生率由1964年32‰降到1970年的低于20‰,即在五年计划时期内不低于10‰,提倡优生优育,提高人口素质;1969年通过堕胎法和自愿绝育法,1970年3月起生效,堕胎和绝育合法化且程序简单,结果当年就有961例绝育手术,堕胎率50.8(每千名存活婴儿堕胎数),有1,913例[1],1974年上升到7,175例,1975年窜升至15,496例,此后,每年堕胎数逐步增加,直到1985年达到最高纪录23,512例。因此1970—1985年期间,共有221,631例合法堕胎被记录下来,而同一时期绝育手术总共105,804例,其中100,040例女性,只有5,764例为男性。在1982年,大约23%的妇女在生育年龄绝育。[2]

政府还营造了浓厚的社会舆论宣传小家庭的优越性,1968年从商业广

① *Singapore 1971*,p.57.

② Cheng, Lira Keak, *Post-Independence Population Planning and Social Development in Singapore*, *GeoJournal*, 18.2, 1989, Kluwer Academic Publishers, pp.163–174.

告到大众传媒,充斥着"新加坡需要小家庭"的宣传主题,辅以副主题比如"小家庭过得更好""小家庭吃的更多""小家庭可以花的更多""小家庭有更好的未来""小家庭享受更好的健康""小家庭有更好的教育""小家庭有更多的乐趣"。

在政策和舆论的双重引导下,"五年家庭计划"实施效果明显,1970年出生率降到23.0,之后新加坡的出生率基本不出其右。

1972年新加坡进一步收紧人口政策,推行"一家只生两个孩子"的政策,家庭计划和人口委员会提出"新加坡需要两个孩子的家庭"和"不管男女,两个足够了"的口号,目的在于把生育率降到人口更替水平的2.1,以稳定未来人口。为了配合新生育政策的实施,政府辅以多方面奖励与限制政策:

一是调整带薪产假制。1968年《就业法案》中规定妇女带薪产假仅限至第三胎,1973年《就业法案(修正)》将私人部门带薪产假限制于前两胎,有两个以上孩子的女性公务员仍可享受带薪产假,前提是在分娩或流产后绝育;同时给予进行绝育手术的男女公务员7天无记录的全薪休假。

二是取消多子家庭申请公共住屋的优先权。1968年建屋局取消了至少有5个成员的家庭才有资格获得公共住屋的规定。1973年家庭规模不再成为获得公共住屋优先考虑的标准。

三是取消为大家庭提供的税收优惠和特权。1972年10月,政府修订《收入所得税法案》,改变有三个以上子女家庭享有的税款减免政策,新政策以1973年8月1日为界,之前头胎孩子享受750元税款减免,二胎和三胎为500元,四胎和五胎减300元。新政策之后出生的头胎和二胎减税750元,三胎减税500元,新出生的四胎或四胎之后的子女不能享受任何税款减免。

四是按胎次增加公立医院分娩费。1969年前分娩费不管胎次统一费用20元。1969年4月1日起,前三胎分娩费仍为20元,第四及以后胎次分娩费50元。随后几年梯级分娩费不断调整,拉大前两胎与三胎、四胎及以后胎次的分娩费差距,增加多生孩子的经济压力。

五是调整入学条件。1973 年 8 月起,生育两个孩子的夫妻中有 1 人在 40 岁之前实行绝育的,其子女可以优先注册优等小学,独生子女的优先权更大。在重视教育的华人社会里,这种奖励措施比经济限制更有效。

初级工业化时期,人们的注意力集中于如何增加收入减少非必要支出、改善生活条件,因此经济杠杆的调节作用不亚于直接的家庭人口干涉,1975 年新加坡人口生育率降到人口更替水平的 2.1,之后持续下降;出生率也从 1970 年的 23 降到 17.7,之后再也没有超过 20。新加坡人口学家苏瑞福认为,"新加坡在人口方面所取得的最显著成就是,其人口控制计划卓有成效以及生育率在 1975 年快速降到了人口更替水平。"①

二、宗教政策

1966 年颁布的《穆斯林法执行法令》(*Administration of Muslim Law Act*),是新加坡回教管理最高法令,特别规定穆斯林婚姻和离婚的登记制,法令指示一个理事会就回教事务向总统提出建议。1968 年新加坡回教理事会成立,是新加坡最高回教管理机构,其职责是针对有关回教事务向政府提供意见;照顾新加坡回教徒在宗教、社会与福利上的需要。主要任务是:兴建回教堂,管理回教堂、回教学校及回教慈善遗产,协调家庭发展计划,征收回教社群的义捐,签发处理回教食物的证书,协调每年到麦加朝圣事务,以及提供援助金或助学金给需要帮助的回教徒。新加坡回教徒的义捐从公积金扣除后转给回教理事会。

三、移民政策

独立后,新加坡规定可以通过出生、血缘和入籍的方式成为新加坡公民。新加坡向外国人发放的入境许可准证有就业准证(employment pass)、访

---

① [新加坡]苏瑞福:《新加坡人口研究》,第 5 页。

问准证(visit pass,分商务、职业和探亲几类)、过境准证(transit pass)、学生准证(student's pass)、特殊准证(special pass)、落地准证(landing pass)、家属准证(dependant's pass)、工作许可准证(work permit pass),与移民关系密切的是就业准证和家属准证,持有这两类准证的外国人有权申请永久居留权或获得新加坡公民身份。

独立初期,尽管工业化需要从国外聘请高素质人才,为了保障本国人充分就业,新加坡依然严格限制移民,移民对象以本国公民的海外妻儿为主,就业和工作许可签证很严格,就业准证针对高技术人员,工作许可准证针对低技术人员,都必须符合《外国人就业条例》(*Employment Agency Ordinance*,1958)。1965 年移民人数 1,176 人,其中 420 人是就业准证;1966 年移民人数降到1,017 人,其中就业准证下降了近一半,只有 243 人。①

有经济贡献者和有专业或特殊资格者可视为人才或允许就业移民,数量很少。1970 年,2,852 人获准成为新加坡永久居民,其中 125 人因对新加坡经济有贡献,55 人具有专业或特殊资格,其余是新加坡公民的妻儿或寻求"庇护"者。② 不过,1970 年新加坡建国后第一次放松对非新加坡公民的就业签证,允许外国熟练工人签订为期五年的工作合同,当年发放的就业准证有 208份,职业访问准证有 13,617 份。③

但是当新加坡经济仍处于高速增长而人口增长出现拐点后,对外国劳工的需求量增加了,1979 年新加坡发放了 46,882 份就业和工作许可准证,6,857 份家属准证,2,838 份职业访问准证;给予 2,168 人永久居留权,其中263 人因为经济贡献,338 人因为技能。④

工业化初级阶段,新加坡的社会政策比较完整、充分地诠释了人民行动党

① *Singapore Year Book 1966*,pp.78,79.

② *Singapore 1971*,p.74.

③ *Singapore 1971*,p.74.

④ *Singapore'80*,Singapore,the Information Division,Ministry of Culture,Singapore,1980,p.179.

以经济繁荣与政治稳定为导向的社会建设理念,与经济繁荣和政治稳定直接
关联的教育是投入重点,其次是卫生(大健康概念)和住房,对比同期的住房
支出(图表3-2)、教育支出(图表3-14)、卫生支出(图表3-15)和用于社会
服务的总支出(图表3-19)可以看出,教育支出是政府经常支出的大头,而在
发展支出中,住房支出占了绝大多数(见图表3-19)。

图表3-19　1968—1981年新加坡政府用于社会与社区服务的开支

	经常支出		发展支出	
	支出额(百万)	占总支出比例%	支出额(百万)	占总支出比例%
1968	232.5	33.1	--	--
1969	244.8	32.6	96.85	25.4
1970	263.0	30.6	131.16	24.0
1971	320.4	22.2	--	--
1972	363.7	23.0	--	--
1973	483.3	22.9	487.3	37.5
1974	573.4	24.9	601.6	34.9
1975	697.6	26.4	729.5	37.9
1976	693.3	22.0	997.4	56.7
1977	852.2	25.3	1,023.6	56.1
1978	885.4	24.1	918.1	45.8
1979	963.3	24.8	--	--
1980	1,029.80	22.1	1,372.00	41.9
1981	1,147.70	20.1	1,805.60	45.6

说明:经常支出指教育、卫生、社区、环境、社会福利和其他社会服务项目的人力、投资、拨款支出;发展
　　支出指社区、环境、教育、卫生、住房、社会福利和其他发展性项目。

资料来源:*Singapore 1971*, pp.289,292;*Singapore 1974*, pp.301,302;*Singapore 1976*, pp.269,271;*Singapore '78*, pp.137,310;*Singapore' 80*, pp.272,273;*Singapore' 82*, pp.234,236.

相比之下,政府在社会福利方面的支出很少,主要以个人储蓄、工作福利

和社会救助的方式体现,雇主、雇员和政府三方共同承担责任,20世纪70年代末,将托儿所等工作福利转移到职总意味着政府从职工的儿童福利中退出。但是在个人储蓄、工作福利和社会救助之间,新加坡最强调的又是工作福利,以中央公积金为主体的个人储蓄保障、居者有其屋的住房政策和各种劳工保障政策受益的对象是工作者,除基础教育、公共卫生和与健康相关的公共环境服务外,新加坡有限的社会福利都只提供给工作者,包括能够自食其力的残疾人,不能工作的成年人从政府得到的只有社会救助。尽管政府为非常贫困的人提供免费的医疗服务或补贴,由国家买单,那些无法负担医药费的人可以申请完全免费,但是完全免费的条件是很难达到的,家里只要有一个人还有工作,就无法到达完全免费的条件。因此,新加坡的社会政策是鼓励个人自我奋斗的。1972年新加坡总统在议会开幕的演讲中警告说:新加坡必须避开福利国家的综合征,其特点之一就是每个人寄希望于别人,而不是自己努力工作,用补贴获得每个人都想要的服务。[1] 在1977年的议会开幕式上,他更进一步直截了当地说政府的政策补贴只有教育、住房和医疗保健;个人和他们的家庭都将为自己提供(保障)以防退休或者疾病导致的损失或收入减少。[2]

促进经济发展、同时提供最低程度社会福利的双重策略为政府产生了良好的政治收益。1970年世界银行和国际货币基金组织发布的报告称新加坡"普遍洋溢着兴奋的乐观气氛","正是只争朝夕的紧迫感,让新加坡成为一个让居住在这里的人感到兴奋的地方,也正是这种紧迫感,辅以人道主义和对公民个人福祉的关怀,是新加坡能取得如此令人瞩目的发展和成就的核心因素。"[3]人民行动党在1968年的选举中获得总票数的84%,1972年获得69%,1976年获得72%,1980年获得76%。选票传达了新加坡人对人民行动党非常坚实的支持。

---

① Singapore *1974*,p.19.

② Singapore '*78*,p.7.

③ 转引自[英]康斯坦丝·玛丽·藤布尔:《新加坡史》,第423页。

　　虽然藤布尔批评"人民行动党剥离了英国人建立的对老弱病残的政府责任，将其完全交给家庭或慈善组织，这些慈善组织有一定的政府资助，但主要还是依赖私人捐助"①有失公允，但是在工业化初级阶段，新加坡确实表现出一般福利救助化的趋向，工业化越深入，福利越退化，而就在福利将只剩下社会救助时，国家发达的经济水准和对政府承担更多社会责任的国民期望推动着人民行动党调整其社会保障政策。

　　伴随着工业化初级阶段的完成，到20世纪70年代末，人民行动党政府确立了新加坡社会政策的基本框架，在之后的实施过程中，根据经济转型和社会转型的深入与变化及时调整，所以第四、第五章将主要关注工业化升级阶段以及成为发达国家后，新加坡政府如何因应社会发展的需要修正、完善社会政策。

---

　　①　［英］康斯坦丝·玛丽·藤布尔：《新加坡史》，第430页。

第四章　新兴工业国时期的社会政策

本章讨论新加坡成为新兴工业国时期(20 世纪 80 年代至 1995 年)的社会政策,这是新加坡政府完善调整、以建立全覆盖的社会政策体系阶段。

第一节　形势变化

20 世纪 70 年代末,新加坡完成初级工业化,进入升级阶段,从劳动密集型工业向资金、技术密集型工业转化,90 年代后向知识密集型服务业发展,到90 年代中,制造业,金融服务业已成为两个最重要的经济部门,1995 年,制造业和金融服务业所占国内生产总值(GDP)的比重分别达 26.2%和 28.3%①。1983—1993 年,新加坡的外资控股公司的数量增加了 82.6%,公司数量达到11,243 家,而在同期,外资股权净投资总额增加了 19,535.9 万美元。② 从1986 年至 1996 年间,到新加坡的航空客运总人数由 4,446 千人次增加至11,587 千人次,而飞机起降航班总数则增长了一倍,从 36,514 架次增加到83,345 架次。樟宜机场连续多年被英国《商务旅客》和《执行员商旅》、美国《国际商务旅客》、德国《商务旅客》杂志及《亚太旅游协会旅游新闻》等多家

---

① Department of Statistics,*Singapore 1996*,p.348.

② *Singapore 1994*,Singapore,Ministry of Information and the Arts,Singapore,1994,p.138.

权威机场评级媒体评为世界"最佳机场"或"最优秀机场"。① 这些数据反映出新加坡在经济和社会层面不断增长的全球影响力,这个"小红点"已经发展成为一个世界市场中主要的商业和金融中心,同时也成为主要跨国公司设立地区总部的理想场所。此外,新加坡拥有重要的战略角色,即连接着世界和亚太地区庞大的市场,在国际社会中通过提供便捷的资金、资源和对外开放渠道,从而促进该地区城市间的互补性发展。1994 年新加坡在《世界竞争力报告》最具竞争力国家的排名中列第二位,连续 13 年被商业环境风险评估(BERI)评为全世界劳动力最好的国家。

新加坡经济转型一直伴随着均衡的社会发展动力,快速的经济发展催生了新兴的中产阶级,特别是在经济活动中产生的富裕程度变化,主要体现在新的生活方式、文化模式和政治期望。根据普遍接受的定义中产阶级标准(收入,住房,教育和生活方式),成为新兴工业国后,新加坡四分之三的成年人可以划分为中产阶级。同样地,不管以什么标准来衡量,中产阶级在新加坡至少占劳动力的四分之一。尽管人民行动党自始至终强调新加坡的特殊性,但似乎也绕不开经济发达后人民会有更多政治、社会诉求的规律。政治上全民支持人民行动党的形势发生变化,选民用选票表达对现有政策的不满。1981 年 10 月,人民行动党在安顺区补选中遭遇挫折,这个"不幸的意外"②是 1966 年以来人民行动党在补选中的第一次失败,令其高度紧张。

李光耀认为失败原因主要是选民的住房需求没有得到及时满足、公交食品医疗等物价上涨,承诺将调整保健计划,"经过政府补贴的治疗费用,将是

①　陈正编辑:《新加坡年鉴 1998》,第 151 页。
②　李光耀:《说服人民接受好政策》(1981 年 12 月 24 日),见《李光耀四十年政论选》,第167 页。

每一个病人都付得起的。"①但是,政府反福利的基本立场没有改变:"过去23年里,我们只在卫生、教育和建屋方面加以补贴,这个政策实行得很好。这些其实是投资而不是消费。这些投资给我们带来了长期的好处——促进工人的健康,提高工人的教育,从而改进工人的生产力。……补贴消费,不但是错误的,而且会有害。这种补贴会使消费更大,结果需要更多的补贴。一旦人民享受惯了这种补贴,我们就糟了。"对福利国家的批评也依然如故:"这种补贴政策也害死了伟大和有才华的英国人民。这种政策,也是造成美国经济困难的原因,因为坐食山空,一个国家不论多么富有,也不可能挑起保健、失业和养老福利的重担,而不必大量抽税,使整个制度负担过重,使人民觉得没有那种必要去工作、储蓄和照顾家庭——反正大家都可以靠国家所给的福利。……不劳而获的社会和保健福利就像鸦片或海洛因那样,人民一旦上了瘾就会在戒毒(也就是这种福利被取消)的时候,感到非常的痛苦。"②

但是苦口婆心的说教似乎难以奏效,选举情况变得更加不乐观,1984年大选人民行动党失去两个议席,1991年的选举中前所未有的失去四个席位,低收入选民的不满已经不容忽视了。1991年人口计划单位设立了一个绝对贫困线:一个住在一间公寓里的四口之家月最低开支510新元。据估计,38,000户家庭低于这个最低家庭开支标准,平均家庭规模是4.1个人,有155,800个人(大约占总人口的5%)处在经济底层,生活很贫困。③ 对于这部分人而言,社会保障不是一个奢侈品而是必不可少的安全网,如果缺失了,最终会导致社会冲突和政治不稳定,人民行动党必须采取实际行动调整社会政策,顺应新形势的发展。

---

① 李光耀:《说服人民接受好政策》(1981年12月24日),见《李光耀四十年政论选》,第170页。

② 李光耀:《说服人民接受好政策》(1981年12月24日),见《李光耀四十年政论选》,第170页。

③ Lee William KM:"The poor in Singapore:Issues and options",*Journal of Contemporary Asia*,Vol.31 No.1(2001),ProQuest Social Sciences Premium Collection,p.57.

第二节　扩大公积金的社会保障功能

新加坡建国以后,公积金不断增加新的项目,扩大成了涵盖退休、保健、购房、家属保障、资产增值等多功能的社会保障储蓄计划(见图表 4-1)。1981年 6 月和 11 月,公积金的普通账户先后引入两项新投资计划:住宅房地产计划(Approved Residential Properties Scheme),公积金可用于购买经批准的私人住宅地产;家庭保障计划(Home Protection Insurance Scheme),成立家庭保障保险基金,保护公积金会员及其家属的房产。[1] 这是继购房和开放巴士公司股票投资以后,公积金第三次扩大功能,惠及群体也从最初的公私部门雇员延伸到雇主,设立保健账户后自雇人士每个月要存一笔钱入保健储蓄户头,以做个人及家属的医药需求,从而将公积金的储蓄保障受益者的范围扩大到雇主群体。

图表 4-1　新加坡中央公积金计划发展情况

计划名称	导入时间	相关规定
退休金计划	1955	雇主和雇员按比例缴纳,雇员 55 岁退休(1993 年退休年龄延至 60 岁,仍是 55 岁取)时提取。
居者有其屋计划	1968	月收入低于 1,500 元(后逐渐放宽)的家庭可以用公积金购买建屋局组屋。
公共住屋计划 (Public Housing Scheme)	1974	会员可以用公积金存款购买建屋局和建屋与城市发展公司兴建的组屋。
投资计划 (Basic and Enhanced Investment Scheme)	1978/1986	会员在保留一笔最低存款后,可用 80%的存款进行多项投资。从 1978 年开发第一支投资项目——新加坡巴士公司股票以后,投资逐渐扩大到信托股票、可兑换债券股、单位信托、黄金、政府债券、银行存款、基金管理户头和储蓄保单。

———————

[1]　*Singapore' 82*,pp.50,51.

计划名称	导入时间	相关规定
住宅产业计划（Residential Properties Scheme）	1981	会员可以用存款购买最少还有 60 年房契的私人住宅产业。
家庭保障计划（Home Protection Scheme）	1981	强制性的抵押递减保险计划，目的是保护公积金会员及其家属不致失去房屋。以公积金存款偿还建屋局组屋或中等入息公寓贷款的会员，都受该计划保护。如果会员在 60 岁之前死亡或终生失去工作能力，公积金局将根据其投保额为他偿还剩余贷款。受保人最高年龄限制是 60 岁。
保健储蓄（Medisave Scheme）	1984	用来支付会员自己和直系亲属的医药费。1997 年起设定保健储蓄户头的最低存款，以备退休后之需。
公司福利基金	1984	雇主每月缴纳公积金的 10% 返回雇主，作为公司额外福利用于雇员，密切劳资关系。
非住宅产业计划（Non-Residential Properties Scheme）	1986	可用公积金存款购买非住宅产业作为投资或自用。
最低存款计划（Minimum Sum Scheme）	1987	会员在 55 岁提取公积金时仍然必须保留一笔最低存款用于养老。最低存款除留在退休户头外，还可以存入指定的银行或购买指定的保险公司人寿年金。
家属保障计划（Dependants' Protection Scheme）	1989	会员可以购买定期人寿保险。如果投保人在 60 岁之前死亡或终生失去工作能力，该计划能在最初几年内让投保人及其家属获得一些补偿。
教育计划（Education Scheme）	1989	会员可用公积金存款支付本人或子女在新加坡六所大专学院修读全日制课程的教育费。
健保双全（Medishield）	1990	低保费医药保险计划，旨在协助公积金会员应付慢性病或重病所带来的巨额医药费，可用保健储蓄支付保费，最高受保年龄 75 岁。
自雇人士保健储蓄（Medisave for the Self-Employed）	1992	自雇人士每个月要存一笔钱入保健储蓄户头，以做个人及家属的医药需求。
购股填补计划（CPF SOTUS）	1993	新加坡公民的公积金存款达到一定额度后，政府将向其户头拨款，协助公民购买逐步私营化的政府公司和法定机构的股票。

续表

计划名称	导入时间	相关规定
增值健保双全（Medishield Plus）	1994	保费较高的医药保险，为希望住较高级病房的会员提供较多保障。投保人可入住 A 级和 B1 级病房。可用保健储蓄支付保费，最高受保年龄 75 岁。
保健储蓄与乐龄保健储蓄填补计划（Pre-Medisave Top-Up Scheme）	1997/1995	政府给会员保健储蓄户头的拨款。

资料来源：根据《新加坡年鉴 1998》第 218—220 页"公积金计划"及 *Singapore* 各年"Employment—CPF"内容整理。

20 世纪 80 年代公积金最大的发展是在普通账户和特别账户之外增加了保健账户[①]。此账户可用于支付在健保双全计划下的住院、特定的门诊服务和重病的医疗保险费。与普通账户和特别账户不同，自雇人员必须向这个账户缴纳资金。医保储蓄的供款比例随着年龄的增加而增加，55 岁以下的从 16.7% 到 22.2% 不等向这个账户缴纳资金，55 岁以上的缴纳金所占比例从 43.2% 到 100% 不等。

购股填补计划和保健储蓄与乐龄保健储蓄填补计划是政府对公积金会员的直接补贴。在购股填补计划里，年满 21 岁、公积金账户余额不低于 750 元的新加坡人，可以得到政府的填补金，实施的第一年填补金是每人每年 200 新元，1994 年上调为 300 元，政府为此共支出 380 万元。[②] 1995 年政府为 144 万 21 岁以上的新加坡人支出填补金 4.15 亿元[③]。乐龄保健储蓄填补计划也是对新加坡人为国家经济成功所做贡献的回报，每个 61 岁以上的新加坡人可得到 100—350 元不等（依年龄区别）的保健储蓄填补金。

公积金计划中与房产和投资相关的项目虽然是用会员自己的存款购买，

① 了解保健储蓄、健保双全和乐龄健保计划的详情请参阅李健、兰莹编著：《新加坡社会保障制度》，第 166—175 页。
② *Singapore 1995*，p.213.
③ *Singapore 1996*，p.248.

但是由于新加坡的经济持续发展,房产及股票等投资产品一直都是处于增长态势,实际上是一种间接的国家财富再分配方式。这些直接补贴和间接再分配使公积金保留个人储蓄、自我保障基本特点的同时,让新加坡人也能享受到些许国家福利。然而医疗支出和大学教育仍然依靠个人储蓄,只有保健储蓄与乐龄保健储蓄填补计划体现了政府给予的健康补贴。

在新加坡的中央公积金的系统之下,有三个独立的用于投资的共同储金。最早和最大的共同储金来自中央公积金的累积结余。新加坡政府通过新加坡政府公司、SGIF 和其他政府投资机构投资这些资金。SGIF 及其他相关的政府投资机构都受法定条文保护,甚至向议会作出一些披露。当选的总统有义务保护新加坡的外汇储备,也有限制这些投资机构操作的权利。累积的中央公积金结余,主要投资于国外的各类物质、金融、战略资产方面。在一定程度上,比起支付给中央公积金成员的资金,政府在中央公积金上获得更高的回报率。① 可投资基金的第二个共同储金包括保险基金。可投资基金的第三个共同储金包括中央公积金成员根据中央公积金投资计划(CPFIS)在退休前的取款。中央公积金成员可以在银行的批准下开一个中央公积金投资账户,对得到批准的普通账户余额和特别账户余额作投资。特别账户和普通账户只允许中央公积金成员将最高35%的资金用于股票和企业债券直接投资,以保障其投资的安全性。通过被批准的信托公司来投资股票则没有限制。中央公积金局允许最低总额的现金使用于下列三种:在批准的保险公司购买终身年金,储蓄在批准的银行,或留在公积金局。

在特定供款(DC)计划的下列措施中,退休时将累计结余转换为退休期间的浮动收入。这些措施包括:一次性付清总额、定期提款和年金,或三者的组合。应当承认年金类似于金融产品,所以购买年金的成本和购买年金的回报率会随着市场结构和年金产品的性能(个人年金、联合年金、通胀指数等)而

---

① Mukul G. Asher: *Social Security arrangements in Singapore: An Assessment*, International Seminar on Pensions, Hitotsubashi University, Tokyo, Japan, 5-7 March, 2001.

发生变化。中央公积金允许其成员全部提取所需的所有累积结余,且年龄至少在 55 岁以上。虽然中央公积金成员已经积累了相当比例的结余(降至最低金额),如果成员的结余低于规定的最低总额,则不需从其他地方弥补。

第三节　实行分流制教育政策

1979 年《吴庆瑞报告书》"可说是新加坡教育历史上的一个分水岭。……新加坡教育能走出原地踏步,扬帆起航,正是沿着这份报告书所定下的路向前进的"。[1] 报告书重点解决了新加坡教育的两大问题:语言和分流,特别是分流制。

一、20 世纪 80 年代的分流制

分流制是《吴庆瑞报告书》开具的一剂药方,与建国后的中学部分分流和 1977 年实行的小学部分分流不同,新体制将分流制引入小学、中学全程(图表 4-2),区别优秀、普通和落后学习者并为他们提供不同的学业安排,以最大限度地发挥教育的人力培养功能。语言表现是区别层次的重要参照。

报告书确定了英语为主、母语为辅的双语政策新基调,语言学习被置于基础教育的第一位,学龄前儿童从 5 岁开始学习语言。1980 年实行新的教育体制,小学前三年以英语为主、母语为辅的双语语言学习为主,要求学生掌握听说读写的英语基本能力,为学生打下扎实的语言应用基础,四年级后加入科学等其他课程的正常教学。根据学生前三年的语言学习表现,四年级开始被分成三个学习系统:3 年正常双语教育,5 年延伸双语教育和 5 年母语教育。接受正常双语教育和延伸双语教育的学生完成小学 6—8 年的学习可以参加小学离校考试而进入中学。接受母语教育的学生读完 8 年小学后进入职教

---

① 《李光耀回忆录:我一生的挑战,新加坡双语之路》,第 49 页。

系统。

根据学生小学离校考试的成绩,中学分特选课程、快捷课程和普通课程。中学一、二年级,三种课程系统的学习内容一样,三年级会根据学生的兴趣和能力增加核心课和选修课。特选课程和快捷课程需学两种语言,四年后参加O水准考试,进入大学先修阶段。普通课程的学生四年后参加新加坡中学认证(N水准)考试,成绩较好的可以延修一年再参加O水准考试,其他学生或参加职业培训或直接就业。

大学先修教育阶段中,语言仍然是考核学生的主要项目。O水准成绩优秀且英语好的学生进入二年制初级学院,他们被要求提高第二语文能力;英语稍差的学生进入三年制高级中学,提高英语水平。

新体制要求对学生的学习表现进行谨慎而细心的评估,1978年,教育部成立评估机构,确定学生的评价标准,为不同年级的考试科目提供评估指南。

同时新教育制度也更加强调体育、德育和价值观教育。1978年成立德育委员会,检验并促进学校德育,培养有正确道德和社会价值观的公民。1984年起在中学开设宗教知识课程。1984年增设体育教育学院,为中小学和初级学院培养体育教师,分职前全日制2年和在职培训3学期两种学制。

20世纪80年代中期,在中学和大学先修阶段为具有特别天赋的学生另外开设了高才教育课程、美术和音乐特选课程、语文特修课程、人文奖学金课程、科学研究课程和创意艺术课程,另有生活辅导和就业辅导计划,学生可以自由选择。

到1980年55%的新加坡人能说英语。[①] 1984年教育部宣布从1987年起,除了特选的9所华文中学保留双语教学,新加坡所有学校统一源流,以英语为第一语文,母语为第二语文。1986年最后一所以华文为第一语文的学校关闭,在新加坡兴盛了半个多世纪的华校退出了新加坡教育舞台。

———————————

① Daljit Singh,editor:*Singapore 1983*,Singapore,the Information Division,Ministry of Culture,Singapore,1983,p.184.

就业

大学　　　　教育学院　　　工艺学院

A水准考试

初级学院
（2年）　　　大学先修教育
（3年）

1年

O水准考试　　　N水准考试

特选课程
快捷课程
（4年）　　　普通课程
（4年）　　　职业教育

PLE考试

正常双语课程
（3年）　　　延伸课程
（5年）

分流考试

小学1—3年级

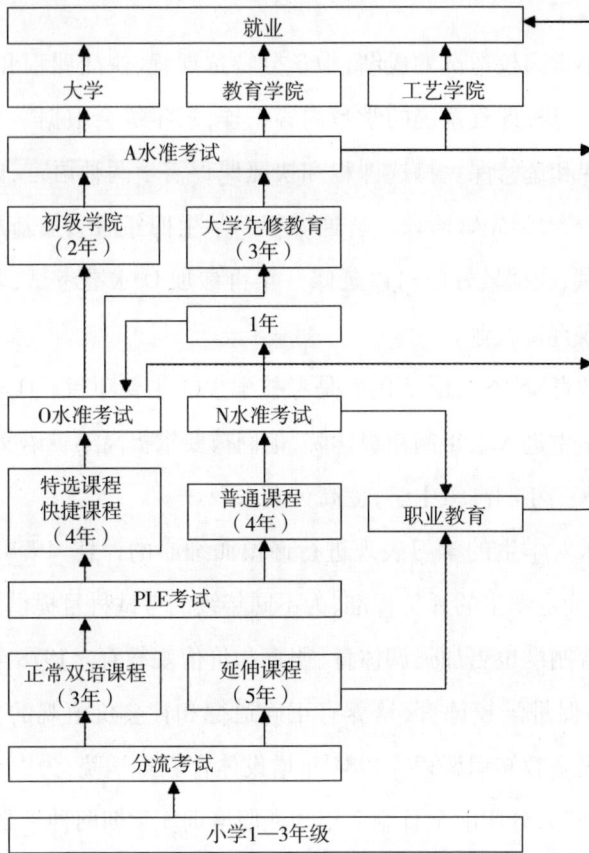

图表 4-2　1980—1990 年新加坡教育系统的分流制

资料来源:*Singapore' 82*,p.92;*Singapore 1985*,p.216;*Toward a Better Future:Education and Training for Economic Development in Singapore since 1965*,p.24.

新分流制把职业技术教育正式纳入正规教育范围。新的分流制度与旧制度的区别在于:第一,允许学术走向和工艺走向的学生根据分流考试成绩横向转换,学术流成绩不好的转入工艺流,工艺流成绩好的可转入学术流;第二,两种流向的证书互相承认,如二级技工证书相当于高中毕业水平,一级技工证书相当于大学毕业水平;第三,各种证书之间互相衔接,如取得某种相当于高中毕业水平的证书,就能参加相关专业的大学水平的招考和学习;第四,1981 年创办南洋理工学院(1991 年更名为南洋理工大学),与新加坡国立大学工学院共同培养高级职业技术人才。新制度为不同流向的毕业生提供了相同层次上的平等待遇,既有利于克服鄙视职教的传统观念,又有利于职业技术教育稳步发展、提升档次,使职业技术教育形成由低到高、适应不同层次需要的完善的体系。

教育分流制度是新加坡一大特色,被认为是"因材施教"的成功实践,特别是对学习能力较差的学生,不同的培养路径有助于他们找到适合自己的人生道路。1978 年小学实行分流制前,有 20%的小学生中途辍学,到 1984 年这一比例下降到 10%;中学生中途辍学的比例则从 1978 年的 20%下降到 5%。①

为什么会实行这种制度? 我们从李光耀的讲话中可以看出一些端倪:"进步的一个重大因素是:一个社会怎样辨认人民的才干,并且怎样去训练他们,使他们的才干带来最多的利益。""一个社会的结构,特别是它的教育制度和它的行政组织,将决定能够在人生多早的阶段,多准确地在人民当中辨认谁对哪一类工作具有天赋,以及如何给这种天赋最好的训练和发展,把这种天赋发展成为专业技能,为国家栽培熟练技工、技术人员、工程师、经理人员、专业人员、行政人员、军人、警察、教师、美术家、音乐家、演员、体育教练、厨师和现代社会里的其他专门人员。把一个民族的天赋才能金字塔化为专门技能(经过训练的才能)金字塔的彻底程度,是决定有关社会所取得的成就大小的重大因素。"②因此,在《吴庆瑞报告书》规划的 20 世纪 80 年代教育新体制中,分流制进一步细化。

分流制根据学生的能力、倾向和兴趣将中小学教育分成学术学习、职业和学徒培训两个培养系统。这种以培养劳动力为基本导向的实用主义教育政策本质上违背了教育公平的原则。尽管新体制为学生提供了可以相互转换的中学后学习系统,也强调由家长最后决定孩子选择哪个系统学习——1985 年明

---

① *Singapore 1985*,p.216.
② 李光耀:《建国经验的总结》(1980 年 1 月 5 日),见《李光耀 40 年政论选》,第 159 页。

确了小学四年级分流时家长有决定权,但是完全依据学习成绩将学生过早地——特别是小学三年级后的第一次分流——定格在不同的发展方向,剥夺了学生更多的发展机会和更大的发展空间。家长决定权等变化正是对这一弊端的纠正。

二、20 世纪 90 年代分流制的变化

1991 年新加坡小学教育政策再次作出重大调整(图表 4-3)。

其一,取消延续了 10 年的小学 8 年后进入职教系列的分流,规定所有新加坡学生必须接受至少 10 年的基础教育:6 年小学,4 年中学。

其二,实行新的分流制,以 10 年基础教育的课程分流取代职业分流。第一次分流的时间由小学四年级调整为小学五年级。1—4 年级为基础阶段的奠基期,由单纯强调语言学习调整为 80% 的课程用于掌握双语(英语和母语)读写能力和计算能力,20% 的课程学习音乐、艺术、手工、体育、德育、健康教育及参与课外拓展活动。5—6 年级为取向阶段的巩固期,根据学生前四年的能力表现分流成三类课程(家长最后决定权):英文和母语均为第一语文程度的 EM1、英文第一母语第二语文程度的 EM2、英文第一母语第三语文程度的 EM3,EM1 和 EM2 的核心课程一致,学习英语、母语、数学和科学,区别在于 EM1 的母语学习要求更高。EM3 核心课程是基础英语、基础母语和基础数学。所有小学生 6 年级后参加统一的 PSLE 考试,考试成绩将成为他们进入中学后课程分流的主要依据。中学分流制没有变化。

盲、聋、身体障碍的特殊教育系统儿童 5—16 岁在红十字会等各类福利中心接受小学教育,课程与正常小学教育课程一致,毕业后参加统一的 PSLE 考试。通过考试的盲聋学生可以在特训教师的协助下升读普通中学,与正常学生一起学习,或者进入特殊学校学习技能。

小学分流制的调整革除了过早区分学术教育和职业教育的弊端,在课程设置上也更加注重学生的综合素质和全面发展,特别是对学习能力较弱的学

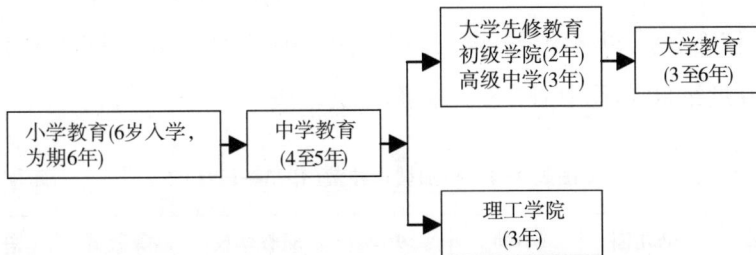

图表 4-3　20 世纪 90 年代后新加坡正规教育系统

资料来源:《新加坡年鉴 2000》,第 208 页。

生,延伸了他们接受基础教育的时间,提高了文化素质,拓展了他们的发展空间,同时也顺应了新加坡发展知识密集型和技术密集型经济对劳动力基本素质的新要求。

20 世纪 90 年代分流制的调整也反映了新加坡教育理念的变化,从以培养劳动力为主要取向的实用主义教育转变为以人为本,培养合格公民的教育理念。新加坡提出教育的目的是:因材施教,让每个孩子成为最好的自己;为孩子们提供基础坚实的基本生活技能;具有符合多元种族和多元文化国家的道德及文化价值观,成为有责任心的成人、守法的公民和勤奋的个体。① 因此主张基础教育的重点应强调五个方面:读写能力、计算能力、双语能力、体育和德育②。

新分流制延长了学生的在校时间。图表 4-4、图表 4-5、图表 4-6 显示,由于生育率下降,1970 年后小学生数量开始下降,相应地小学数与小学教师数也下降,而中学、职业教育和大学的学校数、在校生数及教师数都是上升的,显示出接受小学后教育的人数越来越多。除扩建中学、职教学校外,政府在中学和大学先修阶段都设有奖学金:东盟中学奖学金、香港中学奖学金、自主中

---

① Chiang Yin Pheng,editor:*Singapore 1990*,Singapore,the Psychological Defence and Publicity Division,Ministry of Communications and Information,Singapore,*1990*,p.177;*Singapore 1995*,p.184.

② *Singapore 1994*,p.187.

学奖学金、海外大学奖学金、大学先修奖学金、香港大学预科奖学金、自主大学先修学校奖学金,以奖学金鼓励人们接受小学后教育。政府对教育的投入因此在 20 世纪 80 年代中期有较大幅度增加(图表 4-7)。

图表 4-4　新加坡学校数(1973—1991)　（单位:所）

年份	幼儿园	小学	中学	职教学校	高等教育	总计
1973	52	410	124	12	5	603
1974	53	396	123	12	5	589
1975	52	391	124	12	5	584
1977	50	376	131	12	5	574
1978	50	364	135	12	5	566
1981	56	327	144	17	5	549
1982	58	321	150	17	5	551
1983	56	305	147	21	5	534
1984	58	275	150	15	5	503
1985	59	255	145	15	5	464
1986	60	239	153	16	5	473
1987	65	233	157	18	6	479
1988	64	220	161	17	6	468
1989	39	203	185	17	6	450
1991	10	194	164	17	6	391

资料来源:*Singapore 1974*,p.268;*Singapore 1975*,p.224;*Singapore1976*,p.234;*Singapore '78*,p.280;*Singapore '80*,p.244;*Singapore '82*,p.256;*Singapore 1983*,p.300;*Singapore 1984*,p.308;*Singapore 1985*,p.322;*Singapore 1986*,p.278;*Singapore 1987*,p.302;*Singapore 1988*,p.304;*Singapore 1989*,p.298;*Singapore 1990*,p.293;*Singapore 1992*,p.304.

图表 4-5　新加坡在校生统计(1959—1992)　（单位:人）

年份	小学	中学	职业技术教育	高等教育	总计
1959	266,625	48,723	--	7,518	322,866
1966	364,846	132,088	1,409	13,184	511,527
1967	368,654	144,448	1,752	13,005	527,859
1968	371,970	150,641	2,199	12,447	537,257

年份	小学	中学	职业技术教育	高等教育	总计
1969	366,881	147,981	1,843	12,713	530,418
1970	363,518	145,740	3,039	13,683	525,980
1973	345,284	173,109	7,124	16,925	542,442
1974	337,816	174,177	6,250	17,802	536,045
1975	328,401	176,224	9,830	18,501	532,956
1977	308,342	178,186	10,860	20,734	518,122
1978	300,398	179,811	9,830	20,377	510,416
1981	288,800	177,238	13,001	24,156	503,195
1982	286,833	176,845	14,990	26,736	505,404
1983	290,800	182,343	15,610	30,991	519,744
1984	288,623	173,055	14,396	35,783	511,857
1985	284,986	188,289	18,894	39,444	531,613
1986	275,707	201,136	20,873	42,007	539,725
1987	268,437	201,125	27,001	44,746	541,309
1988	264,068	201,908	26,911	46,904	539,791
1990	257,932	191,459	29,102	55,672	534,165
1991	260,286	185,713	28,871	60,369	535,239
1992	262,599	182,149	27,984	63,156	535,888

资料来源：*Singapore 1971*，p.263；*Singapore 1974*，p.268；*Singapore 1975*，p.224；*Singapore 1976*，p.234；*Singapore'78*，p.280；*Singapore'80*，p.244；*Singapore'82*，p.256；*Singapore 1983*，p.300；*Singapore 1984*，p.308；*Singapore 1985*，p.322；*Singapore 1986*，p.278；*Singapore 1987*，p.302；*Singapore 1988*，p.304；*Singapore 1989*，p.298；*Singapore 1993*，p.332.

图表 4-6　新加坡教师数量统计（1973—1992）　　　　（单位：人）

年份	小学	中学	职业技术教育	高等教育	总计
1973	11,714	7,024	654	1,490	20,881
1974	11,511	6,979	703	1,680	20,873
1975	11,190	7,120	740	1,646	20,696
1977	11,137	7,753	656	1,680	21,226
1978	11,112	7,828	654	1,685	21,279

年份	小学	中学	职业技术教育	高等教育	总计
1981	9,416	8,230	889	2,226	20,761
1982	10,286	8,242	1,199	2,753	22,480
1983	9,921	8,644	1,060	2,965	22,590
1984	10,657	8,236	1,408	3,396	23,697
1985	10,699	8,488	1,686	3,708	24,581
1986	10,841	8,620	2,718	3,812	25,991
1987	10,723	9,301	2,029	3,961	26,014
1988	10,192	9,040	1,565	4,018	24,815
1992	10,188	9,278	1,594	3,721	24,781

资料来源：*Singapore 1974*, p.268；*Singapore 1975*, p.225；*Singapore 1976*, p.235；*Singapore' 78*, p.281；*Singapore '80*, p.245；*Singapore '82*, p.257；*Singapore 1983*, p.301；*Singapore 1984*, p.309；*Singapore 1985*, p.323；*Singapore 1986*, p.279；*Singapore 1987*, p.303；*Singapore 1988*, p.305；*Singapore 1989*, p.299；*Singapore 1993*, p.334.

图表 4-7　新加坡公共教育支出（1980—1990）

年份	经常支出（百万）	占总经常支出比例%	发展支出（百万）	占总发展支出比例%
1980	564.41	12.11	110.47	3.38
1981	631.61	11.07	196.87	4.98
1982	866.67	12.89	326.91	6.58
1983	1,115.10	13.67	467.92	7.68
1984	1,282.05	14.84	447.23	7.79
1985	1,361.93	16.64	447.40	7.17
1986	1,348.99	13.52	388.93	2.87
1987	1,348.1	15.92	316.2	5.20
1988	1,504.5	20.89	187.9	3.99
1989	1,629.7	21.21	144.8	4.73
1990	1,791.0	19.82	234.6	5.56

资料来源：*Singapore' 82*, pp.234,236；*Singapore 1983*, pp.276,278；*Singapore 1984*, pp.280,281；*Singapore 1985*, pp.296,297；*Singapore 1986*, pp.247,248；*Singapore 1987*, pp.263,264；*Singapore 1988*, pp.266,267；*Singapore 1989*, pp.271,272；*Singapore 1990*, pp.263,264；*Singapore 1991*, pp.265,266.

第四节　健康政策的完善

一、强调预防的健康政策

经过十余年的环境整治和医疗条件的改善,20世纪80年代初新加坡已经成了北回归线内最卫生的城市之一①。清洁环境、改善医疗的基本目标达到后,新加坡调整了健康政策,强调保持健康,预防疾病和公共健康教育,提出"预防比治疗更好"的宣传口号。1983年8月新加坡国会通过20年的"国家健康计划(National Health Plan, NHP)",旨在通过强调保健和健康教育的方式,同时提升医疗水平,增强新加坡人的身体素质和健康水准。1993年新加坡发布健康白皮书,将健康政策目标确定为:通过系列预防措施促进全体国民健康;推进健康生活方式;为患病者提供良好的医疗服务,宣布"向全体新加坡人提供优质的和可承受的基本医疗服务","使新加坡发展成为一个医疗国家"。②

为落实目标,政府采取的措施包括③如下方面:

其一,通过有效的预防措施保障国民健康。让人民认识到危险的因素是公共政策的重要内容。卫生部开展各种卫生教育和宣传活动,强调每个新加坡人对自己的健康负责,鼓励国民采取防病措施,防止吸烟、不良饮食习惯和不爱活动的生活方式对健康的伤害。政府实行国民健康生活方式计划,每年举行全国健康生活方式运动,提倡人们保持健康,通过宣传册、电视广告、公共论坛、路边歌台等多项目和多层次的途径,向国民提供关于饮食和运动的信息、传授所需的技巧,组织活动,为健康生活方式提供环境支持。

---

① *Singapore' 82*, p.104.
② *Singapore 1994*, p.217.
③ *Singapore 1990*, p.193.

其二,继续为儿童提供全面的免疫措施,包括结核病、乙型肝炎、白喉、百日咳、破伤风、小儿麻痹症、麻疹、腮腺炎。学童须定期接受健康体检。政府也为高发病率成人进行体检,有助于及早发现高血压、糖尿病、心脏病和某些癌症。由于免疫和生活水平提高,传染病已经得到有效控制,主要的疾病是癌症和一些功能退化性疾病,如不健康的饮食、肥胖和胆固醇导致高比例的心脏疾病和心血管疾病。

其三,鼓励新加坡人参与保健储蓄,以备个人及家庭成员医药之需。保健储蓄是 1983 年"国家健康计划"的主要内容。保健储蓄缴纳金最开始时是工资总额的 6% , 35 岁时增加到 7% (每月最多缴纳 360 元),在 45 岁时是 8% (每月最多缴 420 元)。一旦缴纳者的账户达到了 26,000 元,将来缴纳的总和就将自动成为其普通的中央公积金账户。在 55 岁,缴纳者必须留有 21,000 元或者是更少一点的保健储蓄基金在账户上。退休人员必须留有 11,000 元或者是不少于这个数目的保健基金在账户上,并且只可以拿走超出这个数额的其他资金。正如其他所有的中央公积金缴纳金一样,保健储蓄缴纳金和所产生的利息也是免税的。

保健储蓄的作用是多方面的。李光耀解释这项新政策时说,"我们要推行的是医药费储蓄计划,我们所做的估计是用它来抵消第三等床位的开销,不包括建筑费,只是抵消缴付医生、护士、电气和水的费用。"①但是,设立保健储蓄账户更大的意义是强制每个人都要预见到将来的危险,要在那些对保健需求较低的时候(早期成年期)为对保健需求较高的时候(老年)建立储备。年轻人必须以这样的方式进行谋划,以便当他们年老时可以养活自己。与福利国家不同,通过个人储蓄的方式,新加坡政府将人口健康的责任转化为每个公民自己的责任,年轻人必须为自己积蓄而不是支付年老同胞的需要,让消费者自己限制医疗服务消费,政府从付款与消费的调停中退出,仅仅是在有限范围

---

① 李光耀:《作好准备应付衰退》(1982 年 8 月 16 日),见《李光耀四十年政论选》,第 181 页。

内的医疗服务补助中发挥作用(例如通过保健基金)。

二、双重卫生服务系统

新加坡的国民健康服务包括医药治疗、疾病预防和卫生教育,医疗由公共卫生系统和私人卫生系统共同承担。公共卫生系统提供大约30%的基础医疗和80%的急诊服务,私人卫生系统提供70%的基础医疗和20%的急诊服务。[①] 其中私营卫生系统在基础医疗方面承担的份额越来越大,1991年后是75%[②],到1994年达到80%[③],之后基本维持这一比例。

公共卫生系统由三个部门共同组成:卫生部、环境部、劳工部。

卫生部负责疾病预防、治疗和康复。它的任务是提供现代的、完善的、有效的卫生服务,制订计划推进公共卫生和个人健康,寻求优质的医疗服务,由医院、社区门诊、母婴诊所(1989年与社区门诊合并成综合诊疗所)、学校诊所、社区老人健康护理体系(包括登门护理、康复护理和健康咨询)以及卫生教育与培训机构构成。从对医疗训练和医生服务的控制到对价格服务准则的制定,卫生部积极介入所有保健体系的关键性方面,保证新加坡人可以以一个低廉的价格获得高质量的医疗保健。但是卫生部的权限也限制了医院的发展,医院的任何重大决定都要通过卫生部批准,医院没有自主权,效率很低,1980年代新加坡政府决定对卫生管理体制进行改革,卫生部与医院分权,医院企业化。改革从正在兴建的国大医院开始,1985年国大医院建成第一家卫生部所属的独立医院。

企业化改革推进到新加坡所有的大医院。附-6与图表4-8显示,20世纪80、90年代,新加坡医疗机构的数量趋于稳定,但是注册医务人员数量则持续上升。到90年代末,新加坡拥有亚洲最发达和范围最广的医疗供应网络,

① *Singapore 1990*,p.194.

② *Singapore 1992*,p.152.

③ *Singapore 1995*,p.218.

从这种供应系统提供的成本效率角度看,新加坡可以与欧洲的卫生保健网络和供应中心相媲美。比如,在新加坡国立医院住院的时间长度是 5.4 天,低于大部分的经合组织成员国或者其他的发展中国家(德国 12.0 天;英国 9.8 天;欧盟国家平均 10.0 天)。①

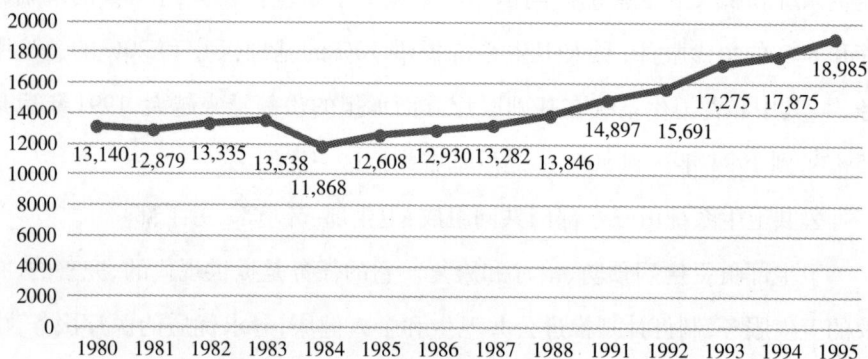

图表 4-8 注册医务人员数量变化(1980—1995)

资料来源:*Singapore' 82*,p.259;*Singapore 1983*,p.304;*Singapore 1984*,p.312;*Singapore 1985*,p.324;*Singapore 1986*,p.281;*Singapore 1989*,p.309;*Singapore 1992*,p.151;*Singapore 1993*,p.173;*Singapore 1994*,p.219;*Singapore 1995*,p.217;*Singapore 1996*,p.257.

新加坡医药治疗的 80% 由政府医院承担。政府综合诊疗所提供门诊治疗、妇女产前和产后护理、家庭计划服务、乳腺癌和子宫颈癌检查,X 光和化验等医药辅助服务、免疫注射、儿童发育检查、卫生教育、精神病护理、老年人(乐龄人士)医药保健中心,后来又增加了牙齿护理。老年人医药保健中心有登门护理基金会提供的康复治疗和白天护理服务。20 世纪 80 年代前视为家庭责任的老人疾病问题逐渐受到政府重视,1983 年规定 65 岁以上的老人在政府医院看病可享受医药费五折,看牙医只需付 2 元挂号费。

学校诊所负责所有在校生的定期体检和一般疾病治疗,为医院进一步检

① W.von Eiff,T.Massaro,Y.O.Voo and R.Ziegenbein,*Medical Savings Accounts:A Core Feature of Singapore's Health Care System*,The European Journal of Health Economics,Vol.3,No.3(2002),pp.188-195,Springer,Stable URL:http://www.jstor.org/stable/3570117,07/11/2012 08:20,http://www.jstor.org/page/info/about/policies/terms.jsp.

查提供参考;在校的中小学生享受免费医疗服务;对视力进行测试并给出建议（新加坡12岁的人中60%的人患有近视,这个比例是世界上最高之一）;校园健康计划和TAF计划,让超重的学生（不少于5%的人有肥胖症）知道低卡路里的食物和做足够的运动。

自愿福利团体提供以家庭和社区为护理范围的医药保健服务。这些团体接受卫生部管制,以保证其专业水准和控制费用。

环境部负责垃圾、污水、废料处理等环境卫生,控制空气和水质污染,控制传染性疾病,保证食品安全。环境部环境公共卫生署负责保护和提高新加坡人的生活环境和公共卫生,监管食物安全、垃圾清理、公共泳池和殡仪馆,保持街道干净。环境部为环境整治提出阶段性目标:20世纪70、80年代重点在环境基础设施建设和整治,1977—1987实施新加坡河十年清洁计划;90年代重在维护与提升,提出"绿色城市"概念:高水平的公众健康,高质量的城市环境,关心本国和全球环境的公民,目的是要将新加坡建成环境保护和环境技术的地区中心。[1]

新加坡的环境卫生政策从污染源头抓起,三管齐下:一是环境部负责垃圾处理、蚊虫控制、良好的排水系统、控制空气水源及其他有害物质和有毒废料的污染。1993年成立环境培训中心（CET）,加强环境工程和管理从业人员的专业培训。二是加强公共卫生教育,由教育机构、社区、社团等组织,采取参观、影视、访谈、展览、标语、公益广告、印发小手册等形式,开展防止蚊虫滋生、禁止乱丢垃圾、保持公共厕所洁净、保持河流清洁、食品卫生、减少浪费和废物再循环等各种活动,环境部公告栏"我们的环境"及时发布政策、活动信息。每年开展美化和绿化周,设计专题。三是法律保护,辅之以罚款。与环境卫生相关的法律有《环境公共卫生法令》（*Environmental Public Health Act*）、《水污染控制和污水排放法令》（*Water Pollution Control and Drainage Act*）、《空气清

---

[1] *Singapore 1994*,p.224.

洁法令》(Clean Air Act)、《消灭传播疾病虫害法令》(Destruction of Disease-Bearing Insects Act)、食品销售法令(the Sales of Food Act)。"Singapore is a *fine place.*"曾经是一句广为流传的"名言",概括了人们对新加坡环境优美但罚款名目繁多①的总体印象,但是在环境影响、宣传教育与法律约束综合作用下,新加坡人的清洁习惯逐步养成并成为大众的自觉意识,罚款作为维护公共卫生的强制手段使用率越来越低。现在的新加坡,因为影响公共卫生而被罚款的个人行为已经很少见了。

劳工部(后为人力部)负责产业工人的职业健康,负责非新加坡专业人员的质量和数量,与新加坡职工总会、全国雇主联合会一起负责工作健康宣传项目。这是劳工部的长期工作,经过了工业化初级阶段一系列工业安全与职业健康的制度化建设后,已经非常规范,工业事故与职业病也较之前减少(见图表4-9)。

图表4-9　生产安全与职业健康统计(1980—1994)　　　(单位:例)

年份	工业事故数		职业病调查	
	总计	致死事故	登记总数	听力损害
1980	6,087	58	--	--
1981	6,046	60	556	99
1982	5,947	76	577	136
1983	6,045	80	716	90
1984	4,961	76	1,060	606
1985	4,357	61	1,809	1,423
1986	3,857	43	2,086	1,689
1987	4,155	44	1,073	758
1988	4,330	37	1,116	795
1989	4,835	65	881	691

① 参见陈尤文等主编:《新加坡公共行政》,北京:时事出版社1995年版,第240—241页。

年份	工业事故数		职业病调查	
	总计	致死事故	登记总数	听力损害
1990	4,909	56	940	693
1991	5,154	66	--	--
1992	4,698	80	897	655
1993	4,257	77	900	560
1994	4,003	69	999	754

资料来源:*Singapore' 82*,p.52;*Singapore 1983*,p.300;*Singapore 1984*,p.134;*Singapore 1985*,p.157;*Singapore 1986*,p.110;*Singapore 1987*,p.124;*Singapore 1988*,p.124;*Singapore 1989*,p.132;*Singapore 1990*,p.121;*Singapore 1991*,p.124;*Singapore 1992*,p.146;*Singapore 1993*,p.167;*Singapore 1994*,p.212;*Singapore1995*,p.210.

三、控制健康支出

新加坡人基本上都认同个人责任在公共福利领域居重要性的观点,每个人都被赋予期望,可以照顾好自己以及家人,如果没有这种个人责任的意识,保健储蓄体系也无法产生效果。不过强制性的保健储蓄缴纳金最后是按工资的比例来缴纳的,结果那些低收入人群的缴纳金就会偏低些,低收入者可能无法以自己的能力来支付必需的份额。出于同样的原因,个人的力量、医疗储蓄资金和健保双全计划资金的综合有些时候可能也无法覆盖所有的医疗费用,除非是政府大规模的补助。20 世纪 80 年代末,新加坡国民就面临了医疗费用不堪重负的问题。

1992 年 8 月应吴作栋总理要求,成立"支出总结/回顾/检查委员会"(Cost Review Committee,CRC),调查生活费上涨问题,任务之一是调查国民普遍关心的卫生医疗费用上涨情况。委员会调查认为 20 世纪 80 年代末以来医疗费用上涨有三个原因:进入 80 年代卫生支出持续上涨,但是收费没有上调,因此 1989 年收费上调幅度比较大;其次,政府下调了所有等级病房的补贴费率,导致住院费用提高;第三,病人要求更优质的医疗服务,老年人口的医疗需求增加也对医疗费用上涨起了推动作用。委员会建议更新医疗设备,提高服务质量,优质优价;至少开放一家政府医院,允许公众有更多选择;此外,公众应该选择适合自己收入情况的病房等级,不要随意使用保健储蓄。①

在次年的健康白皮书中,政府向全体新加坡人保证,每个新加坡人生病都能治疗,即使是低收入人群也将能够接受足够的、先进的、节约成本的、有价值的医疗护理。

1988年,新加坡政府设立了一套多元的补助体系,这套体系中的每一种情况都是根据所提供的治疗服务和医疗器械而定的。公立医院有四种类型的病房(A,B1,B2,C 四个等级),不同等级的病房条件有区别,材料和用药会有区别,其他治疗一样,政府所提供的补助不一样,而在私立医院则根本就没有政府补助。病人进入公立医院时,通晓医学的社工会向每位病人提供一些金融建议,他们的责任是提醒病人选择一个合适的病房,这个病房应该是他们自己可以支付得起的,住院治疗的费用可以用政府补助、医疗储蓄、健保双全计划和他们的基金来支付。必要的话,病人也可以用配偶、孩子或者父母的医疗储蓄账户。A 级病房条件最好,不在政府补助范围内,它们在提供一系列由政府提出的基本医疗服务外,还有空调、电视机和录像机。其他三个等级的病房——B1、B2 和 C——都有政府不同程度的补助。B1 病房补贴 40%,B2 次等病房补贴 50%—65%,C 级最差的病房补贴 65%—80%,A 和 B1 级病房可以选择主治医师。随着补助的增加,病房的功能配置却下降了。B1 每个房间有四个床位,B2 的病人没有选择医生的自由,而 C 则是没有空调的开放性病房。

不是所有的新加坡人都可以解决可扣费用与共同支付的费用。即使有给予 C 类病房 80% 的补助、给在综合医院治疗的老人提供 75% 的折扣、医疗储

---

① *Singapore 1994*,p.218.

蓄的保费、医疗保障的帮助等等诸多补助措施,仍然有一些人无法支付医疗费用,他们最后可以求助于医疗基金。政府出 5 亿新币建立用以保健储蓄等账户后仍然支付不起医疗费的可以申请健保基金。每间医院都有健保基金委员会,接受病人申请,调查符合要求的可以获得资助。2012 年用了 1 亿多,2016年用了 1.439 亿,100 万人次申请。

健保基金(Medifund)是一项在 1993 年 4 月启动的政府融资计划,属捐赠基金,投资利息用于帮助付不起医药费的病人支付医药费,这些人只拥有非常有限的医疗储蓄基金,他们可以支配的用来支付那些差额的资源也很少。这项基金建立之初,政府一次性拨款 20,000 万新加坡元,此外,基金每年还可以从政府产生的预算结余中获得 10,000 万新加坡元,初期目标是达到 2 亿新元,现在实际资金达到 5 亿新元,其利息由公共医院管理,每个政府医院都有一个健保基金委员会受理此类申请,受理条件包括:定期缴纳了保健储蓄和健保双全计划金额的人,医疗储蓄财产已经无法支付医疗费用的老年人。健保基金是一个有价值的安全保障网,特别针对底层人,申请人都是老人、独身,他们通常教育水平低或者没有好的工作,如果不是因为有健保基金,他们将无法生存。

通过需求和供给来控制成本也是新加坡控制健康开支的办法。在供给方面,限制外国培训的专家和限定国内医疗教育,公立医院的服务遵守国家建议的价格限制,新技术和专业研究是受到管理的,津贴幅度也是经过提前决定的,床位数量受到限制。从这种意义上来说,政府通过控制输入和产出来限制通货膨胀。需求方面,卫生部提供一个网站以促进竞争,在这个网站上医院的价格都列出来了,人们可以货比三家再做出选择,避免超额支付医疗费用;如果病人直接向专家或者医院寻求帮助,而非等到消费把关人来转诊病人,那么病人不能通过医疗储蓄账户来付款;诊断相关组不鼓励医院提供不必要的检测、延期住院、使用名牌药物,这就是为什么新加坡目前非专利药物占到三分之二的原因。在新加坡,医疗护理的特点是节俭,有人称之为过于谨慎,其他人则将这种节俭视为一种保护。① 其结果是,当新加坡进入发达国家行列时,卫生与健康支出在政府支出中一直维持低占比(图表4-10);与一些发达国家同伴们相比,卫生支出占 GDP 的比例也偏低(图表4-11)。

图表 4-10　新加坡卫生与环境支出(1980—1990)

年	卫生支出				环境支出			
	经常支出(百万)	占总经常支出比例	发展支出(百万)	占总发展支出比例	经常支出(百万)	占总经常支出比例	发展支出(百万)	占总发展支出比例
1980	223.01	4.79	47.19	1.44	120.14	2.58	212.49	6.50
1981	257.28	4.51	63.96	1.62	132.81	2.33	233.33	5.90
1982	313.31	4.66	65.06	1.31	158.79	2.36	239.46	4.82
1983	342.00	4.19	60.68	1.00	164.30	2.02	204.14	3.35
1984	376.26	4.36	84.68	1.47	177.50	2.05	198.13	3.45
1985	419.06	5.12	77.73	1.25	188.39	2.30	297.81	4.77
1986	400.62	4.01	40.16	0.30	169.50	1.70	312.31	2.31
1987	397.4	4.69	39.9	0.66	159.2	1.88	323.5	5.32
1988	432.1	6.00	42.4	0.90	176.3	2.45	253.8	5.39
1989	460.9	6.00	65.9	2.15	189.9	2.47	228.7	7.47
1990	464.2	5.14	48.4	1.15	187.2	2.07	223.4	5.29

资料来源:*Singapore'82*,pp.234,236;*Singapore 1983*,pp.276,278;*Singapore 1984*,pp.280,281;*Singapore 1985*,pp.296,297;*Singapore 1986*,pp.247,248;*Singapore 1987*,pp.263,264;*Singapore 1988*,pp.266,267;*Singapore 1989*,pp.271,272;*Singapore 1990*,pp.263,264;*Singapore 1991*,pp.265,266.

第五节　重视培训的就业服务政策

作为新兴工业国,新加坡为了保持经济优势,顺应世界经济高科技发展方

---

① W.von Eiff,T.Massaro,Y.O.Voo and R.Ziegenbein,*Medical Savings Accounts:A Core Feature of Singapore's Health Care System*,The European Journal of Health Economics,Vol.3,No.3(2002),pp.188–195,Springer,Stable URL:http://www.jstor.org/stable/3570117,07/11/2012 08:20,http://www.jstor.org/page/info/about/policies/terms.jsp.

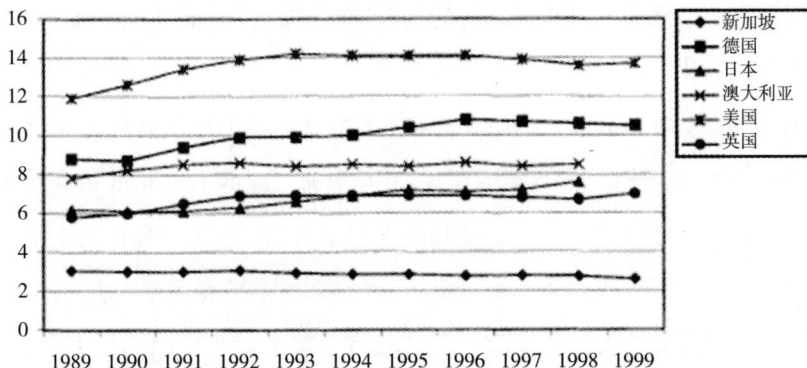

图表 4-11 新加坡与其他国家卫生支出占 GDP 比值比较

资料来源：W. von Eiff，T. Massaro，Y. O. Voo and R. Ziegenbein，*Medical Savings Accounts：A Core Feature of Singapore's Health Care System.*

向，对经济结构做了新的调整和改革，工业生产向高工艺、高技术、高增值转化。为满足高科技经济对人员素质和技术水平的高要求，政府更加重视职前教育和职中培训，以提升劳动力的就业竞争力，促进就业服务。

一、体系完善的职前教育

职前教育分两个系统：正规职业技术教育和全日制职前培训系统。

（1）正规职业技术教育系统

为了适应新要求，职业技术教育也相应做了调整，一方面加强国民的基础教育，规定所有适龄儿童都必须接受至少 10 年的普通教育，小学毕业分流出来的末类学生须再接受 4—5 年的普通教育；另一方面提高了职业技术教育的水平，扩大高层次课程的范围，设计新课程内容，使中等职业教育的毕业生可以在多科技术学院或大学进一步深造，并加强与企业的合作，为在职人员提供更高层次的培训机会，使职业技术教育终身化，以适应生产技术的不断更新。多层次的职业技术教育培养不同层次的技术人员，造就"世界级的工人队伍"①，满

---

① 马早明：《亚洲"四小龙"职业技术教育研究》，第 191 页。

足不同层次的经济需要,使新加坡保持着具有较强竞争力的人力资源,促进国家现代化的深化。

到20世纪90年代初,新加坡职业技术教育已经形成由高到低完整的层次结构:大学、理工学院、工艺教育学院、中学普通工艺课程。培养最高层次技术人才的是新加坡国立大学工学院和南洋理工大学。理工学院相当于中国的高职学院,学制3年,优秀毕业生可进入大学继续深造,最著名的理工学院是新加坡工艺学院和义安工艺学院。工艺教育学院类似于中国的技术中专、职高,1992年起使用该名,是对原工业与职业训练局及其属下的职业专科学校的统称,学制因专业2—3年不等,毕业后发技能证书,优秀生可进入理工学院三年级读书。中学普通工艺课程相当于中国的初级职校,学制4—5年,进入这一课程的学生约占小学毕业生总数的15%—20%,课程内容以英语、数学和电脑应用知识为主,同时接受初级职业技术训练,毕业生部分就业,部分进入工艺教育学院,这一层次的教育是职业技术教育第三阶段改革提高的产物,目的是使整个职业技术教育建立在更扎实、更宽广的基础教育背景上。

层次不同,承担的任务也不同。新加坡国立大学培养从事"研究与发展"的工程师,南洋理工大学培养具有实用价值的工程师,新加坡工艺学院、义安工艺学院、新加坡技术训练学院培养技术人员,工艺教育学院培训技师。多层次的职业技术教育培养不同层次的技术人员,满足不同层次的经济需要,更重要的是阶梯型的职教体系既为年轻人学习基本生活技能提供了场所,又为他们进取向上、不断提高创造机会。

(2)全日制职前培训系统

如图表4-12"新加坡全日制职前培训系统"所示,全日制职前培训以证书为目标,时间因工种而异,短的几个月,长的2—3年。

图表 4-12　新加坡全日制职前培训系统

证书类别	修读年限	修读条件	修读目标
学位证书	3 年	O 水准毕业生	广告设计员或室内设计者
工业技师证书（Indutrial Technical Certificate, ITC）	2 年	O 水准毕业生	工程技师或督工
全国第二级技工证书（NTC-2, National Trade Certificate）	2 年	O 水准或 N 水准毕业生	技工行业
全国第三级技工证书（NTC-3）	2 年（小学 8 年毕业生修 3 年）	O 水准、N 水准毕业生或小学 8 年毕业生	技工行业
能力证书（Certificate of Competency, CoC）	3—6 个月	不限	特殊技能
商科证书（Certificate in Business Studies, CBS）	2 年	O 水准毕业生	会计、金融、秘书等行业
初级商科证书（PCBS）	1 年	中学毕业生	文书工作
办公室技能证书（Certificate in Office Skills, COS）	1 年	N 水准毕业生	办公室基本技能
全国第一级技工证书（NTC-1）	1 年	O 水准毕业生；有证书工人	精密工程技术（精密工程学院）；高级厨师（新加坡酒店培训中心）

资料来源：根据 *Singapore*，1983—1996 各年年鉴整理。

二、与时俱进的职中培训

20 世纪 80 年代初，新加坡放松外籍劳工政策，以弥补国内劳动力短缺，但是劳工政策的目标是逐渐减少外籍劳工，到 1991 年实现国内劳动力的完全新加坡化。为此政府一方面提高工业生产的机械化和自动化程度，减少劳动力需求，另一方面加强对国内工人的再培训（图表 4-13、图表 4-14），要求企业必须拿出工资总额的 4% 用于工人培训，使他们尽快适应机械化和自动化的劳动要求。

图表 4-13　新加坡工人在职培训项目

课程	启动时间	培训年限	培训对象	培训内容
培智课程（Basic Education for Skills Training，BEST），由技能发展基金（SDF）支援	1982 年	4 单元，每单元 6 个月	在职人士，有志掌握小学基本英文和数学程度，以便进一步接受教育和训练者。	小学英语、小学数学
按需要特别设计课程（Customised Skills Training Programmes）	1983 年	--	雇主有特别训练需要	在雇主办事处或工艺教育学院开办的特别设计课程
"特准训练中心"项目（Approved Training Centres，ATC)	1983 年	--	公司内部员工和学徒	公司只要有足够的教材、设备、指导员，可以申请成立特准训练中心，自行训练公司员工和学徒。
延续学术教育课程（Continuing Education）	1985 年	--	有志接受更高正规教育课程者	从中学一年级普通课程到 N 水准、O 水准和 A 水准会考程度
单元技能训练课程（Modular Skills Training，MOST）	1986 年	6 单元，每单元 1 个月	全国性课程，有意提升新技能者	16 种技能，125 项 NTC－2，NTC－3 和 CoC 课程
汇智课程（Worker Improvement through Secondary Education，WISE）由 SDF 支援	1987 年	每单元 6 个月	有意接受中学教育者	英文和数学达到 N 水准程度，或 NTC－2 程度
壮年工友进修课程（Training Initiative for Mature Employees，TIME)	1991 年	6 单元，每单元 1 个月	40 岁以上在职人士	以英语、华语、马来语或泰米尔语开办的 NTC－3 课程
学技能应时需课程（Adult Co－operative Training Scheme，ACTS）	1992 年	--	20－40 岁在职人士，必须由雇主保送	以华语、马来语或泰米尔语开办的工作时受训和工作后受训课程

续表

课程	启动时间	培训年限	培训对象	培训内容
在职受训训练中心（Certified On - the - Job Training Centre Scheme, CO-JTC）	1994 年	--	公司内部员工和学徒	公司按雇员的特别需要策划、安排和设计课程,由具有工业指导员资质的员工任导师,工教院协助训练导师和课程指导。

资料来源:根据《新加坡》1983—1996 各年年鉴(*Singapore* 1983-1996)"Education—Institute of Technical Education"整理。

1990 年经济发展局引进国际先进培训机制,与外国政府和顶级跨国公司联合设立了 5 家培训机构(图表 4-14):德国—新加坡学院、法国—新加坡学院、日本—新加坡学院、精密工程学院、菲律宾政府培训中心。[①]

图表 4-14　国际联合培训机构

学院名称	修读方式	修读条件	培训内容
德国—新加坡学院	全日制学位课程	O 水准和 A 水准毕业生	工业自动化技术、先进制造业技术、塑料工业技术、软件技术
法国—新加坡学院	开放式	O 水准和 A 水准毕业生	电子工程
日本—新加坡学院	2 年全日制	O 水准毕业生	技工
精密工程学院	2 年全日制,4 年在职培训	O 水准毕业生;有证书工人	精密工程技术;全国第一级技工证书(NTC-1)
菲律宾政府培训中心	2 年全日制,4 年在职培训	O 水准毕业生;有证书工人	精密工程技术

职中培训的第三种形式是开放大学学位课程(the Open University Degree Programmes, OUDP),1993 年教育部授权私立成人教育机构新加坡管理学院负责该项目,与英国开放大学合作提供学士学位课程,学位由英国开放大学颁发,与英国其他大学的学位一样受承认,公共服务署聘用公务员时承认其学位资格。没有大学学位的在职人士可以通过 OUDP 接受大学教育,新加坡管理

---

① *Singapore 1992*,pp.146,147.

学院也因此成为当时新加坡唯一一所具有授予学位证书资格的私立大学。1993 年首批提供了 3 项学位课程:英语语言与文学、数学、计算机科学。[①] 1999 年,教育部再委托新加坡管理学院增设汉语言文学系,与北京师范大学联办汉语言文学学位课程,供社会人士、主要是没大专文凭的华文教师提升语文程度。到 2000 年开放大学有 19 项学位课程[②]。由于授课时间、地点和学习年限的灵活性,受到在职人士的欢迎。

第六节 大服务小保障的社会福利政策

进入 20 世纪 80 年代,社会事务部的重点开始从单纯的社会救助转移到发展社会福利和预防贫困方面[③]。1985 年 1 月社会事务部整合了总理公署及文化部的部分业务,易名为社区发展部(Ministry of Community Development),新部门的目标是发展有凝聚力的关爱社会,通过提供福利、社会、娱乐和文化服务,领导和协调社会事务,促进社区和社会发展。部门名称的变化反映了人民行动党对新加坡社会建设的新思路:以社区为单位,建立大服务小福利的社会保障体系。因此,尽管进入 20 世纪 80 年代以后新加坡政府已经非常富有了,但是用于社区服务和社会福利的开支却少之又少(图表 4-15)。

图表 4-15 社区服务和社会福利支出(1980—1990)

年份	社区服务				社会福利			
	经常支出(百万)	占总经常支出比例	发展支出(百万)	占总发展支出比例	经常支出(百万)	占总经常支出比例	发展支出(百万)	占总发展支出比例
1980	45.02	0.97	33.07	1.01	10.96	0.23	0	0
1981	42.01	0.74	29.02	0.73	11.33	0.20	0	0

---

① *Singapore 1994*, p.195.

② 《新加坡年鉴 2000》,第 216 页。

③ *Singapore' 82*, p.113.

续表

年份	社区服务				社会福利			
	经常支出（百万）	占总经常支出比例	发展支出（百万）	占总发展支出比例	经常支出（百万）	占总经常支出比例	发展支出（百万）	占总发展支出比例
1982	51.43	0.77	31.10	0.63	11.67	0.17	0	0
1983	61.40	0.75	36.35	0.60	12.50	0.15	0	0
1984	75.22	0.87	34.47	0.60	13.24	0.15	0	0
1985	74.37	0.91	27.48	0.44	14.33	0.18	0	0
1986	68.88	0.69	49.38	0.36	14.69	0.15	0	0
1987	64.2	0.76	60.1	0.99	17.5	0.21	0.1	0
1988	75.4	1.05	56.4	1.20	28.9	0.40	3.0	0.06
1989	85.0	1.11	48.7	1.59	35.4	0.46	9.5	0.31
1990	93.7	1.04	60.5	1.43	33.8	0.37	58.8	1.39

资料来源:*Singapore' 82*,pp.234,236;*Singapore 1983*,pp.276,278;*Singapore 1984*,pp.280,281;*Singapore 1985*,pp.296,297;*Singapore 1986*,pp.247,248;*Singapore 1987*,pp.263,264;*Singapore 1988*,pp.266,267;*Singapore*1989,pp.271,272;*Singapore 1990*,pp.263,264;*Singapore 1991*,pp.265,266.

与 20 世纪 80 年代前相比,新兴工业国时期的新加坡社会保障政策有以下三个特点:

一、提倡社区互助

政府提出加强社会凝聚力,让旧日乡村生活的友爱之情重新回到居住在"空中村庄(villages-in-the-sky)"的现代新加坡人之间,提倡"人人伸出援手",帮助需要帮助的人,营造一个社群参与、互相关怀的社会。社区发展部协助居委会促进社区发展,与个人和社团合作发展技术培训,推进邻里互助和社区关怀。比如无家人照看的老人、小孩都倾向于留在社区或请邻里帮助照料,而不是像 20 世纪 80 年代以前那样送进养老院或托儿所。1987 年在社区发展部设立社会防御计划处,以及时发现问题、解决问题,增强新加坡的社会防御能力,组织活动,让普通民众、草根组织领导、教师和学生共同参与。

在资金方面,开通更多募集渠道,筹集社会资金用于社会服务(见图表

4-16)。1979 年,全国职总属下的组织合作社(20 世纪 60 年代末诞生)成为法定机构,颁布《合作社法》,以节俭、信用、互助、消费为宗旨,1980 年成立中央合作社基金,1983 年扩大成新加坡公益金(Community Chest of Singapore,CCS),是新加坡社会服务理事会的志愿捐助金库,1992 年组建国家福利理事会后成为其中央筹款机关。公益金吸收慈善团体募捐资金,援助志愿福利机构,资助公益活动,帮助需要帮助的人,实行"一起关心,一起分享"的分享计划,个人可以通过信用卡或直接从薪金扣除的方式捐款给公益金。

图表 4-16　新加坡合作社、互助会、志愿组织、公益金发展情况(1981—1995)

年	合作社			互助会			志愿者组织数(个)	公益金(百万)
	注册组织(个)	会员数(人)	资金额(百万)	注册组织(个)	会员数(人)	资金额(百万)		
1981	76	191,007	57.4	386	--	--	141	--
1982	75	199,511	67.4	381	--	--	---	--
1983	74	200,048	64.4	376	--	--	147	--
1984	71	--	--	369	--	--	150	5.2
1985	64	234,557	74.3	358	155,251	14.1	155	8.5
1986	62	251,368	83.6	351	150,111	14.0	159	11.0
1987	59	287,092	92.1	341	146,207	14.5	168	--
1988	58	372,317	111.3	333	142,043	14.1	172	15.6
1989	64	436,535	121.3	327	136,307	14.1	175	--
1990	66	505,032	149.5	319	131,000	14.9	183	--
1991	66	527,050	161.3	305	126,916	11.6	188	支持 42 个慈善组织,十多万人受助
1992	72	618,461	200.1	302	126,293	11.5	187	支持 44 个慈善组织,11.7 万人受助

续表

| 年 | 合作社 | | | 互助会 | | | 志愿者组织数(个) | 公益金(百万) |
	注册组织(个)	会员数(人)	资金额(百万)	注册组织(个)	会员数(人)	资金额(百万)		
1993	70	674,310	213.5	298	125,644	11.4	204	支持 44 个慈善组织,12.9 万人受助
1994	74	763,055	219.9	295	125,213	11.3	214	支持 53 个慈善组织,13.2 万余人受助
1995	76	828,545	277.0	285	121,000	9.5	224	支持 55 个慈善组织,14.4 万人受助

说明:1991 年后公益金统计资料无具体数额,只有描述性记载。

资料来源:*Singapore' 82*,p.113;*Singapore 1983*,p.228;*Singapore 1984*,p.235;*Singapore 1985*,pp.252,253;*Singapore 1986*,pp.191,192;*Singapore 1987*,p.207;*Singapore 1988*,p.212;*Singapore 1989*,p.214;*Singapore 1990*,p.206;*Singapore 1991*,p.209;*Singapore 1992*,pp.193,194;*Singapore 1993*,pp.223,224;*Singapore 1994*,p.182;*Singapore 1995*,p.180;*Singapore 1996*,pp.208,210.

二、强调家庭保障

家庭在任何社会都是最重要的社会单元,其功能包括复制、社会化,照顾年轻的和年长的成员。家庭是社会的基石,东方国家尤其重视家庭的社会功能,新加坡许多政策"都是为了强化稳固家庭作为社会基石而制定的"[1],鼓励家庭成员之间相互照顾而不是依靠国家。1988 年 9 月李显龙在一次电视采访中提出国家意识的"四个原则":保持多元种族、多元宗教的包容与现代化;以"协商优于对抗"的方式解决问题;社会需要至上,个人服从社会;坚持家庭是社会的基本单位。[2]

---

[1]　《新加坡年鉴 1998》,第 117 页。

[2]　"*BG Lee on national ideology*",*The Straits Times*,December 29,1988.

特别是在养老问题上,新加坡政府主张老年人的问题和需要是家庭、社区、政府和老人自身的共同责任。1982 年 6 月政府成立老年问题委员会,重点关注:改变退休态度和退休后生活方式;监测老年人的身心健康;促进家庭孝道;给予有形的帮助和鼓励。委员会调查了 5,538 名 55 岁以上老年人,结果显示,老年人大多状况良好,对住房条件和经济条件比较满意;有 3.5% 的人仍然在找工作,95% 的人行动自如,0.6% 的人卧病在床,5.4% 的人独居,81.9% 的老人和孩子或者孙辈一起居住。[1] 从对老年人照料的角度看,在新加坡,家庭的作用很突出。

比如马来人大多依然是大家庭生活。《穆罕默德言行录》和《古兰经》的规定清楚地阐述了赡养父母的重要性。1990 年的人口普查中,有 17% 的马来家庭是三代同堂或者更多代人一起生活,而其他两个族群则低于 13%。虽然扩展家庭在马来人中很普遍,但是许多马来人都是住在三室楼房中(49.7%)。最少有 16% 的印度人居住在三室楼房中,华人则相对较少。马来人能够购买私人住房的人的比例也很小——只有 1.2%,其他两个族群是 7%。在拥有产权的公寓或者是楼房的私人物业领域可能也同样如此。因为新加坡的房价很大程度上是由市场操控的,所以这一差别可能被解读为马来人落后于社会流动性。[2]

1984 年委员会新的调查显示,受过良好教育的年轻人正从亚洲传统文化观念转向一个更物质、自我导向型和个人主义的生活方式,他们认为贫困阶层、穷困潦倒者、老人、病人和残疾人的福利是国家的主要职责,国家必须支持、帮助或照顾这些类别情况的人。[3] 委员会因此建议,"现在必须做出共同努力来维护并加强传统的家庭系统"[4]。副总理拉惹勒南回应调查结果时说,

---

① *Singapore 1984*,p.231.

② Peggy Teo,"Aging Trends:Aging in Singapore",*Journal of Cross-Cuhural Gerontology* 11:269-286,1996. Kluwer Academic Publishers.

③ *Singapore 1984*,p.15.

④ *Singapore 1984*,p.16.

"我认为在这种情况下,政府无论如何都要干预。你不能说,'让他们饿死吧。'也将有其他的变化使得某些人不是因为自己的过错而成为多余——像今天的盲人和残疾人,和老年人。""在新加坡,很大部分的老年人都不想去养老院,因为在亚洲社会这跟尊严联系在一起——在亚洲有儿不养是一种耻辱,守旧的亚洲人有很强烈的耻辱感。这就是为什么我们开始用公寓的分配来加强这种三层关系结构系统。"①"总是有自己不能解决而需要政府干预的问题。"②1991 年政府对年龄超过 55 岁的人做了一次全国调查,发现没有个人收入的人口中,男性比例是 31.1%,女性是 73.5%。并且超过 55%的被调查者没有储蓄,44.2%在退休期间将会面临经济问题。③ 为了强制家庭养老,1995年新加坡颁布《供养父母法案》,贫困父母可以依法要求子女供养。

1987 年起新加坡在全社会开展关注老人项目,增强公众对老年生活的积极态度,鼓励所有老人保持适度的社会活动及社区参与,1989、1990 年的主题是"现在准备,快乐你的晚年"。1989 年新加坡成立全国家庭和老人事务咨询理事会,下设家庭委员会和老年人委员会,建议政府关注家庭与老人的联系,采取措施解决老年人问题。

1991 年新加坡政府将 11 月的第三个周日定为"老人节(Senior Citizens' Day)",强调及早做好退休准备的重要性,提出幸福晚年的四要素:身体健康、经济独立、适当劳动、保持良好的社会和家庭关系。1992 年老人节活动扩展为每年 11 月的老年周活动,在一周的时间里宣传养老、敬老、备老知识,在全社会形成关注老人的集体意识。

---

① Chan Heng Chee & Obaid ul Haq(eds.):*The Prophetic and the Political*:*Selected Speechs and Writings of S.Rajaratnam*,p.521.

② Chan Heng Chee & Obaid ul Haq(eds.):*The Prophetic and the Political*:*Selected Speechs and Writings of S.Rajaratnam*,p.523.

③ William K.M.Lee,"Income Protection and the Elderly:An Examination of Social Security Policy in Singapore",*Journal of Cross-Cultural Gerontology* 13:291–307,1998. Kluwer Academic Publishers.Printed in the Netherlands.

当然,对家庭本身的帮助也是社会保障内容之一,新加坡政府采取了两项措施:其一,1985年启动公共教育计划,通过大众传媒、公开讲座、研讨会及为家庭主办活动,以谈话、论坛、展览等方式,为准备做父母的年轻人提供咨询和辅导,宣传灌输家庭价值观与家庭架构,提醒国民维系稳固家庭的重要性,唤醒人们关心老年人问题、家庭生活、家长教育、人生规划等等问题。其二,家庭援助服务,以家庭服务中心为载体,为孩童、老人、贫困者、残疾人及少年罪犯提供的服务,包括辅导与援助、资讯与引荐、家庭生活教育、义工发展以及其他支援服务,目的是照顾、保护和支持家庭与社区。社会事务部也与志愿者团体和私人机构合作,提供家庭生活方面的支援,包括设立托儿所、老人托管中心及课余托管中心,为面临困扰的家庭提供辅导与建议服务,包括调解婚前准备、家庭矛盾、子女赡养、经济困窘等问题,帮助这类家庭增强克服困难的能力,保持健康的家庭生活。

1988年新加坡重新将幼儿中心的管理纳入政府职责,1988年通过《幼儿中心法令》(Child Care Centres Act),规定所有幼儿中心需得到社区发展部的规范和许可。社区发展部和建屋发展局合作,在组屋公共区规划设立幼儿中心,鼓励个人、组织的参与。幼儿中心提供正规全日制和半日制课程,以满足家长的托儿需求。一些中心提供更加弹性的幼儿照顾计划,以迎合家长的工作安排。为了鼓励工作妈妈们送孩子去幼儿中心,中心的每个孩子可以得到每月100新元(半日制50新元)的政府补贴,1993年分别上调至130元和65元,当年有338个幼儿中心,而法令实行之初的1989年只有185个幼儿中心。

1994年启动小家庭改进方案(Small Families Improvement Scheme),帮助有2个孩子的低收入夫妻,为他们提供每年200—800新元不等的助学金,支持孩子从小一到大学先修阶段或工艺学院的学习;此外,这类家庭的妻子公积金账户里每年还能得到800元的购房补贴,持续20年或到她年满45岁,补助金既可存在公积金账户里,也可用来购买建屋局组屋。

三、扩大志愿者组织的作用

早在殖民时期,新加坡的志愿者组织在社会救助方面就是官方的得力助手,残疾人救助多数由志愿者组织承担,关心其就业和教育问题。建国后新加坡志愿者组织依然活跃在社会福利事业中,并逐渐从开办福利院收容孤儿、残疾儿童、照顾女性拓展到走出福利院、走进家庭、深入社区,从事医疗看护、法律援助、咨询辅导等专业性志愿服务。20 世纪 70 年代末,政府鼓励志愿者组织更多地介入社会福利事业,志愿者组织在新加坡社会保障系统中发挥越来越大的作用,数百个下属组织承担起照顾老人、残疾人、儿童、青少年、家庭及协助社区工作。新加坡社会服务理事会在 1992 年改组为国家福利理事会(NCSS),作为志愿服务团体的大本营。

特别是在儿童和青少年服务、老年人服务方面,志愿者组织是家庭以外最重要的参与者。依法保护和照顾遭受虐待或无人照顾和遭剥削的儿童及少年、执行寄养领养制度、管理 9 个少年收容所等,这些都是志愿者组织一直坚持的志愿服务,此外,预防犯罪监督和缓刑监视服务在 20 世纪 80 年代都有所发展,所谓预防犯罪监督是辅导和协助家长更好地理解和管教行为不良的儿童和少年,帮助他们改邪归正。1981 年实施一项名为"大哥大姐"的计划,目的是通过发挥志愿者"做朋友"的作用,动员更广泛的社区参与帮助有不良行为的少年。另一个较大的变化是 1977—1979 年间社会事务部陆续将幼儿中心和日间托儿所转交职总和志愿者组织,政府在场所、设施、经费等方面提供支持并提供职员培训。1980 年另外设立家庭日间照看项目,允许有兴趣照看孩子并被认定为适合做照看者(care-givers)的家庭主妇帮工作妈妈看孩子。1981 年首批 1891 名照看者登记注册,454 名儿童由照看者照顾,[①]这种看护孩子的形式受到欢迎,发展很快(见图表 4-17)。

---

① *Singapore' 82*, p.116.

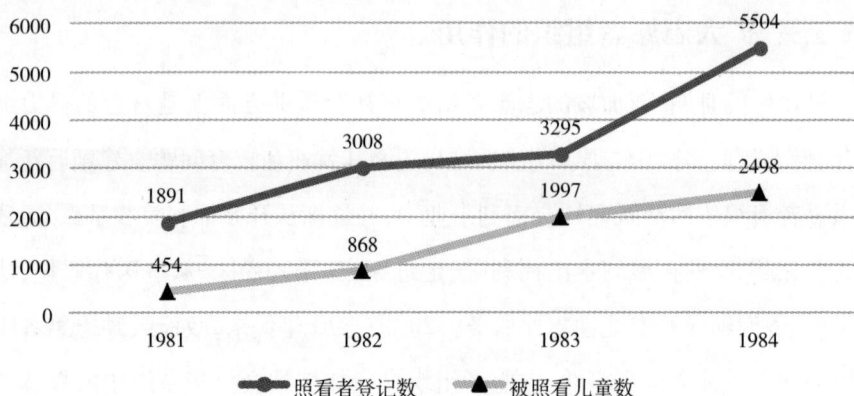

图表 4-17　家庭日间照看服务统计

资料来源：*Singapore' 82*，p.116；*Singapore 1983*，p.224；*Singapore 1984*，p.229；*Singapore 1985*，p.249.

　　志愿者组织在照顾老人方面也比工业化初级阶段起着更大作用。1981年政府经营的 2 所养老院降为 1 所，仅收容 60 岁以上无人照料者，鼓励老人留在社区福利院或志愿者组织的养老院。20 世纪 80 年代中期后福利收容和养老问题存在供应不足的情况，政府经营有 2 家赤贫者收容所和 1 家养老院，1984 年有 666 名老人向社会事务部申请照顾，只有 294 人能进政府或志愿者组织的养老院。① 1985 年政府经营的唯一一家养老院转为赤贫收容所，新加坡的养老院全部由志愿组织、宗教团体或纯商业开办。1984 年志愿者组织和宗教团体管理的养老院有 41 家（1985 年 42 家，1986、1987、1988、1989 年分别是 43 家），登记有 1891 名老人，基本上是无人照顾的孤寡老人，另外还有 18家（1986 年 22 家，1987 年 23 家，1988 年 27 家，1989 年 24 家）私营养老院。志愿组织和私营养老院共提供 3478 个床位。② 1989 年通过《养老院法令》（*the Homes for the Aged Act*）和《养老院规则》（*Homes for the Aged Regulations*），保障老人及其家人的利益。

————————

　　① *Singapore 1985*，p.250.

　　② *Singapore 1985*，p.251；*Singapore 1986*，p.189；*Singapore 1987*，p.205；*Singapore 1988*，p.209；*Singapore 1989*，p.212；*Singapore 1990*，p.204.

为了缓解压力,政府鼓励社区参与养老,20世纪80年代中期后陆续推出以社区为基础的综合性援助服务和计划,让老年人保持身心健康和社交活力,并协助家庭成员和关怀者照顾他们家里的老人。这些服务包括:老年人之友服务(Befriender Service),志愿者帮助社区中的孤独老人处理日常需要;1986年起开始的家居援助服务,帮助老人打扫、洗衣、做饭、个人护理等家务活;设立乐龄俱乐部提供老年人社交活动场所;乐龄人士膳食服务提供老年人饮食指导或供应;设立日间照料中心提供日间的托老服务;互助计划;热线电话和辅导。

其他社会福利继续维持底线救助,包括公共教育(专指与社区、家庭有关的教育活动)、协调和建议、经济援助、照顾及保护、居民及社区支持,覆盖群体包括儿童、老人、残疾人、生活困苦者和罪犯。1993年,政府宣布,它的社会福利计划将目标分为四个群体:残疾人、穷困潦倒的老年人,那些生活在最低水平的人和那些因特定的问题使他们难以养活自己的人。因此,尽管数据不完整,依然能看出社会救助的支出在新加坡成为新兴工业国期间仍然维持低水平(见图表4-18)。

图表4-18　新加坡官方社会救助情况(1980—1995)

年	残疾人救助人数	赤贫者福利院人数	养老院人数	公共援助		总支出(百万)
				家庭数(户)	援助额/月(元)	
1980	--	174	90	4,580	60-120	3.20
1981	--	234	171	3,505	60-120	2.60
1982	759	232	118	3,297	80-170	3.00
1983	246	258	--	3,241	80-170	3.25
1984	--	351	1,010	3,202	90-220	3.60
1985	--	--	--	--	90-220	--
1986	11,821	--	--	--	90-220	--
1987	12,343	1,525	3,542	2,934	90-220	--
1988	12,526	--	3,730	2,867	--	--
1989	--	1,415	3,793	2,827	120-295	--
1990	--	1,415	3,864	2,791	120-295	--

续表

年	残疾人救助人数	赤贫者福利院人数	养老院人数	公共援助		总支出（百万）
				家庭数（户）	援助额/月（元）	
1991	--	1,415	3,838	2,332	140-400	--
1992	--	1,415	3,850	2,255	150-430	--
1993	--	1,415	--	--	155-445	--
1994	--	1,415	--	--	--	--
1995	--	1,415	--	--	180-535	--

资料来源：*Singapore' 82*, pp.113,119；*Singapore 1983*, pp.224,227；*Singapore 1984*, pp.230,235；*Singapore 1985*, pp.249,251；*Singapore 1986*, pp.189,190；*Singapore 1987*, pp.204,206；*Singapore 1988*, pp.210,211；*Singapore 1989*, pp.212,214；*Singapore 1990*, pp.204,205；*Singapore 1991*, p.208；*Singapore 1992*, p.192；*Singapore 1993*, p.340；*Singapore 1994*, p.181；*Singapore 1995*, p.180；*Singapore 1996*, p.206.

第七节　人口政策的逆转

一、从鼓励优生到全面鼓励的生育政策调整

发达国家的经验已经证实生育率的下降与社会经济的发展有一个积极的相关性,这种经验也被新加坡证实。1966—1987年新加坡的经济增长是众所周知的,新加坡人均国民生产总值增加了七倍多。随着经济结构的多元化、普遍的社会发展、城市化进程加快和男女教育水平的提高,新加坡的社会转型改变了人们传统的生育观和家庭观。20世纪80年代初一项有关新加坡人口状况的调查认为:"虽然人口抑制的政策一直对大家庭有所限制,父母价值观和生孩子的成本以及改变社会和经济条件的观念是影响人们生育决策的显著因素。"[1]因此,一方面是经济发展水平提高后生育率下降的普遍规律的结果,另

---

[1]　Cheng, Lira Keak, *Post-Independence Population Planning and Social Development in Singapore*.

一方面受政府抑制生育的奖限政策影响,进入80年代后新加坡人口出现逆转。1980年新加坡人口普查显示,出生率17.1,生育率只有1.7,尤其是受过良好教育的女性结婚生子的比例下滑得最厉害。1986年生育率降到1.44,创历史新低,而华人人口生育率只有1.26。可以预见的结果将是劳动力短缺、防务力量不足、人口老年化问题严重、族群结构发生改变,特别是对于新加坡两个立国支柱——经济与安全——的负面影响,怎么强调都不过分。抑制生育的政策受到重新审视并得以快速调整。

工业化升级时期新加坡人口政策有两大调整。

首先是鼓励优生。1980年人口普查统计显示,新加坡女性受教育程度越高,单身比例越高,生育率越低(图表4-19)。政府预测的教育水平与婚姻的趋势(图表4-20)显示,每10个上大学的女性将有4个保持单身,在天平的另一端,10个没有学历证的男性中就有4个很难找到妻子。针对高学历女性生育率下降的现象,李光耀公开鼓励高教育女性结婚生子,他在1983年的国庆群众大会上引用了1980年人口普查不同教育程度已婚妇女的平均生育数,发出警告:"如果我们继续以这种不平衡的方式繁育下去,我们将没有办法维持我们目前的水准。"[1]演讲引发了一场支持者和反对者关于"伟大婚姻"的公开辩论,他们都把争论焦点指向了假定的科学基础——天赋比后天环境重要。当然,辩论不能左右政府决策,1984年后,政府制定了一系列的政策措施,希望提高受过良好教育的新加坡女性的生育率,并且降低受教育程度低的国民的生育率。[2]

---

① 李光耀:《教育良好妇女应多生育》(1983年8月14日),见《李光耀40年政论选》,第296—301页。

② Lee Kuan Yew, "Lee Kuan Yew on Marriage, Education, and Fertility in Singapore", *Population and Development Review*, Vol.13, No.1(Mar., 1987), pp.179–185, Population Council, http://www.jstor.org/stable/1972142,07/11/2012,08:22.

图表 4-19　新加坡已婚妇女的学历及生育数(1980)

最高学历	比例(%)	平均生育数(人)
大学	1.9	1.56
中学及高中	12.7	1.56
小学	35.9	2.29
无学历	49.6	3.34
总计	100	3.2

资料来源:Cheng,Lira Keak,*Post-Independence Population Planning and Social Development in Singapore.*

图表 4-20　新加坡不同学历单身人口估计(1986)

学历	每年毕业人数(人)	单身男性		单身女性	
		数量(人)	比例(%)	数量(人)	比例(%)
大学	2500	130	5	1020	41
高中	4750	240	5	1380	29
中学	11250	560	5	300	3
小学	3250	750	23	100	3
无学历	3250	1220	38	100	3
总计	25000	2900	12	2900	12

资料来源:*The Straits Times*,June 11,1986.

　　第一项鼓励政策与小学入学注册关联。20 世纪 70 年代这项措施曾用于降低生育率,1984 年政府规定拥有大学学位或专业资格的母亲,其子女选择学校时有更大的优先权。但是这项政策引起社会不满,甚至出现 1984 年总统选举期间的抗议演说,有人还为此在选举中投反对票,①因此实际上只在 1984 年 5 月小学注册中实行了一次就被迫取消。其他鼓励优生的政策包括:受高教育程度母亲享有更高的子女税款减免优惠,在原有优惠基础上,头三胎子女分别再减免 5%、10% 和 15%;为高学历单身男女搭建社交平台,促成单身人士

――――――――
　　①　苏瑞福:《新加坡人口研究》,第 218 页。

的婚姻;用生育奖励的方式,抑制贫困和低学历夫妻的生育率,夫妻均为新加坡公民或永久居民且均无中学以上学历证书、家庭月收入不超过 1,500 元、育有 1—2 个孩子、母亲年龄低于 30 岁并已绝育的家庭符合条件,这类家庭女方的公积金账户可以得到政府的 10,000 元奖励,这是新加坡政府首次为人口政策支付的现金拨款[1],但是自愿享受此奖励的夫妻却很少。鼓励优生的第五项政策是再次提高分娩费的抑制性政策,规定所有等级病房第五胎以上孩子的分娩费为 1,000 元,而第四胎的分娩费是 600—750 元,此项政策的目的是给低收入家庭增加多生孩子的经济压力,因为在新加坡低收入与低学历几乎是画等号的。

尽管政府为鼓励优生采取以上种种政策,还破天荒地实行高额现金奖励——1984 年近 40% 的就业者月工资在 500—1,000 元之间[2],10,000 元奖励相当于低收入家庭半年的总收入,但是效果并不理想,新加坡生育率继续走低,甚至在 1986 年创下了 1.4 的历史新低,出生率也降到 14.8 的新低,人口增长率为-0.1,意味着生活水平普遍提高的情况下,政府开出的奖励或抑制清单对国民生育意愿的影响力已经微乎其微了。

严峻的形势使政府放弃对优生学的热衷,转而全面纠正抑制生育的政策,进行工业化升级阶段的第二次人口政策调整,也是独立后新加坡人口政策的逆转——全面鼓励生育。

1986 年 5 月新加坡家庭计划和人口委员会撤销,人口工作交由部际人口委员会。在 1986 年 8 月 17 日新加坡纪念独立 21 周年国庆日上,李光耀提出一个新的家庭口号:"至少有两个,更好是三个,如果你可以负担得起四个也是可以的。"1987 年生育计划口号正式改成"如果有能力,三个不算多",标志着抑制生育政策的彻底终结。政府为此一方面放宽人口抑制措施,如放宽税收减免限制、取消小学注册的优先权,另一方面采取鼓励生育的措施。

---

① 苏瑞福:《新加坡人口研究》,第 220 页。

② *Singapore 1985*,p.315.

　　鼓励生育的政策是多方面的,涉及退税、保健储蓄的使用、公共部门的弹性工作制和带薪假期、托儿补助、住房等与人们工作生活密切关联的领域①,有些政策力度还是相当具有诱惑力的,如弹性工作制和购房规定。公共部门的弹性工作制于 1987 年 4 月 1 日起实行,允许有 1 个 6 岁以下孩子的女性公务员最多将三年的全职工作申请转为半职,领全职工资的一半,但提薪和升职的权利不受影响,其目的是鼓励不想放弃工作的已婚女性兼顾着养育更多孩子。住房方面,1987 年 4 月建屋局新政策规定 1987 年 1 月 1 日或之后生育第 3 个孩子的家庭可以提早 3 年申请公开出售现有组屋并购买更大住房,而不必等到住满 5 年。住房政策的调整是更大的经济激励,如前所述,新加坡公共住房有一整套严格的管理规则,租、买、售都有章可循,申请者或房主不能随意处置,这些规定有利于建屋局控制房源和房价,但也限制了新加坡人改善住房条件或用房投资套现的时间与空间,因此为鼓励生育的特殊住房政策更显出政府的诚意与迫切。

　　鼓励生育的政策起到了一定效果,生育率从 1986 年的 1.44 增加到 1989 年的 1.8,1988 年还一度回升到 2.0,之后直到 1996 年,稳定在 1.8 或 1.7 之间,仍然未能达到人口更替水平。究其原因,经济发展与生育率走势的反向关联规律依然是适用的,此外新加坡的特殊性表现在:三大族群中,马来人几乎全是穆斯林,人口控制措施对其产生的影响有限;印度人在总人口中的份额很小,对国家的生育趋势不会有显著影响;新加坡的总生育率趋势,很大程度上取决于华人的表现。在 1986 年,三个主要的族群中,华人总生育率最低,同马来人的 2.05 和印度人的 1.89 相比,华人是 1.26,是世界最低的,即使人口稀少的印第安人也比新加坡华人好一点。1988 年上半年,华人的总生育率明显提高到 1.8,仍然低于同一时期马来人的 2.3 和印度人的 2.1。②

---

① 详见苏瑞福:《新加坡人口研究》,第 221—228 页。

② Cheng, Lira Keak, *Post-Independence Population Planning and Social Development in Singapore.*

其次,鼓励生育的政策对新加坡女性提出了婚后生更多孩子和作为劳动力参加工作的双重需求。新加坡通过教育向上的社会流动竞争非常激烈,拥有学历和无学位之间的收入差距巨大,对于女大学生来说,为了生孩子放弃高薪工作是困难的。况且,毕业后最初几年的就业对于一个人事业的发展至关重要,这反过来将会推迟生育年龄。事实上,在工业化升级时期,新加坡女性的社会地位和经济地位进步明显,以女性立法者、高级官员和管理人员占人口的百分比为例,从 1985 年的 12%增加到 1996 年的 20.5%[1],因此,除非一个令人满意的折衷设计,对新加坡女性——尤其是华人女性——双重需求可能让她们承担了太多压力,更多选择会倾向于工作而不是生孩子。

二、宽松的移民政策

新加坡作为独立繁荣的国家选择是非常有限的。经过 20 年成功的生育控制和社会经济的发展,行业的劳动力短缺现象,特别是熟练劳动力的短缺现象越来越多,将会影响未来经济增长的速度。人口政策的主要推力是促进更高社会经济阶层的生育率并辅之以移民。在 1986 年 10 月 4 日,为了与其他国家竞争,政府宣布要放松其移民和公民的政策,因为“新加坡的人才库是有限的,外国专业人士和企业家的健康输入可以对经济和国家经济增长有显著贡献”。[2] 1988 年新加坡成立移民事务委员会,通过大量提供永久居留权的方式,吸引具有专业技能或其他技术的外国人或富有企业家移居新加坡。第一批申请者多数来自中国香港,1991 年和 1992 年分别有 31,000 和 33,000 中国香港人被新加坡授予永久居留权,但最终只有 4,700 人定居新加坡。[3]

---

[1]　见图表 6-4“新加坡女性社会地位(1961—2018)”。

[2]　*The Straits Times*,October 5,1986.

[3]　苏瑞福:《新加坡人口研究》,第 265 页。

第五章　进入发达国家的社会政策

1995 年 7 月,世界经合组织宣布,从 1996 年 1 月起,新加坡从发展中国家升级为发达国家。尽管新加坡担心将失去国际市场的一些优惠而不愿承认自己是发达国家,但它确确实实成了联合国、经合组织、国际货币基金组织三大评价指标都认可的发达国家。1995 年后新加坡是一个发达国家,也是其社会政策的修正阶段。

第一节　打造"东方波士顿"

20 世纪 90 年代知识经济的兴起彻底改变了世界经济,制造了新的增长机会,新加坡一向对世界政治经济的变化高度敏感,常常能领风气之先,面对新的科技发展,政府意识到要保持经济的蓬勃发展和竞争力,必须成为应用和创新资讯科技的先锋,建立稳固的本土科学与科技基础辅助高科技工业;同时大力发展高端服务业,提出要将教育与健康服务推向海外,"促进新加坡成为世界级大学、教育与培训,以及医药服务和保健业务的亚太枢纽"。[①] 因此,教育仍然是政府重点开发的公共产品,进入发达国家行列后,政府对教育的投入

---

① 《新加坡年鉴 1998》,第 104 页。

不降反升,以图表 5-1 分析,发展性支出在 1995 年前一般不超过总发展支出的 10%,但是从 1995 年起增幅非常明显,2002 年达到 21%,之后发展性支出比例虽然下调,但是经常性支出一直保持在总支出 20% 以上,仍然是次于国防的政府第二大开支,2006—2013 年间甚至保持在 26%—27% 左右,在政府一直以来的教育高投入历史记录里也是建国以来的高位值,其中包括加大对低收入家庭子女的教育经济援助①。

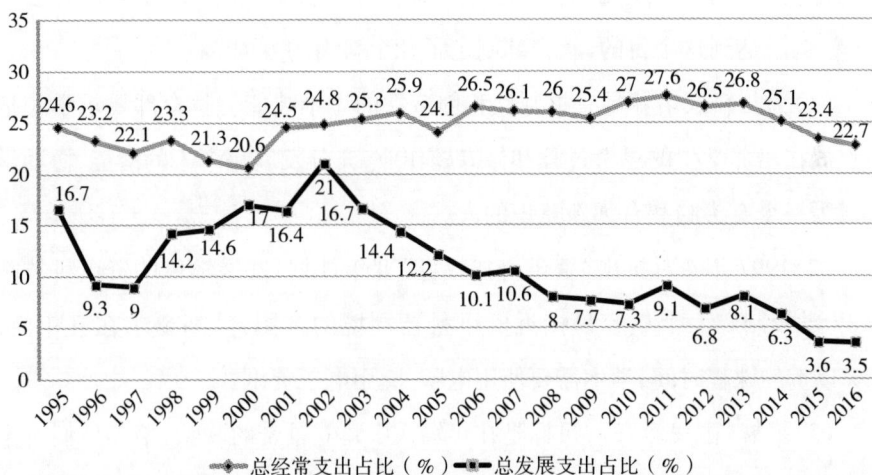

图表 5-1 新加坡公共教育支出占比情况(1995—2016)

资料来源:"Public Finance—Government Operating Expenditure", *Yearbook of Statistics Singapore*, 2006, 2007, 2008, 2009, 2010, 2014, 2018.

一、进一步夯实基础教育

进入发达国家后,知识经济改变了新加坡教育理念和对教育目标的设计,培养合格劳动力的目标已经远远不能适应新加坡对地区金融中心、资讯中心等新角色的定位。新加坡曾经将自己的教育目标确定为:为每一个国人提供均衡的教育,通过培养对家庭、社会和国家的责任感,培育好公民。

①　详见李健、兰莹编著:《新加坡社会保障制度》,第 126—129 页。

这一教育目标灵活性很大,能适应每个孩子的能力、兴趣和天资,使他们的潜质获得最大发挥;能集中发展人力资源,满足新加坡劳动市场对教育和技能的需求;还强调道德价值观教育,使人们在瞬息万变的年代里不致于迷失方向。①

1997 年,吴作栋总理宣布新加坡教育的新目标是"重思考的学校,爱学习的国家","重思考的学校"能让学生具备技能、知识、价值观和直觉来面对未来的挑战,"爱学习的国家"要营造学生离开学校后,仍然不断学习的社会风气。② 为了达到这个目的,教育部制定了几个努力的方向③:

(1)为年轻人培养具有批判性和创造性的思维技能。教育部要求学校把重点放在培养学生的思考过程和做专题作业,充分发展每个人的潜能,协助学生成为一个有头脑和有创新意识的人。

(2)1997 年 4 月推出"资讯科技教育"五年计划,发展学校的资讯科技教育,为学校制定一个更容易接近资讯科技环境的蓝图,计划要求在五年内,30%以上的课程时间,学生需要使用电脑,应用电子资讯。

(3)推展"国民教育",目标是在年轻人中建立紧密的联系,培养他们对家庭、社会和国家的责任感,以及求生的本领和信心。1991 年 10 月新加坡教育部课程策划署人文与美学组拟定了小学《公民与道德教育》课程纲要,以取代1984 年颁布的文本。1992 年新加坡开始使用新"好公民"教材;1999 年公布《小学公民与道德教育课程标准》,自 2000 年起,新加坡对中小学"公民与道德教育"教材进行修订,并于 2003 年启用新的教材。新加坡的国民教育包括公民与道德教育课程、课外活动、睦邻活动、社区服务与艺能科目。中小学的道德教育课程,首先是设立青少年自我修养、公民义务、遵纪守法等科目,成为主导德育推展的主要渠道。课外活动中组织学生打扫卫生、清洗厕所,以培养

---

① 《新加坡年鉴 1999》,第 208 页;《新加坡年鉴 2000》,第 207 页。
② 《新加坡年鉴 1999》,第 208 页。
③ 《新加坡年鉴 1999》,第 208—209 页。

学生劳动观念和社会责任；其次是对不同种族族群的尊重，让道德教育课程可以因应族群需求提供不同的教材。新加坡教育部于 2012 年通过调整"教育储蓄奖"制度及革新"社区服务计划"更凸显了"道德教育"的重要性，尤其是增设了品德奖，得奖者必须是公民，并有良好品行，例如具有责任感、诚信和韧性等。2012 年还将"社区服务计划"更名为"德育在行动计划"，旨在强调价值观教育应通过行动来贯彻。

（4）权力下放，使学校在人事、财政和课程设置上有更大自主权，鼓励学校进行革新和创意的教学，教育部向提供优质行政服务方向努力。这项举措是对基础教育课程设置进行反思的结果。1996 年教育部设立"学校课程及评估系统检讨委员会"，负责基础教育课程的评估及改革举措的设计。1997 年，教育部根据该委员会的报告建议，开始消减课程分量，增设实践技能类课程以培养学生的创新意识和动手能力。① 新加坡课程教学改革实践中逐渐显露出几个特点：课程改革趋势显示出多元综合化，注重主流文化与少数族群文化的整合，培养共同价值观，同时注重课程的融合，增强课程之间的有机联系；采用批判性教学方式及"教室群"的新型教学模式；教育过程信息化；语言课程的改革体现时代性与民族性，通过多次课程改革，英语所占比重逐渐增大，同时保持各民族母语的基础地位不致丧失。②

进入 21 世纪后，新加坡对基础教育更加重视。2000 年 10 月新加坡政府公布《义务教育法》，并建立义务教育委员会管理法案的执行，委员会由志愿福利组织、家长团体、自助团体和其他社区组织的个人组成。2003 年十年义务教育开始执行，包含小学 6 年，中学 4—5 年。为了更好地落实义务教育，新加坡面向发展靠后学生或经济困难家庭的学生制订了"托底"政策，主要表现在为经济困难家庭学生预留学位名额；为经济困难家庭学生制定详细且具有

---

① 李世宏、艾琼：《试析新加坡基础教育发展四大特点》，《外国中小学教育》2004 年第 3 期。

② 商秀梅：《新加坡基础教育的课程改革》，《江西教育》2007 年第 5 期。

针对性的资助政策;针对学业发展靠后或经济困难家庭学生的教育协作人员;针对学业发展靠后或经济困难学生的帮扶项目。①

2009 年,新加坡发布《理想的教育成果》(*Desired Outcomes of Education*, DOE)提出了培养充满自信的人、主动学习的人、能作出贡献的人和心系祖国的人四个目标。在基本课程设置上,分为生活技能类、学习技能类、学科知识类。生活技能方面,确保学生获得健全的价值观和技能,使他们成为负责任的成年人和积极的公民;知识技能方面,致力于培养学生的思维过程和沟通能力,使学生能够分析和使用信息,并能够清晰和有效地表达他们的思想和想法;学科知识方面以学科为基础进行分类,即语言、人文与艺术,数学与科学,确保学生在内容不同的学习领域有一个良好的基础。②

对基础教育的重视延伸到学前教育,学前教育被纳入政府管理的国民教育体系。政府充分认识到:幼年对儿童的整体发展至关重要,优质的学前教育为儿童提供了建立自信,学习社交技能和培养学习倾向的机会,为孩子未来的学习奠定了坚实的基础。③ 进入 21 世纪,新加坡教育部采取了一系列措施加强对学前教育的管理,提升学前教育质量。2003 年出台《追求卓越幼儿园计划》,2006 年又出台《幼儿园标准》,为幼儿园提供自我审视和评估的工具。学前教育课程也受到规范。2003 年教育部推出《幼儿园课程框架—培育幼儿》,成为学前教育课程指导纲领。2012 年经过修订,出台了《新加坡幼儿园课程框架——培养早期学习者》,以适应幼儿教育新理念发展的需要。2011 年教育部开始实施《新加坡学前教育认证框架》(*Singapore Pre-school Accreditation Framework*,SPARK),致力于改善和提高学前教育的教学、管理等各方面水平,认证框架涵盖四个层级,包括:注册和许可;自我评价;质量等级;认证。该框

---

① 张海水、梁东标:《新加坡基础教育"托底"政策及启发》,《上海教育科研》2016 年第 9 期。

② PRIMARY SCHOOL CURRICULUM, https://www. moe. gov. sg/education/primary/primary-school-curriculum,2019-3-20.

③ https://www.moe.gov.sg/education/preschool,2019-4-23.

架逐渐发展成为广受认可的学前教育机构评定标准。2013 年 4 月新加坡教育部成立专门管理幼儿教育的机构幼儿培育署（Early Childhood Development Agency，现今新加坡学前教育归教育部学校司学前教育科 Pre-school Education Branch 管辖），以改变学前教育分属教育部和社会与家庭发展部两个部门的状况。同年政府宣布 5 年内投入 30 亿元，用于发展和改善学前教育，针对幼儿教师现状，政府通过提高教师准入标准、加强培养培训、改善待遇、吸引更多社会人士从教等举措打造和培养合格的教师队伍。①

二、建设亚洲高等教育中心

建设亚洲高等教育中心是新加坡进入发达国家行列后高等教育发展战略目标，其重点是高等教育和高等职业教育，以提高劳动力队伍的整体竞争力，保证新加坡在日益激烈的国际经济市场竞争中的优势地位。为此，新加坡政府采取以下措施：

1. 增加高等教育投入。

许多国家政策制定者越来越认为高等教育作为一种资产有利于个人，而不是作为一种有利可图的公共产品有利于社会，这种思维与许多国家减少公共支出有密切的关系，从而造成了大学的财政困难。然而，新加坡政府大幅资助高等教育并把这一措施作为帮助实现其社会和经济目标的关键，1995 年后的分类支出和生均支出（图表 5-2、图表 5-3）都显示，在教育投资中，对高等教育的投入最大，增幅也最大（见图表 5-4）。

---

① 中国驻新加坡大使馆教育处：《新加坡学前教育现状及发展趋势》，《基础教育参考》2016 年第 21 期。

图表 5-2　新加坡教育经常支出分类情况（1995—2017）

（单位：千元）

年	小学	中学和初级学院	工艺教育学院	高等教育				其他
				大学	国立教育学院	理工学院	合计	
1995	694,703	831,401	109,670	520,289	40,922	338,960	900,171	146,474
1996	764,064	944,274	112,899	546,120	59,620	393,624	999,364	176,557
1997	829,887	1,019,209	124,332	656,619	48,131	429,234	1,133,984	240,363
1998	818,646	973,076	120,441	573,450	53,862	419,673	1,010,985	244,277
1999	820,842	1,000,479	126,371	569,971	61,697	387,239	1,018,907	290,275
2000	995,279	1,166,827	148,416	898,505	83,753	524,055	1,506,313	460,061
2001	1,044,461	1,262,302	162,648	1,114,555	87,000	592,733	1,794,288	502,885
2002	1,095,536	1,397,564	169,499	973,779	94,791	578,551	1,647,121	514,675
2003	1,066,364	1,429,183	171,067	1,034,804	80,766	714,264	1,829,834	500,343
2004	1,071,326	1,503,050	191,135	1,029,869	73,256	594,446	1,697,572	511,641
2005	1,125,876	1,566,401	203,973	1,058,239	84,722	622,933	1,765,894	553,154
2006	1,290,409	1,832,547	249,154	1,719,156	100,147	728,741	2,548,043	431,564
2007	1,496,718	2,121,570	253,506	1,491,382	102,243	816,913	2,410,538	503,292
2008	1,553,535	2,175,783	281,262	1,808,987	110,378	946,113	2,865,478	600,463
2009	1,573,321	2,235,912	262,509	2,014,807	112,474	944,810	3,072,091	694,076
2010	1,839,190	2,568,469	328,067	2,305,921	123,625	1,124,873	3,554,419	708,564
2011	1,820,988	2,517,230	346,106	2,973,812	119,266	1,180,981	4,274,059	739,410
2012	1,946,159	2,680,062	351,658	2,536,971	113,312	1,196,035	3,846,318	813,115
2013	2,210,203	2,953,938	384,489	2,920,598	104,466	1,302,942	4,328,006	843,364
2014	2,263,510	3,001,876	399,949	2,736,642	94,941	1,339,298	4,170,881	876,229
2015	2,457,901	3,106,955	432,961	2,897,770	86,526	1,317,875	4,302,171	935,753
2016	2,563,211	3,176,978	459,931	3,138,310	80,290	1,350,672	4,569,272	1,042,802
2017	2,754,348	3,245,653	471,267	2,902,596	84,250	1,310,132	4,296,978	1,253,754

说明：1. 工艺教育学院负责中等技术教育。

2."大学"包括新加坡国立大学、南洋理工大学、新加坡管理大学、开放大学、新加坡技术学院和新加坡技术与设计大学

3."理工学院"包括新加坡理工学院、义安理工学院、淡马锡理工学院和共和理工学院

4."其他"包括教育管理部门、东南亚研究院、科技馆、特殊教育等其他教育类支出。

资料来源：*Yearbook of Statistics Singapore*，2006，p.262；*Yearbook of Statistics Singapore*，2007，p.261；*Yearbook of Statistics Singapore*，2008，p.260；*Yearbook of Statistics Singapore*，2009，p.266；*Yearbook of Statistics Singapore*，2010，p.270；*Yearbook of Statistics Singapore*，2014，p.291；*Yearbook of Statistics Singapore*，2018，p.294.

图表5-3 新加坡生均经常性教育支出(1995—2017)

(单位:元)

年	小学	中学	初级学院	工艺教育学院	理工学院	大学
1995	2,653	3,680	6,363	9,547	7,776	17,241
1996	2,837	4,152	6,726	11,646	8,406	15,037
1997	2,960	4,469	7,052	10,586	9,018	15,125
1998	2,808	4,472	6,346	7,020	8,144	12,580
1999	2,612	4,409	6,325	6,452	8,032	14,112
2000	3,137	5,104	7,304	8,076	9,546	15,384
2001	3,363	5,304	7,879	7,829	9,668	15,262
2002	3,535	5,614	8,497	8,056	9,793	14,287
2003	3,508	5,437	8,791	8,367	10,197	17,477
2004	3,575	5,746	8,850	9,399	10,695	17,609
2005	3,820	5,793	9,445	9,249	10,843	17,793
2006	4,243	6,246	10,161	10,209	11,903	18,472
2007	5,026	7,230	12,386	10,543	12,482	19,011
2008	5,397	7,551	11,094	11,106	13,479	19,664
2009	5,537	7,736	10,772	10,129	12,598	18,868
2010	6,624	9,008	12,331	11,839	14,552	20,630
2011	6,712	9,022	11,830	11,898	14,687	20,505
2012	7,396	9,940	12,806	11,837	14,668	20,816
2013	8,669	11,606	14,517	12,227	15,120	21,839
2014	9,123	12,261	14,379	12,650	15,681	22,181
2015	10,081	13,213	15,326	13,619	16,118	21,988
2016	10,596	13,869	16,602	13,968	15,934	21,757
2017	11,387	14,744	18,002	14,585	16,569	21,626

说明:1. "理工学院"包括义安理工学院、淡马锡理工学院、共和理工学院。

2. "大学"包括(新加坡国立大学、南洋理工大学、新加坡管理大学、新加坡技术学院和新加坡技术与设计大学。

资料来源:Ministry of Education, *Yearbook of Statistics Singapore*, 2006, p.263; *Yearbook of Statistics Singapore*, 2007, p.262; *Yearbook of Statistics Singapore*, 2008, p.261; *Yearbook of Statistics Singapore*, 2009, p.267; *Yearbook of Statistics Singapore*, 2010, p.271; *Yearbook of Statistics Singapore*, 2014, p. 292; *Yearbook of Statistics Singapore*, 2018, p.295.

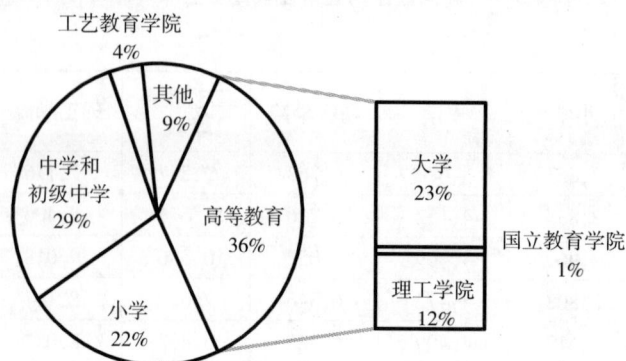

图表5-4　新加坡教育支出分类平均占比(1995—2017)

说明:平均占比根据"图表5-2 新加坡教育经常支出分类情况(1995—2017)"数据计算得出。

　　新加坡政府还加大对高等教育的科研投入,在确定了以科技为先导促进经济发展的战略方针后便开始大力扶持科技事业。自1995年开始,新加坡政府连续推出"五年国家科技发展计划"(National Science & Technology Plan),政府将科技计划的实施视为新加坡发展以知识为基础的创新型经济和社会的国家战略基石,因此投入毫不吝啬,国家科技发展计划资金从"国家技术计划1995"(National Technology Plan,1995)的20亿新元迅速增长到"研究、创新与企业2020计划"(Research,Innovation and Enterprise Plan,2020)的190亿新元(见图表5-5),其中绝大多数项目都是由新加坡国立大学和南洋理工大学承担,也成就了这两所年轻的大学迅速成为世界一流、亚洲顶尖大学。

图表5-5　新加坡科技计划资金增长情况

科技计划	NT1995	NST2000	ST2005	ST2010	RIE2015	RIE2020
预算(亿新元)	20	40	60	135	160	190

资料来源:*Research Innovation Enterprise 2020 Plan*,https://www.nrf.gov.sg/rie2020,2018-8-31.

2. 扩大高等教育国际化程度。

　　为了实现"世界级大学亚太枢纽"战略,新加坡一方面扩大留学生招生人数和比例,另一方面通过创办海外分校和促进学习走向全球,帮助那些不能来新加坡学习的学生。

新加坡政府坚持把世界一流大学引入境内并在当地开办大学和理工学院,或与世界一流大学建立起联盟和伙伴关系,以此来提高新加坡大学的国际排名和声望。1998 年新加坡经济发展局发起"世界一流大学计划"(The World — Class Universities Programme),旨在 2008 年之前吸引至少十所世界一流大学,其中大部分是美国的研究型大学,以增强新加坡高等教育在世界的竞争力,实际到 2005 年,新加坡就引进 23 所世界级大学,其中包括欧洲工商管理学院、麻省理工学院等国际知名大学在新加坡设立的分校,并与北京大学、清华大学、复旦大学、康奈尔大学酒店管理学院、伦敦帝国理工大学等开展不同形式的合作关系。2002 年新加坡经济发展局又发起并实施"环球校园计划"(Global Schoolhouse),它不仅是一种教育政策,还是吸引外国人才和学生的人口移民政策,意味着教育特别是高等教育,作为一个出口服务行业,应提升新加坡作为世界"教育网络中心"的声誉。

新加坡政府一直努力招募潜在的海外学生,通过参与海外教育节,建立国外办事处招生。新加坡旅游局(STB)组织全球教育博览会,特别是在中国和印度,新加坡旅游局官员从 2003 年 4 月到 2004 年 8 月 34 次访问了印度城市。新加坡的优点之一是它的通用语是英语,英语是高等教育的语言,使在新加坡学习或毕业的学生在国际化方面没有任何障碍。新加坡的另一大优点是多元文化,来自亚洲不同民族的人们很容易在新加坡发现他们熟悉的语言、饮食和环境。

当然,低成本也是许多亚洲学生留学新加坡而不是欧美国家的一个理由。大学提供贷款给外国学生学习,本科外国留学生只需支付比当地人多 10% 的利息。[①]

---

① G.Shantakumar, *Student Loans for Higher Education in Singapore：Some Observations*, Higher Education, Vol.23, No.4, Student Loans in Developing Countries(Jun., 1992), pp.405－424, Published by Springer, Stable URL：http：//www.jstor.org/stable/3447355,07/11/2012 08：21, http：//www.jstor.org/page/info/about/policies/terms.jsp.

1998 年政府成立新加坡人才招募委员会(STRC),为外国留学生——主要针对东盟国家、中国和印度的留学生——设计了一个特别方案,为 20% 的留学生提供助学金,无需付全额学费,条件是毕业后必须在新加坡工作三年或在世界任何地方的新加坡注册公司工作。据调查,到 2005 年这些享受新加坡政府助学金的留学生中的 60% 成为新加坡永久居民,加入了新加坡的人力资源库。[①] 但是,一般新加坡人并不完全认同留学生们为他们国家做出的贡献,他们认为留学生占据了他们的优质资源,增加了国人的竞争压力,为了平息国民的不满,政府从 2007 年起调高了留学生学费。[②]

3. 提高高等教育入学率,扩大高等教育普及程度。

在 2007 年,新加坡的中学后教育毛入学率即达 58.6%,进入普及化阶段。但是在经过中学后教育之后,学生能进入新加坡知名高等教育机构就读的几率不超过 30%。据官方数据统计,2012 年公立大学的同级生入学率达到 27%,到 2015 年,这个比率达到 30%。[③]

基于当前这种国情,新加坡总理李显龙在 2011 年国庆节的讲话上强调了进一步发展和扩充大学教育途径的需要,教育部部长王瑞杰在 2011 年 8 月 16 日宣布成立了升大学渠道委员会,该委员会由国防和教育部政务部长黄循才担任主席,由分别来自不同的政府部门和私立机构的 15 名人员组成,负责研究如何拓宽大学教育的途径。该委员会经过一年的走访、调查和探讨,于 2012 年 8 月向教育部提交了最终报告,并且教育部审核通过了该报告——《更大多样性,更多机会》(*Greater Diversity, More Opportunities*)。报告对新加坡 2015 年后的高等教育发展战略提出了详细的规划,提出以提升大学入学率为战略目标,扩充大学教育途径为战略措施,提供财政资助和信息服务为战略保

---

① 苏瑞福:《新加坡人口研究》,第 266 页。

② 苏瑞福:《新加坡人口研究》,第 274 页;李健、兰莹编著:《新加坡社会保障制度》,第 130 页。

③ 新加坡统计局,https://data.gov.sg/,2018 年 4 月 4 日。

障。考虑本国的经济发展和劳动力市场的需要,报告建议主要通过扩充大学教育途径的方式,到 2020 年将公立大学的同级生入学率提升至 40%,如果将通过职前培训和继续教育培训项目获得学位的人数算在内,这个比率将可能达到 50%。①

4. 高校实行自主化改革。

这是新加坡建国以来对高等教育实行的最重大的改革。

新加坡高等教育机构分为公立高等教育机构和私立高等教育机构。公立高等教育机构主要包括公立大学和公立学院。公立大学有 6 所:新加坡国立大学(National University of Singapore,NUS)、南洋理工大学(Nanyang Technological University,NTU)、新加坡管理大学(Singapore Management University,SMU)、新加坡科技与设计大学(Singapore University of Technology and Design,SUTD)、新加坡理工大学(Singapore Institute of Technology,SIT)和新加坡社会科学大学(Singapore University of Social Sciences,SUSS,又称新跃大学或新跃社科大学)。公立学院主要包括新加坡理工学院(Singapore Polytechnic,SP)、义安理工学院(Ngee Ann Polytechnic,NP)、淡马锡理工学院(Temasek Polytechnic,TP)、南洋理工学院(Nanyang Polytechnic,NYP)和共和理工学院(Republic Polytechnic,RP)。公立学院实际上是高等职业技术教育机构。

2006 年以前,新加坡的公立大学类似于政府的法定机构,大学享受政府资助,但是管理和运营方式参照政府机构,缺乏自主权。2006 年,新加坡政府对公立大学实行自主化改革。自主化改革是新加坡高等教育体系发展的一个重要里程碑。

自主化就是大学企业化,自主化的范围具体包括②:

---

① *Greater Diversity*, *More Opportunities*, Report of the Committee on University Education Pathways Beyond 2015(CUEP),Singapore:MOE,2012.

② 以下自主化改革的内容主要依据南洋理工大学余明华教授在国家留学基金委 2018 年高等教育行政管理人员赴新加坡南洋理工大学出国研修第 11 期(CSC11 期)所授课程"南大自主化架构和自主化后的发展"的听课记录整理而成。

第一,大学治理的自主权。每个自主大学成立董事会,董事会由教育部长任命,其成员包括知名的权威学者、企业家、商界领袖,以及来自公共或私营企业的专业人士。董事会需要与大学管理层一同制定战略方向,确保教育和科研目标的进一步实现,确保政府拨款和由政府所提供资产的妥善使用和监管。董事会的其他责任还包括对年度预算和补充预算,以及大学年度审计财务报表的审批等等。自主大学必须遵循教育部的汇报和信息公开要求,具体包括:年度正式学生和员工数据、年度继任计划和报告、年度毕业生就业调查报告结果、年度财务审计账目、年度支出和成本报表、基金和其他投资年度报表、定期汇报绩效协议规定的目标和指标、准确及时地提供学生资料(课程内容、考试科目、成绩及其他相关资料)。

第二,资金和财务的自主化。政府拨款依然是主要的资金来源,包括:提供本科生、课程研究生的生均拨款和科研奖学金专项资助;通过"贷款—拨款框架"来资助自主高校的战略发展计划,为各个自主大学提供年度偿债基金,帮助它们在未来实现对现有建筑设施的更新换代;通过学术研究基金(AcRF)资助科研项目,AcRF 的第一类经费(tier 1)将通过五年一次的科研质量评估来进行调配,而第二类经费(tier 2)则由各个大学通过竞争获得;通过投标竞争的方式,为胜出的高校提供设立卓越科研中心的专项基金;对自主大学所筹集的捐赠资金以 1∶1.5 的比例进行配套追加资助。

大学可以积极寻求其他资金来源(如社会捐赠),不同课程收取不同学费。每个自主大学在确定其学费标准时,必须征询教育部意见。在该框架规定的标准范围以内,大学可以灵活调整不同课程收取不同学费。但是本科生每年学费涨幅不得超过上一年度学费的 10%。各个自主大学必须向同年招收并学习同一课程的所有新加坡学生收取同等金额的学费。永久居民和外国学生的学费则应遵循教育部所规定的相关学费标准。自主大学应负责监管教育部拨款资助的学费贷款计划和学生贷款计划,以及教育部为贫困学生专设的政府助学金项目。

第三,招生自主扩大。学校自主招生的比例限制为10%,自主规定毕业生目标人数,可以灵活招收支付全额学费的国际学生。自主高校必须遵循教育部制定的大学招生体系,包括对母语语言、大学成绩计算和自主招生的要求。自主高校必须坚持择优录取、需求回避的招生政策。

第四,人力资源方面充分的自主权。自主教师的聘任和升迁(包括正教授),自主教师和工作人员的薪酬待遇。

第五,高校学术事务的规约。自主高校必须设立教育部要求其建立的新学校/院系或课程。对于需要由教育部提供资助的新项目/课程,必须至少提前6个月获得教育部的拨款批准;对于不需要由教育部提供资助的新项目/课程,需要至少提前两个月通知教育部。教育部可以在自主高校设立或指定具有战略意义的学院/机构,由独立的理事会依据特定章程对其进行管理。未经教育部批准,自主大学不可私自解散或撤销具有战略意义的学院。

自主化改革为大学发展解除了诸多限制,为大学提供了更大的灵活性;但同时又对大学提出了企业化管理的更高标准,也意味着对自主意识和责任感的更高要求。实践证明,自主化改革后新加坡高等教育发展成效显著,尤其是新加坡国立大学和南洋理工大学,通过自主化改革迅速跻身世界一流大学行列。

新加坡国立大学(National University of Singapore,NUS)是国家打造"东方波士顿"的领头羊,它的发展愿景是"塑造未来的全球领先大学"[①]。与新加坡共和国一样,国大历史不长,发展却非常快,1997年时它在亚洲大学中排名第二[②],2013年和2014年根据QS全球大学排名,新加坡国立大学亚洲排名第一,全球排名25;英国《泰晤士高等教育增刊》所发表的世界大学100强中,新加坡国立大学2013年列第29位,2014年第26位,亚洲第一。在2018年泰晤士报高等教育世界大学排名中,该大学在全球排名上升至第22位,这是自

---

① www.nus.edu.sg/about,2019-3-20.

② 《新加坡年鉴1998》,第188页。

2004 年排名以来的最佳表现。它还继续在亚洲占据榜首,连续第三年亚洲最好(见图表 5-6、图表 5-7)。

新加坡国立大学被评为亚洲最佳大学,也是世界顶尖大学中排名前 1% 的大学。在 QS 的 48 个学科排名中,新国大有 34 个科目进入前 50 名,其中商业与经济、计算机科学,工程与技术以及物理科学四个学科名列世界前 20 名;有 16 个科目是亚洲最好的科目,涵盖人类学、建筑/建筑环境、商业与管理研究、化学、计算机科学与信息系统、护理与药学、药理学等领域。新国大在工程和技术领域排名世界第八。新加坡国立大学也是世界排名前 20 位的研究、教学和国际视野大学之一。

图表 5-6　NUS 大学排名情况(2008—2018)

年度	2008	2009	2010	2011	2012	2013	2014	2015	2016	2017	2018
QS 亚洲排名	--	10	3	3	2	2	1	1	1	1	2
QS 世界排名	--	30	28	28	25	24	22	12	12	11	15
世界大学学术排名	101—150	101—150	101—150	102—150	101—150	101—150	101—150	101—150	83	91	85
泰晤士排名	--	--	--	34	40	29	24	25	26	24	22

南洋理工大学(Nanyang Technological University,NTU)是新加坡另一所重要的综合性研究型大学,专注于工程、科学和技术,它的发展愿景是成为"全球卓越的科技大学"。南洋理工大学是全球发展最快的年轻大学。尤其是 2006 年自主化改革后,QS 世界排名从 2010 年的 74 位跃到 2017 年的 11 位,同期在泰晤士高等教育的排名是从 174 位到 52 位,史无前例地在 7 年内跃升了 122 位(见图表 5-8、图表 5-7)。2018 年 QS 大学排名亚洲第一,在《美国新闻与世界报道》的全球大学排行榜上有四个科目中占据前五名,这四门学科分别是材料科学(第 1 位)、化学(第 2 位)、计算机科学(第 2 位)和工程学

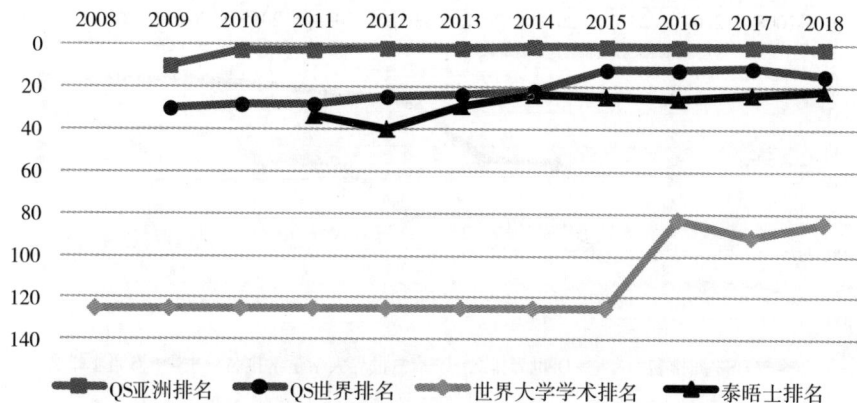

图表 5-7 NUS 大学排名变化趋势

说明:世界大学学术排名区间直接采取中间数处理。

(第 5 位),材料科学连续两年在全球排行榜上拔得头筹,在亚洲大学中,南大在材料科学和化学方面排名第一位,在计算机科学方面排名第二位,在工程学方面排名第三位。

图表 5-8 NTU 大学排名情况(2008—2018)

年度	2008	2009	2010	2011	2012	2013	2014	2015	2016	2017	2018
QS 亚洲排名	--	14	18	17	17	10	7	4	3	2	1
QS 世界排名	--	--	74	58	47	41	39	13	13	15	12
世界大学学术排名	303—401	303—401	301—400	201—300	201—300	201—300	151—200	151—200	101—150	101—150	96
泰晤士排名	--	--	--	174	169	86	76	61	55	54	52

三、职业培训升级

1998 年 4 月 1 日新加坡劳工部重组为人力部,原总理公署属下的外国人

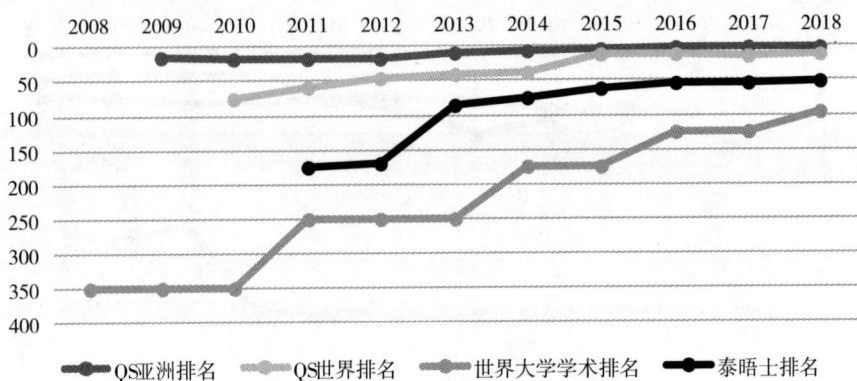

图表 5-9　NTU 大学排名变化趋势

说明:世界大学学术排名区间直接采取中间数处理。

才组也划入人力部国际人才署管辖,部门设置的调整体现了新形势下政府对
人力资源新的理解与定位。人力部负责所有人力策划、发展与管理,其使命是
发展出具有环球竞争力的、世界级的劳动队伍。具体工作是:策划人力,以维
持新加坡的竞争优势;不断提升工人技能,使他们继续成为技术熟练并可以应
付全球竞争的劳动队伍;吸引外来人才,以辅助新加坡的劳动队伍;管制外国
劳工入境;维持和谐的劳资关系;提供对劳动队伍有利的福利结构。[①]

　　进入发达国家行列后,新加坡实行提高人力竞争优势和受雇能力的新政
策有:

　　其一,1997 年人力部完成 10 万名人员在职训练的计划。

　　其二,"终身学府"计划。这是人力政策中的主要项目,一个全国性的终
身学习制度,目的是让人们能够持续接受高素质的教育和训练,以及鼓励企业
投资在人力资源发展方面。包含五大内容:推出认同学习的计划;为雇主和工
人提供津贴,鼓励他们参与和推广学习风气;增加提供教育课程的机构,以鼓
励多层面的学习;设立一站式的职业中心联络网,以帮助人们在培训和受雇能

---

　　① 《新加坡年鉴 2000》,第 230 页。

力方面做出明智的选择。

其三，人力培训援助计划，1999年设立，在初期阶段投资2亿元资金，以支持"终身学府"计划。

其四，工人技能提升计划，1996年推出，人力部与全国职工总会、生产力与标准局、经济发展局和高等院校合作，设置培训项目，以协助工人——特别是年老和教育程度较低工人——提升和取得经过鉴定的技能，从而提高他们的受雇能力，改善就业前景。

优化劳动力知识结构的努力很快就见成效了。如图表5-10，与同样注重高端制造业的日韩德比较，按每百万人口中研究人员计，1996年时新加坡只相当于日本的半数，与韩国相当，稍落后于德国，到了2009年新加坡的同组人员数量超过日本近千人，超过韩国千余人，几乎是德国的一倍；按研发技术人员计，1996年时新加坡只有韩、日人员的半数，不到德国的1/4，到2008年与日本持平，与韩、德差距缩小。这一数据的比较当然只是科技实力的冰山一角，但是却能说明新加坡为打造"东方波士顿"在教育培训与研究培养方面所做的努力和取得的成效，这也是保证新加坡竞争力和经济繁荣的根本。

图表5-10　新韩日德每百万人口中研究人员和研发技术人员的数量比较

（单位：人）

年份	每百万人口中研究人员的数量				每百万人口中研发技术人员的数量			
	新加坡	韩国	日本	德国	新加坡	韩国	日本	德国
1996	2,547	2,212	4,947	2,801	317	637	673	1,340
1997	2,644	2,270	5,000	2,864	373	584	668	1,358
1998	3,030	2,034	5,209	2,887	359	538	693	1,349
1999	3,277	2,191	5,249	3,093	377	572	674	--
2000	4,244	2,357	5,151	3,132	347	461	628	--
2001	4,205	2,951	5,187	3,209	361	462	547	--
2002	4,494	3,058	4,943	3,225	394	505	532	--
2003	4,901	3,245	5,170	3,261	420	578	534	1,091

续表

年份	每百万人口中研究人员的数量				每百万人口中研发技术人员的数量			
	新加坡	韩国	日本	德国	新加坡	韩国	日本	德国
2004	5,134	3,339	5,176	3,275	490	592	579	1,065
2005	5,577	3,823	5,385	3,297	557	559	568	1,146
2006	5,677	4,231	5,416	3,391	544	594	584	1,199
2007	5,955	4,672	5,409	3,525	517	727	584	1,299
2008	5,834	4,947	5,108	3,668	598	825	587	1,329
2009	6,172	5,089	5,099	3,850	551	929	581	1,355
2010	6,312	5,330	5,103	4,055	461	960	582	1,399
2011	6,514	5,808	5,110	4,185	466	1,043	559	1,724
2012	6,477	6,318	5,033	4,347	465	1,155	513	1,731
2013	6,720	6,415	5,147	4,362	462	1,160	514	1,708
2014	6,730	6,856	5,329	4,319	457	1,234	537	1,882

资料来源:世界银行数据库,http://data.worldbank.org.cn/country,2019-3-23。

　　人力资源是自然资源匮乏的新加坡在国际市场竞争中的制胜法宝,所以政府对人力资源的培训与促进不遗余力,并且不断推陈出新,保持新加坡的劳工队伍始终处于"世界级"水准。为推动职业教育和培训跟进市场高要求,2014年5月,新加坡政府推出"技能创前程"(Skills Future,以下简称为"SF")计划,每名25岁以上的新加坡公民每年可从政府获得500元补助金来用于报读培训课程,并将该计划落实到社区、选区层面,协助各阶层国民通过进一步学习来提升工作技能,打造未来更美好的前程,确保所有公民都能从中获益。

　　新加坡政府于2014年9月专门成立技能创前程委员会(Skills Future Council),并逐渐成为推动职业教育发展的一个整合机构,其成员包括政府(主要有教育部、人力部、贸工部、劳动部)、产业界、教育和培训机构的代表,委员会主席由时任新加坡副总理兼社会政策统筹部长尚达曼担任。该委员会旨在通过劳资政学多方联手推进新加坡公民职场技能的提升,从而确保所制定的 SF 计划能与现有生产力提升、创新项目有效结合。2014 年 11 月,政府为庆祝 2015 年新加坡独立 50 周年,设立了"技能创前程金禧基金",鼓励雇主与工会捐款,政府以 1∶1 的方式注资,计划筹资 3000 万新元。这些倡议获得了许多本地企业的热烈欢迎,政府的配比注资也使其融资力度加大。

2015 年 2 月,"技能创前程"计划获得国会预算批准,使其资金支持的可持续性进一步加强。从 2015 年起至 2020 年,政府将每年平均投入 10 亿新元,支持技能创前程培训计划,包括定期填补个人培训款额。同时,政府还为"全国生产力基金"填补 15 亿新元的资金,以配合该计划的其他动议。

2016 年 8 月,为更有效推动"技能创前程"计划,新加坡政府成立了隶属于教育部的精深技能发展局(Skills Future Singapore,简称精深局),接手原本由新加坡劳动力发展局(Workforce Development Agency,WDA)掌管的部分职能,更好地协调受雇前培训(Pre-Employment Training)和持续教育与培训(Continuous Education and Training)这两种培训工作。

截至 2017 年 11 月,SF 计划在平台上推出了 9 大专项职能:技能创前程新兴技能系列、技能创前程个人资源库、技能创前程就业培训指导、技能创前程补助计划、技能框架、技能创前程在职学习计划、技能创前程进修奖、技能创前程专才计划个人奖、技能创前程雇主奖等。2017 年 10 月,精深局推出了主要由六所公立大学、五所理工学院,以及工艺教育学院等 12 所高等教育机构提供的技能创前程新兴技能系列(Skills Future Series,简称新技能系列)培训课程,目前已有超过 400 个课程供公众报名。

第二节 健康政策的调整

进入发达国家行列后,新加坡的健康政策目标是建立良好和付得起的医药保健制度,卫生部的任务在于:促进健康和减少患病;确保新加坡人民能获得所需的良好及付得起的医药照顾;寻求更完善的医疗服务。① 最近的目标是:促进健康和减少患病;鼓励卓越的医疗服务。政府采取的政策有:政府管理的公共医疗系统通过提供补贴和医疗融资方案,确保质量和可负担的基本医疗服务适用于所有的人。也会有更多的投资投在医疗保健设施和信息基础设施,增强可访问性和连续的护理。同时,卫生部将继续落实医疗服务费用的个人责任,从而鼓励采取健康的生活方式,对自己的健康负责;继续为经济困难人士提供安全网,以确保没有人因付不起医药费而被拒绝医疗服务。②

新加坡医疗系统由五部分组成:健康保健(Health Promotion),由健康促进委员会支持促进个人和社区的健康预防责任;基础医疗(Primary Care),包含公私合营的家庭诊疗所在内的私立医院承担80%,公立综合医院承担20%;急诊(Acute Care),私立医院承担20%,公共医疗机构承担80%;中级护理(Intermediate Care),志愿者组织的社区医院承担60%,政府社区医院承担40%;长期护理(Long term Care),志愿者组织的疗养院承担66%,私营商业运营商承担33%,政府机构承担1%。政府正在努力扩大在家庭诊疗所、中级护理和长期护理中的份额,以承担更大的医疗责任。

政府是住院诊疗服务的主要承担者。政府将原来的公共卫生系统重组成国家医疗保健集团(National Health Group,NHG)和新加坡保健集团(SingHealth of Singapore,SHS)两个组织,这两个组织是非盈利性的,并且在对以患者为本位的服务的控制中有更多的自主性。重组工作于2000年10月完成。自此,这两套网络按照新加坡的地理划分对各自区域负责:NHG负责西部,SHS负责东部。两者都为门诊病人、住院病人和精神病人提供完整的服务。以市民居住位置为基础,将他们分配到相对应的网络体系中,患者可以便

---

① 《新加坡年鉴 2000》,第 246 页。

② *Yearbook of Statistics Singapore 2014*,Singapore,Department of Statistics,Ministry of Trade & Industry,http://www.singstat.gov.sg/publications/publications_and_papers/reference/yearbook_of_stats.html,p.284.

捷地使用医疗器械,在体系中,医疗机构和服务水平之间的转换可以完美地进行。重组后的网络出现了政府与私人服务提供者之间的合作趋势,结果相互重叠的服务项目被最大限度地压缩了,而且资源也得到了更好地利用。特别是对于那些行动受限或者失去方向的老年病人来说,受益匪浅。另外,也可以提供终身服务,包括对全体市民的预防性措施。

但是新加坡的健康政策面临两大威胁,第一个威胁来自费用:1998年到2003年之间消费价格指数整体上只提高了 2.7%,而医疗成本增加了11.2%。① 人均医疗卫生支出2011年比1995年增长了5倍(图表5-11)。第二个问题就是老龄化:到2030年新加坡人口中至少有25%的人年龄达到60岁,且6.7%的人口年龄将在75岁以上。

新加坡医疗支付超过一半是来自个人收入和家庭储蓄,个人自付的医疗卫生支出占个人医疗卫生支出的百分比高达85%以上(图表5-11)。政府给所有人保障最低可支付费用。政府制定了三项计划,来帮助市民支付保健费用:保健储蓄、健保双全计划和乐龄保健基金。凭借这些计划,新加坡已经建立了一个大规模的自行运作的保健体系,这一体系要求国民首先自己支付医疗费用。

图表 5-11　新加坡卫生健康支出情况(1995—2011)

年份	人均医疗卫生支出(现价美元)	医疗卫生总支出(占GDP的百分比)	公共医疗卫生支出(占医疗总支出的百分比)	公共医疗卫生支出(占政府支出的百分比)	个人自付的医疗卫生支出(占医疗卫生总支出的百分比)	个人自付的医疗卫生支出(占个人医疗卫生支出的百分比)
1995	379.1	1.5	97.0	9.4	--	--
1996	769.8	2.9	48.7	6.9	49.4	96.5
1997	761.4	2.8	48.2	8.4	49.9	96.3

---

① Reisman,D A:*Medical Savings and Medical Cost:Healthcare and Age in a Changing Singapore*,The International Journal of Sociology and Social Policy;2005;25,9.

续表

年份	人均医疗卫生支出（现价美元）	医疗卫生总支出（占GDP的百分比）	公共医疗卫生支出（占医疗总支出的百分比）	公共医疗卫生支出（占政府支出的百分比）	个人自付的医疗卫生支出（占医疗卫生总支出的百分比）	个人自付的医疗卫生支出（占个人医疗卫生支出的百分比）
1998	705.5	3.1	53.7	8.7	44.2	95.6
1999	631.9	2.9	52.5	8.2	45.3	95.3
2000	662.7	2.8	44.9	6.2	52.7	95.7
2001	531.3	2.4	37.4	4.1	59.4	94.9
2002	648.3	2.9	37.2	5.6	60.0	95.6
2003	903.2	3.8	35.4	7.9	55.5	86.0
2004	921.4	3.4	30.7	6.5	59.3	85.6
2005	1175.5	4.0	25.7	7.0	66.2	89.0
2006	1274.5	3.6	25.3	6.6	66.5	89.0
2007	1448.8	3.7	25.3	6.9	66.1	88.5
2008	1669.5	4.5	27.4	6.9	64.3	88.5
2009	1771.9	5.1	31.2	7.1	60.8	88.4
2010	2004.8	4.5	31.4	9.0	60.2	87.8
2011	2286.4	4.6	31.0	8.8	60.4	87.6

资料来源：世界银行数据，世界银行官网，http://data.worldbank.org.cn/country/singapore。

　　保健储蓄原来只可以在公立医院使用，现在可以在重组医院使用，如新加坡国立大学医院，也可以使用在"社区医院"，如仁慈医院；也可以在指定的新加坡私立医院使用，有助于增加医疗的市场的竞争性。从2002年起保健储蓄的用途更加宽松，可以用于指定的医院治疗项目如：接种乙肝疫苗、艾滋病抗逆转录病素、孕前咨询费用、肾透析、治疗贫血、化疗。但是基础的护理仍然不包括在内，如事故急诊费用、长期的医院护理、医疗检查，关节炎、高血压、白内障/青光眼等慢性病或者老年病也没有包括在内，前四胎的接生和孕前咨询费用也不能使用保健储蓄账户，除非夫妻共同的储蓄账户的结余至少有15,000新元。中医治疗也不在保健储蓄覆盖的范围内。

对使用保健储蓄账户的限制是为了不让成员过快地将医疗储蓄的资金用完，避免不必要的奢侈浪费，以免无法给老年生活提供保障。报销费用限制低意味着病人不得不使用储蓄外的资金，报销费限制高则意味着私人医生和医院要调整他们的收费。消费不足不利于医生，过度消费不利于经济，所以，新加坡的保健储蓄账户是一种妥协：它的目的是责任、感恩、保值。2000 年政府给重组类医院和综合医院的津贴是 69,300 万元，大约 90% 的医院津贴用于 B2 和 C 类病房病人，大约 79% 的公立医院病床都会有补贴，受补贴的病床不另外发放救济，这些病床向所有收入人群开放，从最贫穷的人到最富有的人，收费都是一样的。但是有些人觉得 C 类病房包含一种耻辱的意思，医疗护理水平不考虑身体舒适度，病人去公共厕所和浴室，没有私人空间，从记录者处获得治疗而非从顾问处获得治疗。结果是越来越多的人去私立医院寻求 A 类的治疗，在那里高级顾问或高级专家的治疗将会更认真，与病房类别无关。这种分流使公立医院更好地专注于中等和低收入阶层的病人。

老龄化现象对健康政策的挑战要复杂得多。我们在下一节中专门讨论。

第三节　应对老龄化

1999 年新加坡 65 岁以上的人口比例首次突破老龄化社会的标志线达到 7.1，同期生育率经过 1987 年后的回升、稳定与徘徊，跌至 1.5。从 1999 年起，65 岁以上人口比例一路上行，而生育率一路下行，新加坡进入了名副其实的老龄化社会，并且情况日益严重。到 2030 年 65 岁以上的老龄人口将占新加坡总人口的 20%，这个比例低于日本（26.3%）和中国香港（27.7%），和澳大利亚（19%）与美国（20%）相近，比中国多了 1/4（14.4%），是印度的两倍（9.6%）。① 据世界银行预测老龄人占整个世界人口的比重将达 16%，新加坡

---

① Reisman, D A: *Medical Savings and Medical Cost: Healthcare and Age in a Changing Singapore*, The International Journal of Sociology and Social Policy; 2005; 25, 9.

的老人总计将达796,000人。①

越来越多的人不仅年龄达到65岁,而且寿命更长。1961年新加坡人的平均寿命66.1岁,2011年达到81.9岁。② 这意味着65岁的人平均寿命延长了16.9年,并且这个数字还在上升。根据最近的趋势来估算,到2030年新加坡男性平均年龄将达到87.2岁、女性将达到90.1岁。③

应对老龄化,成为新加坡进入发达国家行列后的主要社会问题和社会政策方向。

一、养老政策

早在1982年,政府成立了一个卫生部长领导的关于老龄问题的高级委员会,研究老龄化存在的问题并提出建议。1984年2月,该委员会公布其第一份报告,提出5个方面的建议:就业、金融安全,健康和休闲需求,社会服务和机构保健,家庭关系。一些旨在预防、改善以及处理老龄化问题的措施被引进,包括:延长退休年龄从55岁到60岁,1999年1月1日退休年龄从60岁延长到62岁;修正中央公积金,使其更全面;提供更好的卫生保健和娱乐需求,如日托中心,家庭护理计划,老年人俱乐部,养老院,和许多其他活动,促进社会服务、机构护理和家庭关系;对在家老年人设最低标准;增加老年人赡养者的税务减免;立法保护孝顺,即赡养父母法。

1998年10月底,政府组建了针对人口老龄化问题的部际委员会,目的在于达到"新加坡成功的老龄化"。委员会设立了六个研究老龄化问题的主要领域:金融安全,就业和就业能力,住房和土地使用政策,老年人的社会整合,医疗保健,老龄化社会的凝聚力和冲突。在应对与极度老龄化相伴而生的挑

---

① 世界银行数据库,http://data.worldbank.org.cn/country/singapore。

② 世界银行数据库,http://data.worldbank.org.cn/country/singapore。

③ Reisman, D A: *Medical Savings and Medical Cost: Healthcare and Age in a Changing Singapore.*

战中,委员会明确地表达了自己的观点,"在个人层面上,新加坡的老年人应该是健康的、活跃的和安全的。他们应该在老年享受到别人的尊敬和自豪,也应该是独立的,是所在的家庭和社区的一个完整的成员。"①为了迎合打造一个成功的老龄化社会的目的,其中一个倡议就是活跃老年人计划。这个计划由社区发展及体育部监管,联合社会服务的提供者和社区组织一起组织活动,以便推动活跃的老龄化。同时,除了为需要照料的老年人提供日间护理的中心,还出现了适合健康的老人(他们偶尔会去无须预约的中心或是日间活动中心)的中心。这种中心的形式不仅反映了退休人员对专有空间的需求意识,还反映了退休人员为了联谊和乐趣而走出住宅的愿望。

2004 年,部际委员会的职权范围明确为:识别老龄化社会的挑战;为政府和非政府机构在解决人口老龄化的需要确定政策方向;控制和指导全面、整体、协调发展的关于老年人政策和规划;建议为新加坡人口老龄化的影响做准备;为新加坡年轻人推荐方法积极对待老龄化。②

委员会于 2006 年 2 月提出八个主要建议:把长期土地租赁变为短期土地租赁以促进退休住房的发展;以商业条款为建屋发展局承租人提供反向抵押贷款方案,这样老年人能够把住宅货币化来满足他们的金融需求;创建无障碍生活环境;创建一个无障碍物质环境和铁路系统;当预算盈余时为较不富裕的新加坡人充值的医疗保险(Medisave);允许家庭医生扮演管理老年人的医疗需求的重要角色;建立一个 1000 万新元政府基金,资助老年人更多的计划和活动;继续建立稳固的家庭关系,以确保家庭继续作为支持老年人的基本社会单位。③

二、养老资金问题

另一个事关老人切身利益的问题是个人资金来源。公积金是大多数新加

① http://www.mcds.gov.sg/imc/.

② http://www.mcys.gov.sg/successful_ageing/report/CAI_MR.pdf.

③ http://www.mcys.gov.sg/successful_ageing/report/CAI_MR.pdf.

坡人的养老金,但是长期以来,大多数老人一直担心自己的公积金是否足以维持老年合理的生活水准。法定退休年龄的推迟和允许超过退休年龄的老人继续工作,既有助于减轻老人的经济负担,也有助于缓解人口增长缓慢造成的劳动力不足。然而现实情况是老年公民贫困化现象日益严重。在 1995 年抽样调查 2750 名 55 岁以上的人,发现其中只有 40% 的人自己拥有完全的中央公积金账户,65% 的老年女性的医疗护理开销有孩子的医疗储蓄援助,43.3% 老年男性的医疗护理开销是有孩子的医疗储蓄援助,只有 17.9% 的老年人依靠自己支付医疗储蓄账户。① 通货膨胀、寿命延长、公积金不足以养老等情况可能是导致老年贫困化的原因。

除了中央公积金,有一小部分人可以享受政府退休金,指定的且可领退休金的服务行业官员(行政服务业、高级警察和情报业)和政治任命者可享受法律允许的退休金计划,退休金福利不需要缴纳任何款项。退休金的开支大约是国内生产总值的 0.5% 或营运开支总额的 5% 左右。那些享受退休金计划的人减少了对中央公积金计划的供款。但是新加坡成功地使其大部分公务员进入中央公积金体系,且减少那些有资格领取退休金的人数。1973 年所有政府人员享有退休金计划资格,之后一些员工选择留在退休金计划内,而另一些转移到了中央公积金计划。转向公积金的公务员的主要动机是中央公积金计划下的可用性公共住房融资,以及中央公积金的便携性特点。退休金计划缺乏对通胀的抵御也是一个推动的因素。

为了确保退休金的支付,政府在 1995 年成立了一个独立的退休金基金。这项基金的最初缴纳款(117 亿新元)已从累计预算中获得盈余,从那时起每年该基金的资金就来自预算资金。在 2000 年 3 月,养老保险基金的累积结余为 105 多亿新元,相当于国内生产总值的 7.3 %,足以支付未来养老金的开销。养老基金的投资政策和成果不向大众公开。

---

① Reisman,D A;*Medical Savings and Medical Cost*;*Healthcare and Age in a Changing Singapore*;David Reisman,*Payment for health in Singapore*.

2001 年 4 月启动补充退休计划（SRS），是自愿性的税收优惠计划。补充退休计划允许新加坡公民和永久居民劳动报酬总额的 15% 储蓄到特殊个人账户里，且它低于最高限额。这项计划也允许外籍员工缴纳劳动报酬总额的 35%，这事实上是承认这些外籍员工不是中央公积金计划的一部分。雇主不允许参加补充退休计划，但个体户可以加入该计划。补充退休系统的资金可投资于多种资产，然而物业、房地产投资和某些类型的保险产品是不允许投资的。但是补充退休计划的提款形式必须是现金，提款可能会错开一段时间，以减少税收和避免不利的市场条件。供款和投资收益（股息收入除外）可以享受税务优惠，直至缴纳人累积到法定取款年龄。法定取款金额的 50% 需要征税，且以当时边际所得税率来征收，因此税务收益随着边际所得税率的变化而变化。目前只有约三分之一的劳动力需要征收个人所得税。提前取款不仅要全额征税，也有 5% 的罚款。补充退休计划账户的外国人必须至少维持 10 年，即使他们提早离开新加坡。四个当地持有和控制的银行被指定为补充退休计划的供应者，他们可以自由地设定提供服务的费用和决定补充退休计划储蓄的支付利息。这限制了竞争，也大大减少该计划所带来的收益。

但是补充退休计划受到很多限制。第一，为了达到高强制目标，中央公积金的贡献率为 40%，这限制了潜在参与补充退休计划的人数。第二，它来源于所得税，人在新加坡但收入来自国外且收入不汇往新加坡的情况是不缴纳所得税，这也限制了补充退休计划的收益，特别是对外国人而言。第三，由于限制竞争、对收费缺乏监管和信托业规模小，该计划的交易成本可能很高。此外，取款阶段的税收也将减少收益。第四，在提款的时候，要对原有的投资和资本收益征税。在某些情况下，比如当一个人在年轻时加入了补充退休计划且边际税率较低，而补充退休计划投资的净回报率很高，按照补充退休计划个人实际上可能得到的税后收益更低。通常情况下，资本收益的税收使得补充退休计划能够提供税收优惠。第五，规定外籍人士最低持有期为 10 年，补充退休计划账户余额对短期的外籍人士而言是个累赘。[①]

总之,补充退休计划对整个社会保障体系的影响不大,因为它不是用来解决目前社会保障体系根本局限性的,如缺乏抵御通胀和长寿所带来的风险、也缺乏税收再分配层。

三、老年医疗的压力

与人口老龄化有关的另一项措施是,为了满足老年人的医疗需要而修订医疗系统,国家的大部分资源都必须投入到满足老年病人的需求上,要有更多的养老院适应患有慢性病和残疾老人数量的增加。

更老的人需要更多的医疗护理资源。经合组织向成员国公布65岁以上人的医疗开销高于65岁以下人的2倍到5倍,而75岁以上老人的医疗开销则更大。老人不仅要更为频繁地为生病而买单,他们还要为长期的残疾、慢性疾病而支付医疗费用。在新加坡,老年人的身心状况不容乐观,60岁以上的新加坡人自杀比例是国民平均比例的两倍(是世界自杀比例最高的一个);75岁以上的自杀比例是中年人自杀比例的2—3倍,是15岁到24岁自杀比例的4倍到8倍。心理健康协会估计60岁以上的人中3%的人患有抑郁症,印度人(特别是印度女人)患抑郁症的风险最高。65岁以上的新加坡老人5%的人患有老年痴呆症:其中2.2%是男性,7.8%是女性。[②]

老年人住院的时期更长,吞吐量和床位流动量受到抑制。一个人生命中最后的10年住院的概率是90%。图表5-12显示,新加坡65岁以上老人住院率从2003年以来持续上升,几乎是同期65岁以下人群的50倍。老人还需要慈善机构的照顾。在新加坡,大概8%的老年人需要护理,3%的老人在医院、护理所、老人院接受护理,还有5%的老人通过养老院、康复中心、社区医疗服

---

① Mukul G.Asher:*Social Security arrangements in Singapore:An Assessment.*

② Reisman,D A:*Medical Savings and Medical Cost:Healthcare and Age in a Changing Singapore.*

务来接受护理,在 2012 年养老院人数突破了 1 万,之后有增无减(图表 5-13)。

图表 5-12　新加坡按性别和年龄的住院率(每千人,2003—2017)

年份	男性			女性		
	0—14 岁	15—64 岁	65 岁以上	0—14 岁	15—64 岁	65 岁以上
2003	53.0	55.1	279.5	43.9	53.3	241.0
2004	58.3	61.5	306.1	48.0	60.6	265.9
2005	58.4	61.6	301.4	48.9	58.7	265.8
2006	59.7	61.8	322.6	50.9	57.7	279.0
2007	61.9	61.1	323.5	53.3	57.2	281.3
2008	66.0	60.1	316.8	56.5	55.5	276.7
2009	67.1	59.9	307.9	55.4	54.7	271.7
2010	70.5	60.9	324.8	57.4	55.4	278.4
2011	111.6	65.4	345.2	95.6	75.7	308.0
2012	118.5	66.7	347.6	101.2	77.2	304
2013	120.2	70	343.7	102	78.3	302.6
2014	126.6	71	347.7	109.4	80	299.9
2015	128.5	71.5	347.6	112	80.1	292.9
2016	142	81.5	366.7	121.5	88.5	314.1
2017	142.2	83.1	368.5	124	89.9	319.4

说明:2003—2010 年数据是公立医院住院率,不含私立医院;2011—2017 年数据含所有综合医院和专科中心住院率,不含精神病医院和社区医院。

资料来源:"Health—Hospital Admission Rate", *Yearbook of Statistics Singapore*,2007,2011,2018。

图表 5-13　新加坡各类型养老院收容人数(1995—2017)　　(单位:人)

年份	政府福利院	社区养老院	志愿组织养老院	商业养老院	总计
1995	703	488	1,945	1,235	4,731
1996	582	529	2,398	1,286	4,795
1997	743	538	2,593	1,329	5,203
1998	805	510	2,688	1,390	5,393

年份	政府福利院	社区养老院	志愿组织养老院	商业养老院	总计
1999	825	540	2,979	1,490	5,834
2000	908	586	3,190	1,338	6,022
2001	852	578	3,713	1,444	6,587
2002	917	602	4,275	1,360	7,154
2003	982	615	4,367	1,588	7,552
2004	955	635	4,533	1,801	7,924
2005	956	628	4,727	2,018	8,329
2006	976	640	4,746	2,238	8,600
2007	1,006	673	4,869	2,483	9,031
2008	1,065	695	4,829	2,689	9,278
2009	1,108	700	4,974	2,739	9,521
2010	1,173	670	5,033	2,879	9,755
2011	1,189	697	4,979	3,039	9,904
2012	1,221	689	4,978	3,128	10,016
2013	1,147	698	5,295	3,270	10,410
2014	1,146	685	5,418	3,298	10,547
2015	1,251	673	5,903	3,251	11,078
2016	1,263	666	6,253	3,530	11,712
2017	1,223	633	6,997	3,924	12,777

资料来源:"Community Services-residents in old folks' homes by type of organisation and sex", *Yearbook of Statistics Singapore*, 2006, 2007, 2008, 2009, 2010, 2012, 2013, 2014, 2018.

为了应对老龄化造成的巨大医疗压力,20 世纪 90 年代末以后,新加坡政府在医务人员规模和卫生投入方面都较之前扩大许多,2013 年与 1995 年相比,医生(含牙医)增长了 1.4 倍,护士(含注册护士、登记护士、注册助产士)增长了 1.8 倍(数据见附 7),卫生支出在政府总支出中的比例也高于建国以来的任何时期,2013 年后无论是经常性支出还是发展性支出,增幅都明显加大,尤其是经常支出,增长幅度前所未有(图表 5-14)。

图表 5-14　新加坡卫生支出（1995—2016）

年份	经常支出（百万元）	占总经常支出比例（%）	发展支出（百万元）	占总发展支出比例（%）
1995	685.0	6.3	326.9	7.0
1996	701.8	5.7	356.1	5.1
1997	979.2	6.5	282.9	2.6
1998	934.2	6.6	263.0	2.5
1999	874.7	6.3	146.6	1.3
2000	990.2	5.2	163.0	1.8
2001	1,203.9	6.7	136.7	1.4
2002	1,624.5	8.4	107.6	1.4
2003	1,655.1	8.6	102.9	1.3
2004	1,889.9	9.5	89.9	1.1
2005	1,670.7	8.1	107.8	1.3
2006	1,839.5	7.7	96.1	1.6
2007	2,019.5	7.8	185.4	2.6
2008	2,378.5	8.3	336.5	3.6
2009	2,920.2	9.4	710.5	6.5
2010	3,258.0	9.8	484.8	4.0
2011	3,488.8	9.9	453.1	4.0
2012	4,066.1	11.2	605.4	4.8
2013	5,043.9	12.7	722.9	6.0
2014	5,872.4	13.8	1,146.8	8.2
2015	7,519.8	15.6	1,413.1	7.3
2016	8,199.4	15.7	1,619.2	8.6

资料来源："Public Finance—Government Operating Expenditure", *Yearbook of Statistics Singapore*, 2006, 2007, 2008, 2009, 2010, 2014, 2018。

在新加坡，志愿组织是养老院的最主要承办者（图表 5-12），但是政府也并不缺位，政府会资助 90% 的资金成本来筹建志愿组织的养老院，私人捐助可享受免税。养老院根据个人的情况提供三种类型的津贴，分别是 25%、50%、75%，如果家庭月收入超过 1,000 新元或者家庭总储蓄超过 30,000 新元的,则不提供补贴。在志愿福利组织中的病人 91.5%有获得津贴的资格。进入康复中心的普通病人包括每天的基本开销,一个月要花 580 新元,其中 75%提供津贴,这意味着需要支付 145 新元。2000 年政府建立了老年人护理基金,并要求志愿福利组织支付利息进而捐助该基金,而非通过提高税收来赞助该基金。该基金在 2010 年达到 25 亿新元。

对于那些选择待在自己家里的老人,从 2002 年起政府已经颁布了一个严重残疾的保险计划以及乐龄健保计划。乐龄健保计划的费用由中央公积金的资金来支付,由两家保险公司提供保障:全国总工会收入公司和大东方生活公司。年龄在 40 岁到 69 岁的新加坡人会自动进入老年人保障计划,除非他患有六种残疾的一种,或者他要求退出。进入乐龄健保计划的老人应该有六种能力:可以淋浴、可以从床上搬到椅子上、可以上厕所、可以吃东西、可以行走、可以穿衣。那些不能做六种活动中的任意三种的人每个月获得 400 新元,可享受 72 个月,用于在家或在康复中心接受护理,不包括医疗开销,如果住疗养院的可以直接支付给疗养院。2013 年这项计划改成了终身护保计划,每月补助提高到 600 新元,在健保账户里终身支付。

四、鼓励多胎的生育政策

新加坡 1987 年实行一系列鼓励生育政策后,生育率有所回升,并在 1.8 左右稳定了 10 年。然而 1997 年又重新出现了下降趋势,1997 年为 1.6,1998、1999 连续两年为 1.5,低生育率警钟再次敲响。2000 年 8 月 20 日,吴作栋总理在国庆大会上宣布:"我们必须创造一个有利于人民养家糊口的大环境,我们的政策是,如果你能养得起,那么就生 3 个或者更多的孩子吧。"①新一轮的鼓励生育政策启动了。

新加坡政府分别在 2000 年和 2004 年集中出台了系列鼓励生育的政

---

① 《联合早报》2000 年 8 月 21 日。

策①,与 1980 年代的鼓励政策相比,这两次推出的政策有很大的变化。

第一,带薪产假从二胎延伸到第三胎、第四胎,时间从 8 周延长到 12 周,雇主仍然只需支付前两胎各 8 周的薪金,多出部分由政府支付,受益人群也从雇员母亲扩展到自雇母亲,只要她们能证明生养期间有经济损失。

第二,直接的幼儿津贴。名为"婴儿花红计划"的幼儿津贴被称为"最为重要的一项鼓励政策"②。计划分两部分:政府现金津贴和政府与父母的共同储蓄,政府津贴分别给予第二胎和第三胎每年 500 元与 1,000 元,共给 6 年。共同储蓄要求父母在指定银行开通儿童发展账户,父母每年存入任意数额,政府存入对等数额,但是最高为第二胎 1,000 元,第三胎 2,000 元,共同储蓄 6 年,孩子年满 7 周岁后账户余额转入教育储蓄账户。幼儿津贴只能用于孩子开支。2000 年津贴均只给第二胎和第三胎,2004 年政府现金津贴扩大到第一胎和第四胎,前两胎 3,000 元,后两胎 6,000 元,但共同储蓄只扩大到第四胎(2,000 元),而不包括第一胎,不过共同储蓄的时间从 6 年延伸到 18 年,政府最高储蓄额不变。总之,在"婴儿花红计划"下,父母可能得到的政府最高幼儿津贴分别是:第一胎 3,000 元,第二胎 9,000 元,第三胎和第四胎各 18,000 元。

第三,更宽松的购房政策。为鼓励年轻人早结婚,2000 年 10 月 1 日起首次购买 4 居室公寓、一方年龄在 21—30 岁之间的夫妻购房首付可以分两次,签合同时付 10%,获得住房时再付 10%。

第四,减免税政策。为鼓励国民生育且多生育,政府设立了诸如家长退税、在职母亲减免税、降低女佣税等减免税政策(见图表 5-15),符合条件的在职母亲可以申请同时享受三项减免税政策。

---

① 详见苏瑞福:《新加坡人口研究》,第 228—250 页。
② 苏瑞福:《新加坡人口研究》,第 230 页。

图表 5-15　2004 年新加坡鼓励生育的减免税规定

减免税类别	相关规定
家长退税款	合法婚姻,孩子是新加坡公民,第二、三、四胎的退税款分别是 10,000、20,000、20,000 元,第一胎和四胎以后的孩子不能享受。
在职母亲减免税	孩子是新加坡公民,16 岁以下或者残疾,减免额以母亲收入百分比计算,分别是第一胎 5%、第二胎 15%、第三胎 20%、第四胎 25%;有祖父母或外祖父母看护 1 个未满 12 岁小孩(新加坡公民)的在职母亲,每年可领 3,000 元减免税。
降低女佣税	雇主家庭有一个小于 12 岁的孩子或 65 岁以上的老人,且是新加坡公民,其女佣税可从 345 元/年降至 250 元/年。

第五,增加托婴托幼服务及补助。一方面增加托婴托幼设施(图表 5-16、图表 5-17),为在职母亲的托婴托幼提供更方便更周到的服务;另一方面提高政府补助,从 1993 年的全天制 130 元/月提高到 2004 年 400 元/月,半日制 200 元,补助首次惠及非在职母亲,全天半天都是 75 元。

图表 5-16　幼儿中心数量、容量和接收人数(2000—2017)

年份	幼儿中心数量(所)	接受 2—18 个月婴儿的中心数(所)	总容量(人)	实际接收人数(人)			
				总计	全天制	半天制	灵活制
2000	558	--	46,905	35,201	30,985	30,985	---
2001	590	5	49,256	35,363	29,556	5,807	---
2005	713	--	59,443	44,224	34,653	34,653	2,020
2006	725	98	61,119	45,409	34,987	34,987	1,901
2007	746	111	62,998	53,158	40,367	10,145	2,646
2008	744	121	63,387	54,892	42,448	9,878	2,566
2009	777	147	65,006	59,911	48,598	8,917	2,396
2010	855	198	75,738	66,193	55,422	8,509	2,262
2011	944	253	84,665	73,547	62,649	8,811	2,087
2012	1,002	285	91,387	79,679	69,075	8,504	2,100
2013	1,077	324	100,388	86,124	75,986	7,940	2,198

年份	幼儿中心数量（所）	接受2—18个月婴儿的中心数（所）	总容量（人）	实际接收人数（人）			
				总计	全天制	半天制	灵活制
2014	1,148	361	109,856	92,932	82,872	7,230	2,830
2015	1,243	418	121,698	99,175	89,855	6,912	2,408
2016	1,332	471	135,224	106,155	97,672	6,362	2,121
2017	1,398	512	146,987	114,318	106,327	6,180	1,811

资料来源："Community Services- number, capacity and enrolment in child care centers", *Yearbook of Statistics Singapore*, 2011, 2012, 2015, 2018.

图表5-17　幼儿园数量和入园人数（2007—2017）

年份	幼儿园数量	入园人数	年份	幼儿园数量	入园人数
2007	491	82,196	2013	498	68,057
2008	482	78,379	2014	503	68,999
2009	493	74,831	2015	492	66,331
2010	493	68,720	2016	480	65,306
2011	495	67,652	2017	471	60,967
2012	504	67,734			

资料来源："Community Services- number and enrolment in kindergartens", *Yearbook of Statistics Singapore* 2014, 2018.

此外，原有的公共部门弹性工作制和无记录假期、保健储蓄的使用等政策沿用且都更优惠。政府每年为鼓励生育政策的支出大约是8亿新元。

但是，2000年以后新加坡的生育率和出生率仍然义无反顾地持续走低（见图表5-18），所以幼儿园数量和入园人数近几年也是走低的（图表5-17），说明鼓励生育的人口政策未能达到预期效果。鼓励生育政策不如计划生育政策成功，反映了进入发达国家及老龄化社会后，政府调控生育问题的局限性。

首先，尽管没有了年龄和学历上的限制，与许多欧洲国家提高人口增长率而采取的完全鼓励生育政策相比，新加坡的鼓励政策还是带有明显的限制性。

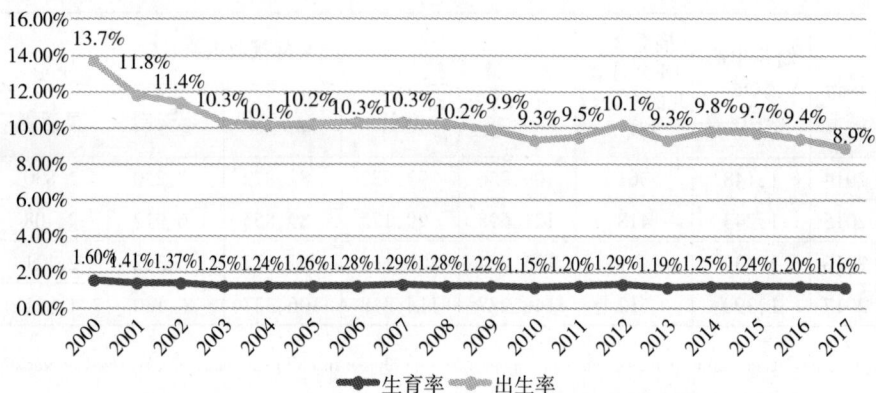

图表 5-18　2000—2017 年新加坡生育率及出生率

资料来源：1. 2000—2004 年数据出自 *Yearbook of Statistics Singapore*，2006，"*Vital Statistics*".
2. 2005—2014 年数据出自"*Vital Rates*"，*Yearbook of Statistics Singapore 2015*，2018.

比如带薪产假、共同储蓄和减免税都不惠及第四胎以后的孩子；多数优惠政策的受益者是在职人士，无业者特别是无业女性被排除在外；尽管政府支出数额不小，但是直接补助的鼓励方式不占主体，只在部分带薪产假的工资、幼儿津贴和托儿补助的项目上实行政府补助。

　　之所以实行限制性而不是完全鼓励生育政策，源于新加坡政府的工作福利导向。新加坡以中央公积金为主体的个人储蓄保障、居者有其屋的住房政策和各种劳工保障政策受益的对象是工作者，除基础教育、公共卫生和与健康相关的公共环境服务外，有限的社会福利都只提供给工作者，包括能够自食其力的残疾人，不能工作的成年人从政府得到的只有社会救助。生儿育女这样的家庭事务尽管影响到了国家未来，其本质还是个人行为，人民行动党总是担心新加坡人不劳而获、坐享其成，进而对政府产生依赖，所以避免任何"福利"倾向，在涉及到返利于民的事情上非常谨慎甚至吝啬。

　　其次，生育政策一直在鼓励工作与鼓励生育之间寻找平衡，鼓励生育的政策对新加坡女人提出了婚后生更多孩子和作为劳动力参加工作的双重需求，未能将新加坡女性从职场与家庭的双重压力中彻底解放出来。

对新加坡女性——尤其是华人女性——双重需求可能让她们承担了太多压力，不管政策如何调整，她们始终面临着选择。从生育率和出生率的数据看，天平是向工作倾斜的，女性受教育层次的提高及经济自立的加强，反过来影响到生育率的下降。女性结婚率的下降也影响生育率，15—44岁女性结婚率的下降幅度大于男性，而且与男性结婚率的差距在拉大（图表5-19）。政府鼓励生育的政策多项涉及在职母亲的假期与减免税，从另一个层面反映了职业女性生育意愿与生育率的密切关系以及政府对这种密切关系的深刻认识。其实，女性生育意愿与生育率之间的关系普遍存在于世界各国，《贝弗里奇报告》针对英国低生育率提出的对策就是"英国必须将维护母婴权利放在社会开支的首要位置"①，通过提高母婴福利待遇的办法提高生育率，显然维护母亲的权利比维护婴儿的权利更重要也更难做到。不过人民行动党也有难处，新加坡有限的土地只能容纳有限的人口，必须保持较高的劳动参与率，才能维持必要的劳动力队伍和结构，鼓励女性进入劳动力行列而不是待在家里显然非常必要。

图表5-19　新加坡15—44岁男女结婚率比较（1995—2016）　（单位：%）

年份	1995	1996	1997	1998	1999	2000	2001	2002	2003	2004	2005
男	55.1	53.2	56.9	49.4	54.8	49.5	46.9	47.5	44	43.1	43.2
女	57.5	54.3	60.6	49.7	57.2	51.5	46.3	47.8	44.3	42	40.7
年份	2006	2007	2008	2009	2010	2011	2012	2013	2014	2015	2016
男	44.1	43.8	43.9	43.6	39.4	43.5	43.8	40.5	44.4	44.2	44.4
女	42.7	42.6	41.9	41.1	37.2	39.2	39.4	36.9	40.8	41.1	41.6

说明：2011年以后的年龄统计是15—49岁

资料来源："Demography—Age-Specific Marriage Rates", *Yearbook of Statistics Singapore*, 2006, 2007, 2008, 2009, 2010, 2011, 2014, 2018.

---

①　［英］贝弗里奇：《贝弗里奇报告——社会保险和相关服务》，英国文书局1995年再版，劳动和社会保障部社会保险研究所翻译，北京：中国劳动社会保障出版社2008年版，第4页。

虽然政策值得讨论,新加坡政府对人口问题的重视是毋庸置疑的。因应社会转型中不同阶段的不同人口问题而及时调整政策,充分体现了人口政策的灵活性。尽管新加坡在社会发展过程中人口增长情况与普遍规律性相吻合,但是对新加坡这样的寡民小国来说,问题尤其严重。2004 年 8 月,新加坡国家人口委员会成立,作为永久性机构,也是新加坡成立的第一个永久性人口事务机构,由当时的副总理、内政部长黄根成兼任主席,主要工作是鼓励国民生育,引导海外新加坡人归国,鼓励合适的外国人移民新加坡。2006 年 6 月,在总理公署设立了国家人口秘书处,秘书处两大任务:为国家人口委员会服务;建立人口政策发展目标,同时为增加出生人口和吸引外来移民协调政府各部门的工作。新加坡的总人口目标是到 2050 年人口达到 650 万,实现目标的方式包括鼓励国民生育、吸引外来移民,从政府现今鼓励生育的成效来看,要达到人口目标可能要求突破局限性,实行更加无限制的鼓励生育政策,或者更高水平地吸收移民,这是新加坡政府需要平衡的。

五、更宽松的移民政策

种种努力之下,生育率和出生率都未见提高,新加坡没有其他选择,只能通过吸引外来移民弥补自然低增长导致的人口数量不足,2004 年,负责人口委员会的黄根成坦言:政府已经认识到吸引移民的重要性了。[1] 为此采取的措施包括放宽就业许可、放宽永久居留权和公民身份的限制,吸引外国人才留居新加坡直至成为新加坡公民;也包括引进外国儿童和外国新娘,通过增加儿童数量和结婚率的办法增加人口。[2]

在 1988 年 11 月,由于企业过于依赖外国工人,政府将外国员工在公司就业比例由 50% 降至 40%。1999 年政府规定外国员工在建筑业的就业比例上限为

---

[1]　*The Straits Times*, September 4, 2004.

[2]　苏瑞福:《新加坡人口研究》,第 261—273 页。

83%,海事业为75%,制造业为50%,服务业为30%。① 2005年起,政府再次将制造业依赖上限从50%上调到60%,服务业依赖上限从30%上调到40%。②

新加坡把外来劳工分为两大类:就业准证持有者和工作准证持有者。月薪超过2000新元的外国劳工必须申请就业准证,月薪不足2000新元的申请工作准证。工作准证分成三种:P组,Q组,R组,三组里面又单独分别分为两个小组,一共是六组(P1、P2、Q1、Q2、R1、R2)。到2004年,推出了一个新的S组用于取代Q2组。到目前为止,工作签证一共可分为EP组(P1、P2、Q1和PEP)、S组以及WP组(R1、R2)。相关规定见图表5-20。

图表5-20 新加坡技工以及专业型外来劳工的管理

准证类型	雇佣的资格与性质	工资水平（美金）	配偶准证	长期准证	备注
P1	有对应学历者	大于7000	是	是	I,P,Q和S准证持有人有资格申请可永久居住,可申请新加坡国籍
P2	有专业技能资格,有特殊技能的,以及职业经理,管理类工作	3500—7000	是	是	
Q1	有学历,有技能资格,有特殊技能	2500—3500	是	否	无国籍限制,最大限度地年龄要求和工作时间
S	需审核薪资,教育水平,职业技能,工作类型,工作经验	高于1800	是	否	P Q S准证绑定雇主,更换雇主需申请
PEP	P1 P2 Q1持有者可申请,P组人员需有两年以上工作经验,Q1持有人需有五年以上工作经验	工作时需有3000以上	是	--	不绑定雇主,可滞留6个月

资料来源:Md.Mizanur Rahman,*Management of Foreign Manpower*,in *Social Policy in Post-Industrial Singapore*.p.156.

---

① 陈正编辑:《新加坡年鉴2000》,第241页。
② Md.Mizanur Rahman,*Management of Foreign Manpower*,in Tong Chee Riong,Lian Riven Fee (Eds),*Social Policy in Post-Industrial Singapore*,*Social Sciences in Asia*,Volume 17,Singapore,2009,p.161,http://site.ebrary.com/id/10461326.

高级技术人才也是主要指能享有永久居住权和移民的人员。P 组签证主要是发给那些有专业技能的寻求相对有专业性工作的人。同时也对一些对新加坡经济有一定影响的企业家和投资商发放,以及一些有影响的艺术家,科学家和商人。P 组的签证也分为两大类:P1 和 P2。P1 级别的一般是月收入高于 7,000 美金的人员。P2 级别的申请人员工资则是在月收入 3,500 美金到 7,000 美金之间。Q1 组签证是针对那些月薪 2,500 到 3,500 美金同时有一定特殊技能的人员。S 组则是有多层标准的签证,包括工资,教育程度,技能,工作类型以及工作经验。EP 组以及 S 组的签证是可以申请长期居留权的,有相应的技能及学识的申请人自然就相对简单直接一些。一旦雇主找到一个合适的人员,他们就会为潜在的员工去申请 EP 组签证。所以这些签证都会按照以上论述的条件来审核。同时,除了以上所说的签证类型以外,还有一些特殊的签证类型,比如:短期工作签证,培训签证,企业家准证,家属准证,以及长效访问准证;持有 EP 准证的人还可以为其配偶或未结婚的小于 21 岁的子女申请家属准证;EP 准证持有者还可以为他的父母、岳父岳母、孩子、配偶等申请长效访问准证。

新加坡还推广个人创业准证(PEP)来吸引各国人才。EP 准证绑定给一些特定的雇主,任何理由更换雇主都是需要重新申请 EP 准证的。如果一个 EP 持有者离开了他的雇主,那么他的 EP 准证将被取消,他也必须在短时间内离开新加坡,除非他能找到新的工作。新的 PEP 准证则不是绑定型的签证,更强调持有者个人的价值。PEP 持有者可以在新加坡滞留超过 6 个月以上以寻找新的就业机会。PEP 的有效期是 5 年,但也是不可更新的。EP 持有者可以与当地人结婚,或者带他们的配偶来新加坡。有人认为这样的移民政策都是倾向于技术人才或学术人才,从经济的积极性上看,自由的政策是有利于人力的节省以及先进技术的传播的。[①] 这些学术型以及管理型人才也是经

---

① Md. Mizanur Rahman, *Management of Foreign Manpower*, in *Social Policy in Post-Industrial Singapore*, p. 156.

常被政府与公众所提及的国际人才。

　　同时现在新加坡也在极力积累人才资本,有助于各个产业的健康发展,人力部国际人才署致力于吸引国际人才以及在国外工作或学习的新加坡人才,为了便于人才联系,国际人才署专门设立了一个名叫"联系新加坡"的国际网络,是一个资讯和资源中心,为有意来新加坡工作、读书和居住的外国人才提供一般资料和咨询,总部设于新加坡,在波士顿、洛杉矶、多伦多、华盛顿、伦敦、巴黎、悉尼、香港等地设有中心,这些中心也同留学海外的新加坡人保持联系,让他们知道新加坡的最新消息和发展,当然主要目的是希望他们回国。

　　图表5-21的数据显示,在新加坡公民增长率低迷的情况下,移民(含永久居民和非永久居民)对新加坡人口增长率的贡献不容小觑。

图表 5-21　新加坡人口增长率统计(2007—2017 年)

年	总人口增长率数	公民增长率	永久居民增长率	非永久居民增长率
1991—2000 平均值	2.8	1.3	9.9	9.3
2007	4.3	0.8	7.5	14.9
2008	5.5	1.0	6.5	19.0
2009	3.1	1.1	11.5	4.8
2010	1.8	0.9	1.5	4.1
2011	2.1	0.8	-1.7	6.9
2012	2.5	0.9	0.2	7.2
2013	1.6	0.9	-0.3	4.0
2014	1.3	0.9	-0.7	2.9
2015	1.2	1.0	--	2.1
2016	1.3	1.0	-0.6	2.5
2017	0.1	0.9	0.4	-1.6

说明:非永久居民指在新加坡工作、学习、生活但未取得永久居民资格的外国人,基本上都是持就业许可者和留学生,与永久居民一样是新加坡争取的移民对象。

资料来源:"Singapore population size and growth by residential status", *Yearbook of Statistics Singapore*, 2014,*2015*,*2018.*

但是日益放宽的移民政策引起新加坡人的不满。2007年一份民意调查显示,43%的民众认为政府应该更加关注外来人口的才能而不是新加坡公民的才能;并且他们也认为大规模的移民有利于增加就业岗位以及提供新的机遇。同时将近90%的人担心,外来人口将会夺取他们的工作。[①] 国民的顾虑或多或少会对决策者产生影响。将图表5-13和图表5-16中2000年以来新加坡的生育率、出生率和人口增长率结合起来看,在生育率与出生率不变的情况下,人口增长率随移民数量的变化而波动,于2007—2008年间出现峰值,2010年起又快速滑跌,反映了政府在通过移民改进人口数量与结构方面的两难。

第四节　提升社区服务

新加坡坚持通过社区服务的方式为需要帮助的人提供帮助,即使在1997金融风暴冲击下,仍然拒绝福利措施。但是出现了一些新的社区支助政策。

一、社区关怀

2004年开始新加坡政府设置了一种名为"社区关怀"的福利项目,分短期援助、中期援助、长期援助和儿童救助(见图表5-22)。

图表5-22　社区关怀援助情况(2007—2017)　　(单位:例)

年	长期援助	中期援助	短期援助	儿童救助		
				托儿补助	幼稚园补助	学生托管补助
2007	2,928	----	3,915	3,111	7,504	--
2008	2,890	1,663	2,496	2,914	8,526	--

---

① Mukul G. Asher and Amarendu Nandy, *Singapore's policy responses to ageing, inequality and poverty: An assessment*, International Social Security Review, Vol. 61, 1/2008, Published by Blackwell Publishing Ltd, Oxford, UK, Journal compilation 2008, International Social Security Association.

续表

年	长期援助	中期援助	短期援助	儿童救助		
				托儿补助	幼稚园补助	学生托管补助
2009	2,920	2,293	3,704	3,657	9,162	--
2010	2,929	2,397	2,198	3,725	8,555	2,598
2011	3,034	3,046	3,525	5,708	9,693	2,549
2012	3,047	4,248	6,184	6,997	9,845	3,797
2013	3,164	5,445	7,090	6,879	9,499	5,030
2014	3,421	15,763		--	8,277	5,723
2015	3,832	15,164		--	--	7,192
2016	3,887	16,917		--	--	6,552
2017	3,927	16,102		--	--	7,340

资料来源:"Community Services", *Yearbook of Statistics Singapore 2014*, p.308; *Yearbook of Statistics Singapore 2015*, p.312; *Yearbook of Statistics Singapore 2018*, p.327.

社区关怀短期援助（ComCare Short Term Assistance），也被称为工作支持计划，帮助低收入家庭和个人就业以及那些收入低微而需要临时资金支持的人。援助包括每月的现金津贴以及水电费、租金和运输服务援助。

社区关怀中期援助（ComCare Medium Term Assistance），也被称为社区过渡关怀，帮助由于生病暂时不能工作或有给予照顾的责任的人，而这些人很少或没有资金支持。援助包括每月的现金津贴以及水电费，租金、水利费和运输服务援助。

殖民时期就有的公共援助改称社区关怀长期援助（ComCare Long Term Assistance），为因年老、疾病或残疾而不能工作、收入有限或没有收入、很少或没有家人支持的人提供长期帮助，例如通过家庭的帮助、结交，并可以在日间护理中心报名，以支持他们在社区中生活。除了每月现金津贴，受益人会得到政府医院和诊疗所的免费治疗。上学的孩子们也受益于额外的援助。但是对长期援助的接受资格要求和公共援助一样严，政府严格控制受众数量，所以受援助的人数一直维持在 2,000—3,000 左右(见图表 5-23)。

图表 5-23　公共援助情况(1995—2017)　　　(单位:例)

年份	老年赤贫者	因病无法工作者	被弃妻儿	60 岁以下残疾人	有不满 12 岁孩子的寡妇	总计
1995	1,695	86	57	98	22	1,958
1996	1,707	106	58	115	22	2,008
1997	1,659	103	54	121	23	1,960
1998	1,687	150	63	147	23	2,070
2000	1,930	178	78	211	12	2,409
2001	2,181	184	75	179	11	2,630
2002	2,148	171	57	180	9	2,565
2003	2,191	169	31	152	8	2,551
2004	2,331	192	35	146	10	2,714
2005	2,369	202	33	161	7	2,772
2006	2,390	185	25	165	7	2,772
2007	2,346	188	23	190	7	2,754
2008	2,445	164	23	255	3	2,890
2009	2,473	192	24	229	2	2,920
2010	2,482	206	24	215	2	2,929
2011	2,589	203	21	220	1	3,034
2012	2,617	190	16	224	0	3,047
2013	2,709	215	14	226	0	3,164
2014	2,882	279	12	248	0	3,421
2015	--	--	--	--	--	3,832
2016	--	--	--	--	--	3,887
2017	--	--	--	--	--	3,927

说明:2015 年后新加坡公共援助只统计总数,不统计分类数据。

资料来源:"Community Services", *Yearbook of Statistics Singapore 2006,2007,2008,2009,2014,2015,2018.*

社区关怀儿童救助(ComCare Assistance for Children),基于低收入家庭的儿童发展需要,为他们提供早期教育;当他们的父母都在工作时,提供适当的监督。符合资格的家庭每月可以得到送孩子去幼儿中心、幼儿园和学生托管中心(学生托管中心为 7—14 岁的学生提供课余时间照顾)的补贴,也被称为托儿补助(Subsidies for Child Care)、幼稚园补助(Subsidies for Kindergarten)和学生托管补助(Subsidies for Student Care)。这些补贴也可用于有特殊需要的儿童,补贴他们参加特殊学生托管中心和综合幼儿中心。

二、家庭政策

在新加坡,家庭扮演着照顾老年人的重要角色。如图表5-24所示,在1999年的一项关于新加坡老人生活安排的调查中,3%的男性以及女性老年人(年龄在55岁及以上)独自生活。男性更有可能高龄结婚,因此更大比例(69%)和配偶生活在一起,而女性老人只有28%。男性更有可能与未婚子女生活在一起(60%),而女性老年人更可能与已婚的孩子生活在一起(50%)。女性老年人也更有可能与孙子生活在一起(占46%),同类型的男性老人比例只有29%。只有2%的老年人跟自己兄弟姐妹一起生活。然而,这些生活安排不是静态的。在老年时期,老人可以生活在各种各样的生活安排中。

图表5-24　1999年59岁受访者生活安排的类型

家庭成员	男性(n=2058)%	女性(n=2692)%
独居	3.3	3.6
配偶同居	69.1	27.5
未婚小孩	60.1	48.4
已婚孩子	32.3	50.0
孙子	28.9	46.4
兄弟姐妹	2.2	1.5

资料来源:引自 Angelique Chan,*Social Polic for the Aged in Singapore*,in *Social Policy in Post-Industrial Singapore*.p.81。

在新加坡,成年男性在18岁和19岁的时候要完成两年的兵役,而后结婚生育孩子,成年子女仍然有很长的时间依赖父母。平均来说,男性直到24岁大学毕业而女性在22岁就大学毕业。良好的亚洲伦理文化要求子女对长辈孝顺,三个主要宗教基督教,伊斯兰教,佛教都主张孩子们应该照顾他们年迈的父母。新加坡政府一直谨慎地采取政策,增强家庭支持,而不是取代它。

政府提供激励措施,鼓励孩子和他们年迈父母之间的"男女混居"和家庭对老年人的照顾。激励措施包括:税收优惠;与父母生活在一起的成年子女申请政府组屋都给予最高优先级;也鼓励住在父母的附近。如果在父母家附近买公寓,首次买建屋发展局的买家有资格获得 50,000 新元的住房赠款,这相当于首次购买政府组屋普通买家获得的 4,000 新元的住房赠款,还有 3,500新元的收入税收减免来赡养父母。和父母住一起的孩子可以获得 4,500 新元的税收减免。两个的税收减免金额可以同时享受,只要老人父母每年收入没有超过 2,000 新元。

社会工程常常是新加坡住房政策的一部分,老龄化的应对对策也反映在住房政策的调整上。为了鼓励家庭养老,那些想买离父母更近的房子的申请人可以被优先考虑,名为联合选择计划,5%的在非成熟地产的住房发展委员会公寓留给那些父母加上结婚孩子在相同的房地产单独购买公寓的家庭;三代同堂想要住在一起的申请人也可以被优先考虑,名为多代家庭住房计划,5%的建屋局公寓留出来鼓励 2—3 代的家庭;50,000 元的住房赠款提供给那些在父母附近购买住房发展委员会房子的已婚年轻人。相反,对那些未成家的未婚子女想要搬离而单独生活的进行限制或禁止。家庭计划的倾斜是为了支持老人能够更方便地和家人居住。

新加坡也制定了法律规定对年迈父母的经济支持。1996 年 6 月,成立了一个特别法庭,赡养父母法出台,允许家长采取法律行动来抵抗孩子对自己的忽视。提供给法庭的案件的数量从未超过 150 件/年,大多数案件是不正常的家庭,主要是历来虐待孩子导致的成年子女不愿意在他们父母晚年时支持他们。[1] 当家庭无法承担其责任和年迈的父母不能够独立生活,国家有权介入

---

① Angelique Chan, Social Polic for the Aged in Singapore, in *Social Policy in Post-Industrial Singapore*. p.82.

并直接管理违法的家庭。

虽然家庭被视为解决养老问题的最佳选择，但新加坡政府也没有将养老当做扶持家庭的唯一理由和方向。对家庭的关注是多方面的，自然也包括生育鼓励和儿童照顾，还有专门针对家庭的家庭服务中心（Family Service Centres）。家庭服务中心是社区为家庭提供服务的关键，这些机构都配备了专业社会工作者，提供专业服务来强化家庭功能和增加福利，包括提供与家庭相关的资讯及中介、解决家庭纠纷、协调家庭矛盾、推广社区支援计划、协助就医等。从 1977 年设立第一家中心，截至 2017 年，有 47 个家庭服务中心，①每年提供数万例服务项目（统计数据见图表 5-25）。

（单位：例）

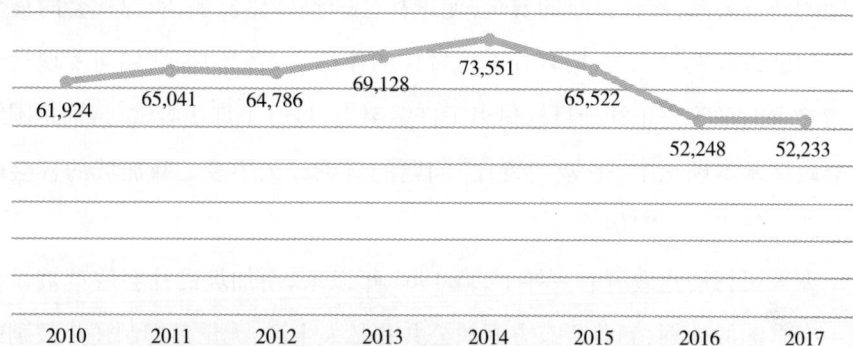

61,924　65,041　64,786　69,128　73,551　65,522　52,248　52,233

2010　2011　2012　2013　2014　2015　2016　2017

图表 5-25　家庭服务中心服务统计（2010-2017）

资料来源："Community Services", *Yearbook of Statistics Singapore 2014*, *2018*.

———————

① *Yearbook of Statistics Singapore 2018*, p.330.

第六章　新加坡社会政策的成果和影响

社会政策的主要功能是应对社会风险,促进社会融合,它在协调社会群体之间的利益关系,保证社会的安全,促进社会的整体化发展,实现社会的良性运行和健康发展等方面,均有着不可替代的作用。人们为探索如何实现社会政策追求的平等公正社会目标付出了许多努力,进行了许多尝试,特别是围绕社会政策基本理念中"平等""责任"问题的讨论经久不衰。新加坡的社会政策实践提供了一个案例。

在人民行动党政府的主导下,自1965年以来,新加坡的社会政策被设计成一个全面的计划,涵盖所有方面的公共和私人生活,无论是抑制还是鼓励的生育政策,分流还是全面的教育政策,增加还是限制福利的社保政策,鼓励工作还是鼓励生育的女性政策,吸引人才还是控制外来人口的移民政策,或使新加坡清洁干净的卫生政策,等等,毋庸置疑,人民行动党的社会政策促进了新加坡经济繁荣、种族和谐、国泰民安、社会进步。事实证明,对机会平等的追求和个人责任的规定使新加坡取得社会进步的同时避免了福利国家的政府负担。但是,必须看到,新加坡社会政策的结果与其国家发展水平、国民的社会期望之间又存在一定的距离。本章将在前面四章社会政策演进历史叙述的基础上,讨论新加坡社会政策给社会进步带来的积极成果和存在的问题,以期对新加坡社会政策及其实践这一研究对象有一个完整深入的剖析。

第一节　新加坡社会政策的成果

一、社会发展水平显著提高

1990 年,联合国开发计划署(UNDP)建立了一套"人类发展指数"(Human Development Index, HDI)指标体系,综合了预期寿命、识字率、受教育水平和人均国内生产总值四个核心指标,是评估人类发展三大基本维度(即健康长寿的生活、知识以及体面的生活水平)所取得的平均成就的综合指数[①],是比较世界各国或地区社会发展水平的一个重要依据。在 2011 年人类发展指数国家排名中新加坡第 26 名,与 2005 年相比上升了 3 位,居亚洲第四(日本、中国香港、韩国之后),属于极高人类发展水平国家(前 47 位)。2012 年位次前进了 8 位,排名 18(图表 6-2)。2000—2011 年的十年里,新加坡 HDI 的年均增长率为 0.71(图表 6-1),在"极高人类发展水平国家"里居第 5,次于阿联酋(1.06%)、拉脱维亚(0.87%)、中国香港(0.78%)、韩国(0.72%),属于高增长国家。[②] 在东南亚区域,新加坡的人类发展指数是最高的,远远超过地区平均值(图表 6-2)。

图表 6-1　2000—2011 年新加坡人类发展指数趋势

年份	2000	2005	2009	2010	2011
人类发展指数值(HDI)	0.801	0.835	0.856	0.864	0.866
HDI 平均年增长率(%)			0.71		

资料来源:《人类发展报告·统计附录》(2011 年),联合国开发计划署。

---

① 联合国开发计划署:《人类发展报告·统计附录》(2011 年),http://www.cn.undp.org/content/china/zh/home/library/human_development。

② 联合国开发计划署:《人类发展报告·统计附录》(2011 年)。

图表6-2　东南亚国家人类发展指数比较

国家 （HDI 位次）	人类发展 指数 （HDI）值 2012	出生时预 期寿命 （岁） 2012	平均受教 育年限 （年） 2010	预期受 教育年限 （年） 2011	人均国民 总收入 （GNI）： （美元购 买力平价 2005 固定 价格） 2012	人均 GNI 位次减去 HDI 位次 2012	非收入 HDI 值 2012
新加坡 （18）	0.895	81.2	10.1	14.4	52,613	-15	0.880
文　莱 （30）	0.855	78.1	8.6	15.0	45,690	-23	0.832
马来西亚 （64）	0.769	74.5	9.5	12.6	13,676	-7	0.791
泰　国 （103）	0.690	74.3	6.6	12.3	7,722	-10	0.715
菲律宾 （114）	0.654	69.0	8.9	11.7	3,752	11	0.724
印　尼 （121）	0.629	69.8	5.8	12.9	4,154	-3	0.672
越　南 （127）	0.617	75.4	5.5	11.9	2,970	9	0.686
东帝汶 （134）	0.576	62.9	4.4	11.7	5,446	-29	0.569
柬埔寨 （138）	0.543	63.6	5.8	10.5	2,095	9	0.597
老　挝 （138）	0.543	67.8	4.6	10.1	2,435	2	0.584
缅　甸 （149）	0.498	65.7	3.9	9.4	1,817	5	0.537
东南亚国 家平均值	0.558	66.2	4.7	10.2	3,343	—	0.577

说明：1.人均国民总收入（GM）：国内生产总值加上由于拥有生产要素获得的收入减去对使用国外生产
　　　　要素的支出，采用购买力平价比率换算成国际美元，除以年中的总人口。
　　　2.人均 GNI 位次减去 HDI 位次：人均 GNI 位次与 HDI 位次的差别。负值表示该国 GNI 位次好于
　　　　HDI 位次。
　　　3.非收入 HDI 值：仅仅根据预期寿命和教育指标计算的人类发展指数值。
资料来源：《Human Development Report 2013》，pp.144-146，联合国开发计划署·中国，http://www.cn.
　　　　undp.org/content/china/zh/home/library/human_development/2013_0. html。

二、教育成就突出

新加坡劳动力受教育水平的普遍提高是与国家发展战略相辅相成的,其国家发展战略目标是:成为一个重要的区域商业中心和高端制造业中心,这同时也反映出新加坡是一个重视教育的国家。从某种程度上说,政府认为通过教育系统,可以让居民承担自己的社会责任,从而为更美好的社会作出自己的贡献。新加坡长年将公共教育的开支维持在 20% 甚至更高,在世界各国的教育支出排名中名列前茅。除了新加坡,可能没有哪个国家将正规教育学历置于和经济资本或社会资本一样重要的地位。①

本研究认为,新加坡教育政策最大的成就是优化了劳动力的学历结构(图表 6-3),1991 年接受过高等教育的劳动力只有 6.7%,其中的主要原因是分流制教育将大部分学生挡在了高等教育之外而进入职业技能培训。为适应发展高端制造业和服务业的经济转型,20 世纪 90 年代后,新加坡在稳定中等教育劳动力队伍的同时,降低了小学学历的劳动力比例而提高了高等教育学历者比例,在 2012 年接受过高等教育的劳动力比例达 29.4%。高投入的教育提高了劳动力队伍的整体素质,从新加坡实用主义的教育理念出发,其教育政策取得了巨大成功。

图表 6-3 1991—2012 年新加坡不同层次劳动力比例变化情况

年份	接受过小学教育的劳动力(占劳动力总数的百分比)	接受过中学教育的劳动力(占劳动力总数的百分比)	接受过高等教育的劳动力(占劳动力总数的百分比)
1991	46.4	46.9	6.7
1992	44.8	47.5	7.7
1993	43.7	47.5	8.8

---

① G.RODAN, Class transformations and political tensions in Singapore's development, in: R. ROBINSON and D. GOODMAN(Eds): *The NewRich in Asia*: *Mobile Phones*, *McDonald's andMiddle Class Revolution*, pp.19–45. London: Routledge.1996, p.24.

年份	接受过小学教育的劳动力（占劳动力总数的百分比）	接受过中学教育的劳动力（占劳动力总数的百分比）	接受过高等教育的劳动力（占劳动力总数的百分比）
1994	42.4	48.2	9.4
1995	--	--	--
1996	38.8	49.7	11.5
1997	38.6	48.8	12.6
1998	36.2	49.8	14.0
1999	35.9	49.5	14.6
2000	--	--	--
2001	32.8	50.3	17
2002	31.7	49.8	18.5
2003	30.7	48.9	20.4
2004	29.9	48.6	21.6
2005	--	--	--
2006	28.3	48.3	23.4
2007	27.7	48.6	23.7
2008	24.2	49.9	25.8
2009	24.3	49.0	26.7
2010	22.2	50.0	27.6
2011	21.5	50.2	28.3
2012	20.7	49.9	29.4

资料来源：世界银行数据库，http://data.worldbank.org.cn/country/singapore。

　　教育政策另一突出成就是推进了性别平等。从挖掘劳动力的目的出发，新加坡政府鼓励女性就业，经济自立帮助女性改善社会地位，尤其是1990年代后变化明显，女性立法者、高级官员和管理人员在人口中的比例以及女国会议员的比例都呈快速增长的态势[图表6-4，详细数据变化见附11"新加坡女性社会地位统计数据（1985—2018）"]，其中的原因应该是受高等教育的女性人数增多。从高等教育的入学人数和毕业人数上看（图表6-5），结合男女人口比例（50%左右，见附3），接受理工学院教育的男女人数在同性别的比例大致相当，但是接受大学教育的男女绝对数除2006年和2012年男性数量高出女性外,其他年份都是女多男少(每年毕业人数也是女多男少),按同性别比例算,则女性上大学的比例是男性上大学比例的一倍。不过,女性受教育层次的提高及经济自立的加强,反过来影响到生育率的下降,这已经在前文讨论过了。

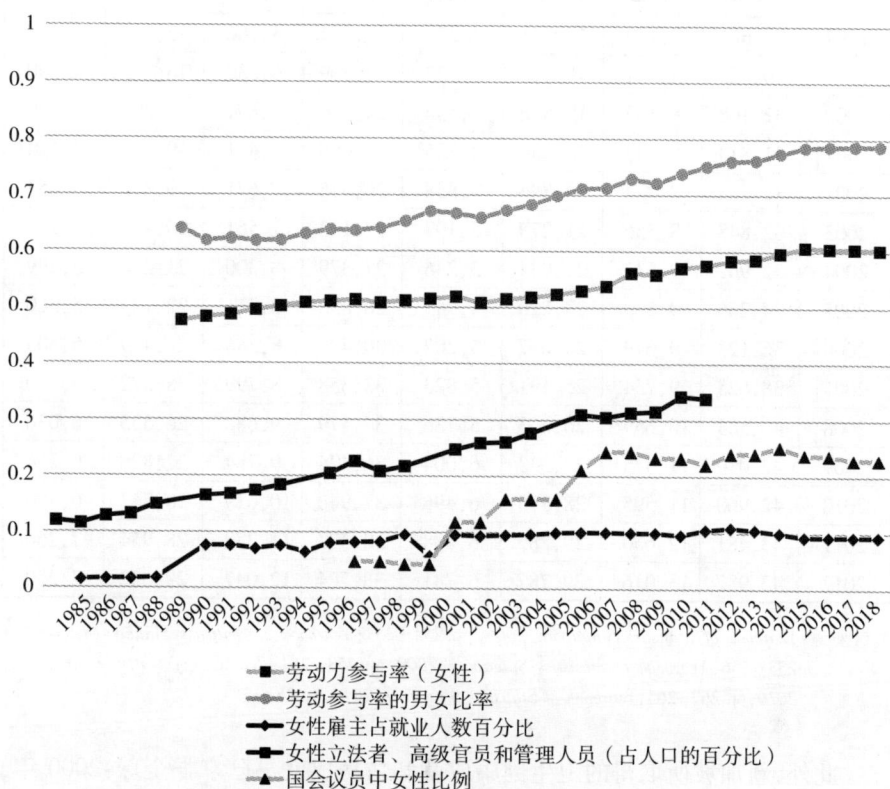

图表 6-4　新加坡女性社会地位变化(1985—2018)

说明:劳动参与率指 15 岁(含)以上就业人口率。

资源来源:世界银行数据库,http://data.worldbank.org.cn/country/singapore。

图表 6-5　新加坡高等教育接受者的性别比较 （单位:人）

年份	男				女			
	理工学院		大学		理工学院		大学	
	入学	毕业	入学	毕业	入学	毕业	入学	毕业
1996	28,412	6,877	15,624	4,022	20,702	5,228	14,750	4,196

续表

年份	男				女			
	理工学院		大学		理工学院		大学	
	入学	毕业	入学	毕业	入学	毕业	入学	毕业
1997	29,681	7,153	16,251	4,276	21,954	5,766	15,477	4,403
1999	30,725	8,111	18,319	4,573	24,209	6,530	16,783	4,890
2000	31,108	8,182	19,556	4,536	24,936	6,891	18,092	4,870
2001	31,813	8,545	20,354	4,735	25,686	7,421	19,217	5,124
2002	32,783	8,914	20,896	4,858	26,535	7,671	19,844	5,354
2003	32,848	8,556	21,275	5,197	27,113	7,561	20,410	5,166
2004	32,962	9,537	21,934	5,246	27,379	8,300	21,252	5,299
2005	34,266	9,560	23,220	4,949	28,858	8,511	22,133	5,360
2006	36,123	9,649	24,657	5,207	30,420	8,388	23,449	5,503
2007	38,625	9,754	25,191	5,823	32,358	8,799	25,372	5,670
2008	40,583	10,659	26,063	5,736	34,179	9,682	26,535	6,036
2009	42,030	11,375	27,532	6,004	36,424	9,784	27,826	6,254
2010	42,960	11,595	28,375	6,496	37,940	10,619	28,742	6,300
2011	43,481	12,650	29,285	6,408	38,577	11,378	28,954	7,266
2012	43,982	13,016	29,787	6,781	38,724	12,047	29,652	7,250

资料来源：*Yearbook of Statistics Singapore*, 2006, pp. 254 – 257；*Yearbook of Statistics Singapore*, 2007, pp. 253 – 256；*Yearbook of Statistics Singapore*, 2009, pp. 258 – 261；*Yearbook of Statistics Singapore*, 2010, pp.262 – 265；*Yearbook of Statistics Singapore*, 2014, pp.281 – 284.

此外,新加坡所取得的卫生健康成就和住房成就早已享誉全球:2000 年,世界卫生组织对 191 个成员国的卫生体制进行了评估,新加坡位列第六。2003 年,新加坡被政治经济风险顾问公司(PERC)评为世界医疗体系优越性排名第三的国家。2007 年 IMD 世界竞争力年报,在 55 个国家的卫生基础设施比较中新加坡名列第三。[1] 住房方面,到 2013 年,建屋局"居者有其屋"实现比例 93%(见图表 6-6),2012 年家庭住房自有率超过 90%,2017 年达到 90.7%[2]。

---

[1] 李健、兰莹编著:《新加坡社会保障制度》,第 164 页。

[2] *Yearbook of Statistics Singapore*, 2018, p.38.

图表 6-6　建屋局居者有其屋实现比例(1995—2013)

年	1995	1996	1997	1998	1999	2000	2001	2002	2003	2004
比例	90	91	91	91	92	93	93	94	94	94
年	2005	2006	2007	2008	2009	2010	2011	2012	2013	
比例	95	95	95	95	95	95	94	94	93	

说明:表中数据仅指建屋局管理的公寓出售比例。

资料来源:"*Key Indicators-Public Housing and Utilities Usage*",*Yearbook of Statistics Singapore*,2006,2007, 2008,2009,2010,2014.

上述种种,都证明了新加坡独立以来,社会政策有效地促进了社会进步,推进了传统社会向现代社会的转型,在社会发展层面,新加坡取得了与经济发展同样的成功。

第二节　不足与隐患

一、应然与实然之间的差距

所谓应然,是应该达到的状态;所谓实然,是实际存在的状态。从经济发展层次上看,新加坡已经是一个高度发达的经济体,按世界银行的统计,以2005 年不变价美元计算,2012 年新加坡人均 GDP 为 33,988.5 美元,人均 GNI 为 33,632.7 美元,总储蓄超过 1,575 亿新元(见附 1)。经济上如此富有的国家,应该有足够的财力解决社会问题,能够满足国民对住房、医疗、就业和教育这些基本社会需求现实的与未来的期望,实现社会高度认同,国民幸福指数较高。

那么,新加坡的实际状态如何呢? 2012—2013 年"我们的新加坡"全国对话调查显示,公共医疗、住房和就业保障几乎是每个收入阶层都关注的三大课题(图表 6-7),而住房和就业保障长期以来是新加坡政府引以为豪、且被国际社会普遍赞誉的社会政策;环境安全、公共交通和教育政策这些政府长期重点建设重点投入的领域也是国民普遍关注的问题所在。调查还显示,月收入不到 7000 新元者最希望有一个"关怀人民的政府",认同政府体恤人民、有效解释政策的受访者大约只占六成,①说明新加坡政府对低收入者的福利关怀离国民的期望存在较大距离。调查显示了新加坡人对政府较高的认同(图表6-8),88% 的受访者认为政府的管理良好,86% 认同政府高瞻远瞩,64% 赞同政府为人民做出正确决定,不过也有 39% 的受访者认为政府不够了解人民的担忧,38% 认为政府解释政策的原因不能令人满意。调查结果说明,随着经济发展和社会进步,新加坡人在社会保障方面对政府有更高的期望,要求政府在社会政策的调整上更加切合个人的需求。

图表 6-7　新加坡不同收入层次关注度优先等级

收入层次	最关注	第二	第三	第四	第五
1000 元以下	公共住房	公共医疗	关怀人民的政府	就业保障	公共交通
1000—2999 元	公共住房	公共医疗	就业保障	公共交通	关怀人民的政府
3000—4999 元	公共住房	公共医疗	就业保障	环境安全	关怀人民的政府
5000—6999 元	公共医疗	公共住房	就业保障	环境安全	关怀人民的政府
7000—9999 元	公共医疗	就业保障	环境安全	全面教育	诚实的政府
10000 元以上	公共医疗	就业保障	环境安全	全面教育	诚实的政府

资料来源：*Our Singapore Conversation Survey*, p.3.http://www.reach.gov.sg/Microsite/osc/index.html.

国际比较方面,新加坡也存在应然与实然之间的差距。以图表 6-9"新加坡与日本、中国香港、韩国人类发展指数及其构成比较"分析,新加坡的人均国民总收入远高于日本、中国香港、韩国三地,2013 年甚至超过韩国的两倍,但是在平均受教育年限、预期受教育年限、非收入 HDI 值等人类发展指数构成

———————

① 《收入差异影响新加坡人对政府看法》,《联合早报》2013 年 8 月 26 日。

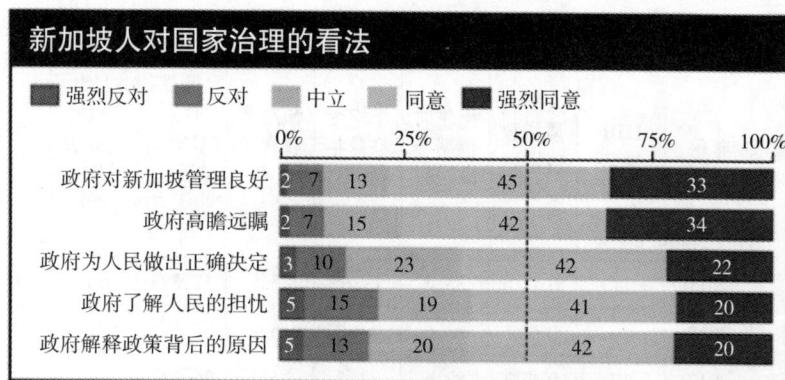

图表 6-8　新加坡人对国家治理的看法①

方面多数落后于日本、中国香港、韩国，2011、2012 年人类发展指数及其排
名也落后于它们，其人均 GNI 与 HDI 之间的反差也最大。特别是新加坡与
韩国的比较值得注意，新加坡经济总量、人均 GDP 和人均 GIN 均超过韩国，
但社会保障却没有韩国高，平均受教育年限和预期受教育年限都比韩国低，
人类发展指数也低于韩国，有研究认为是因为韩国政党为了赢得选民支持
必须满足国民更多社保需要，而人民行动党没有这种压力。② 2013 年新加
坡人类发展指数位居世界第九，成为亚洲第一，相当程度上是经历了 2011
年人民行动党有史以来最大的大选失利后，在社会领域实行诸多改革所
产生的效果，但是在平均受教育年限和预期受教育年限方面仍落后于
韩国。

---

① 《收入差异影响新加坡人对政府看法》，《联合早报》2013 年 8 月 26 日；*Our Singapore Conversation Survey*，p.3. http://www.reach.gov.sg/Microsite/osc/index.html.

② M.Ramesh，Social Security in South Korea and Singapore：Explaining the Differences，*Social Policy & Administration*，ISSN 01 44-5596，VOL.29，No.3，Sep，1995，pp.228-240，Blackwell Publishers Ltd.，Oxford，UK.

图表6-9　新加坡与日本、中国香港、韩国人类发展指数及其构成比较

国家	年份	HDI排名	人类发展指数（HDI）值	出生时预期寿命（岁）	平均受教育年限（年）	预期受教育年限（年）	人均国民总收入（GNI）：（美元购买力平价*）	人均GNI位次减去HDI位次	非收入HDI值
日本	2011	12	0.901	83.4	11.6ᵇ	15.1	32,295	11	0.940
	2012	10	0.912	83.6	11.6	15.3	32,545	11	0.942
	2013	17	0.890	83.6	11.5	15.3	36,747	—	—
中国香港	2011	13	0.898	82.8	10.0	15.7	44,805	-4	0.910
	2012	13	0.906	83.0	10.0	15.5	45,598	-6	0.907
	2013	15	0.891	83.4	10.0	15.6	52,383	—	—
韩国	2011	15	0.897	80.6	11.6ᵇ	16.9	28,230	12	0.945
	2012	12	0.909	80.7	11.6	17.2	28,231	15	0.949
	2013	15	0.891	81.5	11.8	17.0	30,345	—	—
新加坡	2011	26	0.866	81.1	8.8ᵇ	14.4ᵉ	52,569	-22	0.851
	2012	18	0.895	81.2	10.1	14.4	52,613	-15	0.880
	2013	9	0.901	82.3	10.2	15.4	72,371	—	—

注释:b.人类发展报告研究处根据联合国教科文组织(2011)数据更新。

　　e.由新加坡教育部计算。

　　*2011和2012年数据以2005年固定价格计算;2013年数据以2011年固定价格计算。

资料来源:《人类发展报告·统计附录》(2011年),联合国开发计划署;《2013年人类发展报告》,《2014年人类发展报告》,联合国开发计划署·中国,http://www.cn.undp.org/content/china/zh/home/library/human_development/2013_0.html。

确实,在社会建设领域新加坡政府可施展的空间还很大,即使已经实行多年的成熟政策也有值得探讨之处,比如中央公积金制。

二、中央公积金的缺陷

新加坡为退休及健康医疗而准备的资金中,基本是依靠强制性的储

蓄——中央公积金,它已经成为了新加坡关键的社会、政治和经济制度。但是这项基本制度却受到了国民的质疑。2014年6月7日,新加坡唯一被允许用于公众示威的地点——芳林公园爆发大规模集会,抗议政府的公积金养老制度。据《华尔街日报》报道,不少中低收入的新加坡人认为政府主导的养老金制度不透明且不能满足退休生活。在管理秩序井然的新加坡,发生集会算是一种比较强烈的民意反映了。

许多研究者都将新加坡的中央公积金制视为其最有特色的社会保障制度,但中央公积金本质上不属于社会保障制度,其主体仍然是公民的自我保障,它以雇主和雇员的缴费为基础,在这个涵盖新加坡国民越来越广泛的生活保障的账户里,国家投入很少,国家是公积金的经理人。

中央公积金没有为成员提供足够的退休收入。中央公积金的设立初衷和基本目的是确保会员在退休后的适度生活(例如,今后几年的食品、住房、衣物、医疗保健服务),虽然政府一再告诫人们,要明智地使用和投资自己的积蓄,以保障退休后能够维持甚至提高生活水平。在理想的环境下,付清购房款、保健储蓄账户与年金(要满足基本需求)相互配合,然而现实的情况是,大多数新加坡人自己买住房,中央公积金总额只有一半是由现金构成,这将无法满足新加坡老年人的需求。由于寿命延长和公积金的用途扩大,当会员停止工作时,很有可能将不得不接受生活水平的下降。因此公积金可能正在背离它的初衷和基本目的。

公积金存款也没有用于政府开支中。相反,通过复杂的程序,它们都转向了一家由新加坡控股的公司中,这家公司是新加坡政府投资公司(GSIC)。GSIC是一家全球的联合投资公司。由于法律保护,它无须透露自身的投资政策和在公共或者是政府领域的角色。GSIC的所有权所得要高于公积金成员的所得,公积金的财产还要进行征税。因此低收入家庭可能在公积金存款中分享到的财富将会是不成比例的。

即便如此,也不是所有的新加坡人都是这些保障体系的成员。公积金最大的特征是工作保障,大约有三分之一的新加坡人不是这些保障体系的成员,这些体系之外的人主要是失业者、临时工、临时劳动力、从事低报酬工作的人、非正规就业的人,这个群体中有很大一部分是女性——将来的年老寡妇——和马来人,他们都是最需要收入保障的人群。自雇人士只有保健账户,中央公积金强制性(非自愿)的充分理由是,自雇人员和家庭主妇自己并不独立。

三、收入不公平现象加剧

图表6-10"新加坡家庭收入情况统计(2006—2016)"所示,2006—2016年,10年时间,家庭人均月收入由高到低,前10%每年增长400—1000元,后10%每年增长20—40元;前10%家庭人均月收入分别是后10%家庭的23.8倍、25.6倍、25.2倍、25倍、25.4倍、25倍、26.3倍、24.2倍、24.4倍、23.7倍和23.5倍;后10%家庭人均月收入只有总平均值的14%—15%,近40%家庭人均工资收入低于平均值的一半,而接受各类援助的家庭估计只占家庭总数的3%。这还仅仅是工资收入的统计,如果将非工资收入计算进去,差距会更大,因为非工资收入的雪球效应更大,更不公平。

图表6-10　新加坡家庭收入情况统计(2006—2016)

年份	家庭人均月收入(元)				工作家庭基尼系数	
	总平均	前10%平均	后30—40%平均	后10%平均	税前	税后
2006	2,127	7,550	1,047	317	0.470	0.444
2007	2,337	8,571	1,115	335	0.482	0.441
2008	2,586	9,199	1,266	365	0.474	0.424
2009	2,524	8,945	1,242	357	0.471	0.422
2010	2,709	9,669	1,341	381	0.472	0.425
2011	2,925	10,543	1,445	422	0.473	0.423
2012	3,142	11,552	1,547	440	0.478	0.432
2013	3,204	11,198	1,633	463	0.463	0.409

续表

年份	家庭人均月收入(元)				工作家庭基尼系数	
	总平均	前10%平均	后30—40%平均	后10%平均	税前	税后
2014	3,418	12,032	1,747	494	0.464	0.411
2015	3,624	12,816	1,857	541	0.463	0.409
2016	3,688	12,773	1,892	543	0.458	0.402

说明:1. 此处公共住房包括非私有住房和城市发展公司(HUDC)公寓。

　　2. 家庭人均月收入指工资收入,包括缴纳的公积金,但不含公积金投资和政府补助。

　　3. 工作家庭基尼系数以家庭人均收入计算。

资料来源:"Households",*Yearbook of Statistics Singapore*,2013,p.66;*Yearbook of Statistics Singapore*,2017,
　　pp.38-40.

实际上,新加坡 GDP 中薪金的比重从 2001 年的 46% 下降到了 2006 年的 41%;与此相对,资本的比重上升了。[1] 由于资本收入的分配更加不公平,因此资本收入比重的上升意味着更为严重的不平等以及中低收入家庭消费能力受限。公共政策,尤其是那些关注于减少资本收入的纳税负担和降低公积金体系中业主的强制性供款金额的政策,是造成薪金比重下降的部分原因。

新加坡没有出现两极分化,取而代之的是强劲增长的专业化趋势,和不断扩大的中高收入阶层。[2] 服务行业的增长,一直是后工业社会的一个特点,服务行业已经取代了传统的熟练和半熟练技工等职业。新加坡的双产业战略(成为一个重要的商业枢纽和高端市场制造业),有利于中高收入群体的增长。但是以专业化为主要导向的收入分层对不能工作的人群极为不利,从前文多个公共援助的统计中可以看出,公共援助的接受者基本上是单身老年人、没有家属的人,剩下的都是弱智或者伤残、寡妇和儿童以及被遗弃的妇孺,并

──────────

① Mukul G.Asher and Amarendu Nandy,"Singapore's policy responses to ageing,inequality and poverty:An assessment",*International Social Security Review*,Vol.61,1/2008,Published by Blackwell Publishing Ltd,Oxford,UK,Journal compilation 2008,International Social Security Association.

② Scott Baum,"Social Transformations in the Global City:Singapore",*Urban Studies*,Vol.36,No.7,1095-1117,1999

且援助额很少。

新加坡日益明显的收入(以及财富)不平等显示,它现行的推进机会平等的工作鼓励政策在促进必要的社会经济流动性方面是值得检讨的。如果放任不管,贫富差距问题将破坏掉新加坡现在处理全球化问题的战略基础。

四、老龄化社会问题严重

据预测,新加坡 65 岁及以上人口到 2040 年间将增加 189%,他们占总人口的比例将从 2012 年的 9.7%攀升到 2050 年的 26.4%。[①] 家庭可以继续承担赡养老人的责任吗? 政府干预是否是纠正这一社会错像的唯一途径? 为老年人以及病患的支出可能成为迫使新加坡人重新评估对政府期望的催化剂。

在老年人口中,相比于男性,更多的女性可能面临着经济无保障和贫困问题。有三个原因导致这个结果。首先,新加坡女性平均年龄比男性要长,因此,新加坡老年人口中女性人数更多。其次,女性通常较晚进入劳动力市场。最后,大部分女性从事的是低收入的服务业和制造业工作,所以,她们很可能没有或者仅有很少一部分的公积金收益,结果,在财力支撑上,女性更需要家庭的支持。

在新加坡,社会保障的主要工具是公积金计划和十分有限的公共援助计划,而这两者都无法充分满足老年人的需求。公积金计划早期成员供款较少,在退休期间,是无法获得足够的资金来满足需求的。供款较多的人,现行的安排也无法保障他们以后的收入,他们也面临着通胀和生活成本增加而产生的经济压力。公共援助计划对失业的穷人的救济标准十分严格,这体现在严格的准入标准和福利水平上。所以,现在的社会保障政策无法满足老年人群的需求。

老龄化现象也是一个种族问题。图表 6-11 显示了在 1980 年的老年人口

① 苏瑞福:《新加坡人口研究》,第 317 页。

中,84%是华人,9%的马来人,5%的印度人,1%是其他族群人口。到2030年,华人老年人的比例将下降到大约78%,相反,同期马来人老年人口比例将上升到大约15%。印度人老年人比例将会保持现状。在下层的社会经济阶层中,马来人所占比例较大,而马来人老年人口的增加将加重马来人家庭和马来社会的经济压力。

图表6-11 新加坡各个族群实际的和预期的老年人口比例(1980—2030)

年份	1980	1990	2000	2030
华人	84.0	79.0	79.0	78.4
马来人	9.3	11.8	12.1	14.5
印度人	5.3	7.2	6.4	5.2
其他	1.4	2.0	2.5	1.9

资料来源:William K.M.Lee,*Income Protection and the Elderly:An Examination of Social Security Policy in Singapore.*

对日益放宽的移民政策的不满仍然未平息。即便2009年后移民人数大幅下降,在2012年"我们的新加坡"全国对话会上,仍有49%的人认为应当减少外国人进入新加坡就业市场,只有9%的人支持政府的宽松移民政策。[1] 如果对于外来人口的这种消极观念变得根深蒂固的话,也将削弱新加坡的吸引力,但是2050年650万的总人口目标[2]要求更高水平地吸收移民,这是新加坡政府需要平衡的。

五、健康福利仍有待提升

新加坡政府用于国民医疗的支出比例偏低。图表6-12"新加坡政府与个人健康支出比较"显示,1995—2011年,公共医疗卫生支出在医疗卫生总支出中的比例持续下降,维持在30%左右;相反,个人自付的医疗支出在医疗卫

---

[1] *Our Singapore Conversation Survey*,p.7,http://www.reach.gov.sg/Microsite/osc/index.html.

[2] 苏瑞福:《新加坡人口研究》,第313页。

生总支出中的比例持续上升,维持在 60%;而个人自付的医疗费用占个人医疗卫生总支出的比例一直在 80% 以上。图表 6-13"新加坡卫生支出情况及地区比较"显示,新加坡政府卫生支出占卫生总支出比重低于东南亚地区的平均水平,不到世界平均值,几乎只有高收入国家平均水平的一半,社会保障用于卫生支出占政府卫生支出比重更与高收入国家平均水平相差甚远;相反,个人卫生支出占卫生总支出比重却高于东南亚地区平均水平,也远高于高收入国家平均水平和世界平均水平。

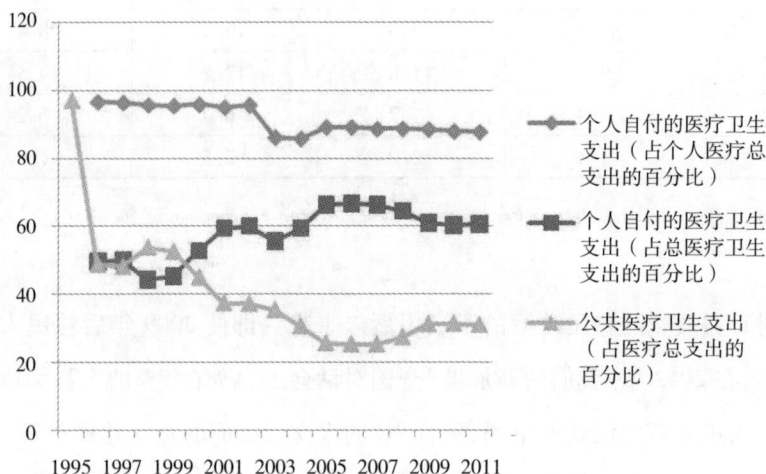

图表 6-12 新加坡政府与个人健康支出比较(1995—2011)

资料来源:世界银行数据,世界银行官网,http://data.worldbank.org.cn/country/singapore。

图表 6-13 新加坡卫生支出情况及地区比较

	卫生支出占GDP 比重		政府卫生支出占卫生总支出比重		个人卫生支出占卫生总支出比重		政府卫生支出占政府总支出比重		社会保障用于卫生支出占政府卫生支出比重	
	2000	2012	2000	2012	2000	2012	2000	2012	2000	2012
新加坡	2.7	4.2	45.0	35.9	55.0	64.1	7.1	11.1	4.8	14.1
东南亚地区平均值	3.6	3.7	32.3	37.9	67.7	62.1	5.3	5.8	12.8	8.9

续表

	卫生支出占GDP比重		政府卫生支出占卫生总支出比重		个人卫生支出占卫生总支出比重		政府卫生支出占政府总支出比重		社会保障用于卫生支出占政府卫生支出比重	
	2000	2012	2000	2012	2000	2012	2000	2012	2000	2012
高收入国家平均值	9.6	11.6	59.3	60.6	40.7	39.3	15.0	16.8	64.0	65.6
世界平均值	7.7	8.6	55.5	57.6	44.5	42.3	12.9	14.1	59.0	59.3

资料来源:*World health statistics 2015*,WHO Library Cataloguing－in－Publication Data,http://apps.who.int/iris/bitstream/10665/170250/1/9789240694439_eng.pdf? ua＝1&ua＝1,2016/3/27.

　　政府在国民卫生支出中的缺位或不足,致使个人需要承担的比例相对较高,其中压力最大的无疑是低收入群体,特别是老年人。保健储蓄账户的余额平均只有 10,600 新元,如果要支付慢性疾病的护理,新加坡老人将面临严峻的状况,新加坡与医疗相关的医疗储蓄和医疗保障体系并不对这样的护理提供保障。新加坡老年人将严重倾向于依赖子女提供护理或现金。

　　认为新加坡一系列的社会保障政策只是加强政府对经济、社会和政治控制的工具[1]的观点有些过激,但是新加坡社会政策与其经济实力、社会发展需求之间确实存在距离。政府已经积极回应国民期望,针对国民最关心的医疗问题,2013 年 8 月新加坡国会卫生委员会发表《改善新加坡人医药费支付能力》报告,提出实行新的医药体制,扩大健保双全,减轻国人医药费负担,即是对个人自付医疗压力过重的回应。因此,追求机会平等和规定个人责任的同时,如何提升政府的社保职能? 如何在效率与公平之间找到与国情更适合的平衡? 这不仅是新加坡面临的新问题,也是值得其他国家思考的问题。

---

[1]　William K.M.Lee,*Income Protection and the Elderly:An Examination of Social Security Policy in Singapore*.

结　　论

对社会公平公正的追求已经深入各国人心,社会政策的重要性得到越来越多国家政府的认同和重视。由于历史背景、文化传统、现实国情等多方面的原因,不同国家的社会政策的理念和侧重点不同,就大方向而言,强调个人和家庭的作用似乎是区别东方与西方不同福利理念与制度的主要标准。从新加坡的实践看,强调个人和家庭确实是其社会政策的出发点之一,但远不是唯一,新加坡的社会政策及其实践给我们的启示是多方面的。

一、立足国情，解决国事

社会转型不可避免,这是没有争议的命题;社会转型的方式和目标应是单一的还是多元的,这是一个全球热议的话题,并且经久不衰。尤其是 20 世纪下半叶以来世界范围内发展态势的变化,对欧美国家长期主导社会转型及其话语体系的局面发起强烈冲击,越来越多的声音认为社会转型的方式、进程肯定是、也应该是多样性的,其核心要素是从国情出发,解决国事。王家范先生认为:"政治、经济、文化、社会状态等等,谁前谁后,谁改变谁,谁与谁匹配,什么时候启动哪种匹配,什么时候调整哪些成分比例,都要依据具体国情而定。这里实际上存在着一个处理'现代化过程'的艺术手段比试:谁创造性地完成某种成功的样式,取得实际效果,就说明谁在处理'社会转型'过程方面,具有高人一筹的艺术手腕。因此,它更像是一场智力竞赛,一直在考验着每个民族集体智慧的发挥状态,并影响其生存状态能否适时地获得极大的改善。"①反观新加坡,人民行动党可以被视为这场"智力竞赛"的胜出者。

在现代化过程中人民行动党政府一直坚持"自作主张",对待社会政策也同样如此,认为"我们每一个人必须按照我们各自国家里普遍的生活环境走自己的道路,来实现社会主义目标"②。新加坡将社会政策当做一种投资而不是福利,有人将其称为"社会投资国"③。社会投资国家与福利国家的不同在于,它是以经济主义逻辑为特征,将经济发展居于其他社会政治事务之上,因此,社会投资国家常常实行一些致力于人力资源管理的社会政策。最典型的例子是对教育的不同态度。当福利国家和社会投资国家都重视教育时,福利国家将教育——特别是高等教育——作为一种"权利"或"基本人权"④;社会投资国家则认为教育目的完全是为经济体系提供必要技能,教育是一种必须有收益"回报"的投资。这种经济主义逻辑将教育设想为一种代价及一种"稀缺资源",必定对社会所提供的教育类型和受教育的机会产生直接影响,那些对经济进步没有直接功利效应的学科——例如,美术、音乐、古典文学——将被"牺牲"以支持实用学科,例如数学及科学,因为它们将有所谓的可触及回报。新加坡长期实行的分流教育很明显是这种经济主义逻辑的体现。但是,社会投资——特别是对人力资源或人力资本发展的投资——客观上改善了人们的生活状态,也能带来福利效益⑤。仍然以教育为例,不管分流还是不分流,新加坡不同时期以就业为唯一导向的教育政策提高了劳动者的竞争力和

①　王家范:《社会转型的多元样式与现代化理论》,《探索与争鸣》2006 年第 2 期。

②　Chan Heng Chee & Obaid ul Haq(eds.),*The Prophetic and the Political:Selected Speechs and Writings of S.Rajaratnam*,p.251.

③　Alexius A.Perira,"Manufacturing Human Resources:The Role of Social Investment State",in *Social Policy in Post-Industrial Singapore*,p.121.

④　G.M.Hega,K.G.Hokenmaier,"The Welfare State and Education:A Comparison of Social and Education Policy in Advanced Industrial Societies",in *German Policy Studies*,2002(2),1-29.

⑤　[英]安东尼·吉登斯:《第三条道路》,北京:中共中央党校出版社 2002 年版。

就业机会。随着经济的发展,新加坡教育的经济主义功利性也逐渐淡化,代之以更加有利于全面发展的教育政策,回归教育的本质。由此可见,社会发展有阶段性,社会政策也有时间性,立足于不同发展阶段的政策不能简单地认定为局限性。反之亦然,任何社会政策都不宜脱离国情实际而片面追求理想状态。

二、社会政策与经济政策并行,社会治理与经济发展同步

社会和经济因素对国家发展有紧密的相互关系,一个健全的现代社会,经济政策与社会政策必须是协调、统一的,两者共同支撑着社会的安全运行和健康发展。新加坡独立之初面临着来自社会和经济的双重挑战,如何实现社会稳定和经济自立是人民行动党最紧迫的问题,从国家的角度来看,新加坡社会政策的主要目标是确保国家生存、经济稳定。务实的人民行动党决定,通过社会政策的实施为经济发展提供稳定环境及人力资金等方面的支持,通过提高经济发展水平提升解决社会问题的能力。在新加坡,社会政策是作为国家建设项目来制定的,主要考虑是否有利于国家的经济可行性。

新加坡实施种族多元和文化多元的政策,在教育、就业、住房等方面化解种族矛盾,塑造共同价值观,培养新加坡国民意识,提倡不同种族和不同文化的和谐共处,为经济发展提供了重要的社会环境,使新加坡多年来保持着在全球市场中的吸引力和竞争力。新加坡保障性住房项目开始于自治时期,随着经济发展和人民生活水平的提高,保障性住房政策目标从避免新加坡人流离失所到"居者有其屋"再到"华厦供精选"。中央公积金制度从英国殖民制度中延续下来,起初是一种自我保障的强制性储蓄,发展到20世纪90年代除社会保障功能外还成为政府可控的一笔数额巨大的固定投资资本。1965年至今,中央公积金有600多亿新元用于社会保障,600多亿新元用于基础建设投资,[①]为新加坡基础设施建设和经济高速发展提供了巨额资本。

---

① 李健、兰莹编著:《新加坡社会保障制度》,上海:上海人民出版社 2011 年版,第 22 页。

　　将社会政策与经济政策结合得最成功的是教育政策与人力资源的培养。人民行动党很早就提出教育与经济需要相互促进,1960 年,李光耀宣布新政府要扩大人民在教育和进展方面享有的平等机会,要达到这个目的,"只有依靠经济的扩展,我们才能付出如此巨额的开支。"①新加坡没有自然资源,能够借力的除了港口优势外就是人力资源。新加坡实行教育公平与精英培养相结合、素质教育与职业培训相结合的教育政策,包括双语教育、职业教育等政策内容都紧跟经济发展的需要而调整变化。双语政策是新加坡人最自豪的教育政策,这项历史悠久的政策被当作服务国家利益的工具、助推政治经济成功的动力而几经调整。职业教育是新加坡促进经济发展的另一项成功教育政策。新加坡职业技术教育发展经历了创立、完善、提高三阶段,每一阶段的调整都是配合不同经济战略的结果。

　　人民行动党认为政府应该在公共教育中扮演主角。李光耀总结建国经验时说,"我们提高表现水平的速度和效力,就要看我们在学校、师资和教育方面投下多少资金而定,而且也要看我们为了加强我们自己在学校、工艺学院和大学的师资和资源,以及为了监督研究而从外国输入多少教师和资源而定。"②加大教育投入的目的就是要提升人力资源的可利用率,既为全体国民提供充分就业、各尽其能、各得其所的教育背景,又满足经济发展对人力资源的多层次需求,特别是高素质人力资源的增长趋势。

　　一方面,教育为市场培养人力资源,中央公积金提供部分资金来源;另一方面,经济持续的健康发展为政府加大教育投入、落实就业政策及其他支助政策提供了资金保障。社会政策与经济政策相辅相成,经济领域与社会领域平衡发展,从而避免了大多数国家在现代化道路上先经济后社会的做法,因此,在更广阔的发展视域下考察,新加坡成功的关键不仅仅是经济政策,而是经济政策与社会政策的协调与同步。

---

① 李光耀:《实现公平的社会》,见《李光耀四十年政论选》,第 116 页。
② 李光耀:《建国经验的总结》,见《李光耀四十年政论选》,第 160 页。

三、国家与社会高度协调共同治理

世界银行将社会政策的目标确定为"消除贫困,促进包容和社会公正,使边缘群体进入全球经济和社会的主流",强调在解决社会政策的问题时,需要引入治理的理论。① 社会治理的"治理"指的是一种由共同的目标支持的活动。新的模式将单一的由政府决策和支配福利转变为由政府、市场、家庭、非营利组织、社区等多元社会主体参与决策和实施。② 它的实质在于建立在市场原则、公共利益和认同之上的政治国家与公民社会、政府与非政府、公共机构与私人机构的合作。从社会控制到社会管理再到社会治理,反映了对国家、社会、公民三者间关系认识的重大变化。

在社会层面,新加坡建构的是一个社群主义的公民集体,强调公民进社区,参与集体利益,并要求公民履行自己的义务和职责。③ 从责任上看,社会福利和照顾社会弱势成员的责任也在于家庭和社区,而不是国家。但是,必须看到,新加坡是一个高度一体化的国家,其社区管理机制实际上相当于其他国家的地方管理或基层管理,能够体现社会性的参与者是志愿者组织,志愿者组织的行动基本上是在政府引导下进行的。在社会治理领域,新加坡政府始终处于主导地位,但政府不是通过直接的分配、补贴、甚至救济等财政政策发挥主导作用,而是通过社会立法与社会政策规范个人、社会与政府三者之间的责任关系,协调社会与经济的同步发展,实现公正平等的社会治理目标。2014年7月,新加坡副总理张志贤在第二届"新加坡—中国社会治理高层论坛"上介绍了新加坡在社会治理方面的理念和做法,指出新加坡根据其需要、环境和经验,发展出自身的三大社会治理原则:以法治为基础来建设一个公正、平等

① 世界银行驻中国代表处公共信息中心:《世界银行中国简讯》2001年第5期。
② 杨团:《社会政策研究范式的演化及其启示》,《中国社会科学》2002年第4期。
③ Tong Chee Riong, Lian Riven Fee, "Social Policy in Post-Industrial Singapore", *Social Sciences in Asia*, Volume 17, Singapore, 2009, http://site.ebrary.com/id/10461326? p.29.

和透明的社会;以政策为指南来引导民众或群体间的相互交流;建立促进合作、化解分歧的平台。① 因此,政府主导,社会与公民共同参与是新加坡社会治理的基本特征。

四、兼顾前瞻性、稳定性和灵活性

社会政策应该立足国情,不宜脱离国情实际而片面追求理想状态。然而并不能因此不考虑政策的前瞻性,只有立足国情又具有战略性眼光,才能保持一定时期内政策的科学性与稳定性。同时政策还应该随着社会发展不断调整,体现灵活性。在兼顾政策的前瞻性、稳定性与灵活性方面,新加坡是成功的,教育政策、卫生政策、人口政策、公积金制的扩展与缴纳率的调整等都综合了这些特点,尤以教育政策最突出。在工业化起步阶段,人民行动党即明确政府应该在人力资源的培养上承担责任,因此坚持在公共教育中高投入高介入,同时又根据国内经济发展的不同要求改革双语政策和分流政策,体现了前瞻性、稳定性和灵活性的结合。人口政策则非常典型地诠释了新加坡社会政策的灵活性。在新加坡,人口政策基本上可以分为三个不同的阶段:建国到1980 年,实行控制人口增长的计划生育政策;从 1980 年到 1999 年属于选择性的支持生育期,能够负担得起的人被鼓励多生孩子;2000 年后鼓励性生育政策力度加大,以解决生育率下降和老龄化程度提高的困境。改革是为了适应新形势的变化,兼具前瞻性、稳定性与灵活性的社会政策,才能适应社会发展,引领社会进步。

五、新加坡社会政策的特殊性

新加坡社会政策的特殊性源于国家历史、政治和地理特性。强烈的危机

① 蔡永伟:《新中将相互借鉴社会治理经验》,联合早报网,2014 年 7 月 29 日;张先明:《第二届中新社会治理高层论坛在京举行,孟建柱出席开幕式并发表主旨讲话》,《人民法院报》2014 年 7 月 29 日。

意识和高度一体化的政治体制使人民行动党相信,保持全体新加坡人不断奋斗的意识是国家生存之根本,所以几乎所有的社会政策都是鼓励工作者,福利制度是典型的工作福利,甚至鼓励生育的许多经济激励政策都将无业者排除在外,如带薪产假、托儿补助、工作与生活平衡基金等。新加坡的社会保障体系被认为是提倡效率优先,"鼓励勤劳,遏制懒汉"①。

在某些方面,新加坡的社会政策提出了一个悖论。一方面,任何情况下坚持反福利主义;另一方面,新加坡政府是基础设施和社会服务的主要提供者,政府拥有 75%的土地,并且在经济和社会领域中扮演主要角色。② 有学者将新加坡定性为"新兴儒性福利国家",认为,为了应对不断增加的社会保障供应的发展需求,新加坡已经开发出一种特定的响应公民社会需求的回应方式,政府的做法是强调家庭和慈善机构的作用,而不是单纯依赖国家的援手政策。③ 到目前为止,对机会平等的追求和个人责任的规定使新加坡取得社会进步的同时避免了福利国家的政府负担。然而由于社会的现代化,传统的家庭关系和社会价值将受到越来越大的压力,国民会要求政府做得更多。

前文已述,新加坡经济总量、人均 GDP 和人均 GIN 均超过韩国,但社会保障却没有韩国高,人类发展指数也低于韩国,韩国政府为国民考虑得更周到。新加坡与日本、或日本与韩国也有差异,处在转型关键时期的中国情况更为复杂,笼统地将东方特别是东亚国家的社会政策概括为东亚模式未必妥当,有必要加强对东亚地区社会政策的比较研究,以深化我们对东亚社会转型、社会治理的认识与总结。

中国与新加坡已经分别于 2012 年和 2014 年举办了两届"中新社会管理

---

① 李健、兰莹编著:《新加坡社会保障制度》,"前言"。

② P.Smyth, *The economic State and the welfare State:Australia and Singapore* 1955–1975.Singapore:Centre for Advanced Studies, National University of Singapore, CAS Paper Series, No 23, May, 2000.

③ Habibullah Khan, *Social Policy in Singapore:A Confucian Model?* The International Bank for Reconstruction and Development, The World Bank, First Printing January 2001, Stock No.37165.

高层论坛"，两国高层人士围绕"城市化进程中的社会管理"和"社会治理进程中的依法治理"进行了交流和探讨。中国与新加坡同属东亚国家，有相似的个人、家庭、社会、政府关系理念，新加坡社会政策的积极因素值得中国学习，不足之处值得我们引以为戒，借鉴他国的经验同时规避他国的问题将有助于提高先进经验的本土适应性，推进中国的制度创新。

附　　录

附1　新加坡经济社会发展主要数据(1961—2017)

年份	GDP(2010年不变价美元,十亿元)	GDP年增长率(%)	人均GDP(2010年不变价美元,千元)	人均GDP增长率(%)	GNI(2010年不变价美元,十亿元)	GNI年增长率(%)	人均GNI(2010年不变价美元,千元)	人均GNI增长率(&)	总储蓄(现价本币,十亿元)
1960	5.58		3.39		5.73		3.48		—
1961	6.03	8.14	3.54	4.58	6.20	8.14	3.64	4.58	—
1962	6.46	7.12	3.69	4.20	6.64	7.07	3.79	4.15	—
1963	7.11	9.98	3.96	7.24	7.34	10.63	4.09	7.87	—
1964	6.85	-3.68	3.72	-6.12	7.14	-2.78	3.88	-5.24	—
1965	7.37	7.60	3.91	5.01	7.68	7.63	4.07	5.05	—
1966	8.17	10.87	4.22	8.15	8.50	10.67	4.39	7.95	—
1967	9.17	12.28	4.64	9.83	9.47	11.36	4.79	8.93	—
1968	10.42	13.62	5.18	11.68	10.67	12.73	5.30	10.81	—
1969	11.85	13.72	5.80	12.03	12.09	13.24	5.92	11.55	—
1970	13.50	13.89	6.51	12.13	13.64	12.89	6.58	11.15	—
1971	15.13	12.08	7.16	10.04	15.11	10.71	7.15	8.70	—
1972	17.18	13.53	7.98	11.44	17.13	13.40	7.96	11.32	2.18
1973	19.09	11.13	8.70	9.07	18.65	8.86	8.50	6.84	2.63
1974	20.32	6.47	9.11	4.71	19.73	5.81	8.85	4.06	3.30

年份	GDP（2010年不变价美元，十亿元）	GDP年增长率（%）	人均GDP（2010年不变价美元，千元）	人均GDP增长率（%）	GNI（2010年不变价美元，十亿元）	GNI年增长率（%）	人均GNI（2010年不变价美元，千元）	人均GNI增长率（&）	总储蓄（现价本币，十亿元）
1975	21.26	4.61	9.40	3.09	21.46	8.78	9.49	7.20	4.07
1976	22.84	7.44	9.96	6.00	22.71	5.81	9.90	4.39	4.51
1977	24.55	7.49	10.56	6.01	24.25	6.80	10.43	5.33	4.94
1978	26.69	8.70	11.34	7.40	26.62	9.76	11.31	8.44	5.95
1979	29.20	9.42	12.25	8.05	29.09	9.27	12.20	7.90	7.49
1980	32.13	10.03	13.31	8.64	30.44	4.66	12.61	3.34	8.74
1981	35.56	10.68	14.04	5.49	33.52	10.11	13.24	4.94	10.88
1982	38.11	7.17	14.40	2.57	36.19	7.97	13.68	3.34	12.64
1983	41.36	8.54	15.43	7.14	40.21	11.08	15.00	9.65	15.81
1984	45.01	8.80	16.47	6.76	44.72	11.24	16.37	9.15	18.37
1985	44.70	-0.69	16.34	-0.82	45.06	0.75	16.47	0.62	16.91
1986	45.29	1.33	16.57	1.42	45.30	0.54	16.57	0.64	16.20
1987	50.16	10.76	18.08	9.10	48.87	7.88	17.61	6.27	17.16
1988	55.74	11.12	19.58	8.33	55.00	12.53	19.32	9.71	21.95
1989	61.41	10.18	20.95	7.00	61.05	11.01	20.83	7.80	26.04
1990	67.58	10.04	22.18	5.85	66.92	9.61	21.96	5.43	30.72
1991	72.10	6.69	23.00	3.69	71.02	6.13	22.65	3.15	35.21
1992	77.21	7.09	23.90	3.92	77.25	8.78	23.91	5.56	39.83
1993	86.12	11.54	25.99	8.75	84.36	9.20	25.46	6.47	43.41
1994	95.53	10.93	27.94	7.50	95.65	13.38	27.97	9.88	54.18
1995	102.24	7.03	29.01	3.83	102.97	7.66	29.22	4.44	63.08
1996	109.94	7.53	29.95	3.25	109.16	6.01	29.74	1.79	66.43
1997	119.06	8.29	31.36	4.72	121.35	11.17	31.97	7.50	77.59
1998	116.41	-2.23	29.64	-5.49	118.08	-2.70	30.07	-5.95	73.60
1999	123.50	6.10	31.20	5.25	124.86	5.74	31.54	4.90	72.16
2000	134.49	8.90	33.39	7.03	133.65	7.04	33.18	5.20	76.40
2001	133.21	-0.95	32.19	-3.59	131.81	-1.38	31.85	-4.00	64.59

续表

年份	GDP（2010年不变价美元，十亿元）	GDP年增长率（%）	人均GDP（2010年不变价美元，千元）	人均GDP增长率（%）	GNI（2010年不变价美元，十亿元）	GNI年增长率（%）	人均GNI（2010年不变价美元，千元）	人均GNI增长率（&）	总储蓄（现价本币，十亿元）
2002	138.82	4.21	33.24	3.26	134.92	2.36	32.31	1.43	62.10
2003	144.98	4.44	35.23	5.99	140.00	3.76	34.02	5.31	65.07
2004	158.82	9.55	38.12	8.19	147.41	5.29	35.38	3.98	76.57
2005	170.72	7.49	40.02	4.99	159.02	7.88	37.28	5.38	91.04
2006	185.84	8.86	42.22	5.51	179.02	12.57	40.67	9.10	112.56
2007	202.78	9.11	44.19	4.66	196.12	9.55	42.74	5.08	136.16
2008	206.40	1.79	42.65	-3.49	197.24	0.57	40.76	-4.64	121.53
2009	205.16	-0.60	41.13	-3.56	195.66	-0.80	39.23	-3.75	127.84
2010	236.42	15.24	46.57	13.22	235.08	20.15	46.30	18.04	166.60
2011	251.44	6.35	48.51	4.16	245.30	4.35	47.32	2.20	172.99
2012	261.70	4.08	49.26	1.56	251.35	2.46	47.31	-0.02	173.28
2013	275.08	5.11	50.95	3.42	265.10	5.47	49.10	3.78	180.45
2014	285.76	3.88	52.24	2.54	279.31	5.36	51.07	4.00	191.58
2015	292.17	2.24	52.79	1.04	281.54	0.80	50.87	-0.39	191.37
2016	299.17	2.40	53.35	1.08	284.08	0.90	50.66	-0.40	197.62
2017	310.00	3.62	55.24	3.53	299.11	5.29	53.30	5.20	215.01

资料来源：世界银行数据，世界银行官网，http://data.worldbank.org.cn/country/singapore，2019-3-20。

附2 新加坡常住人口与种族变化情况（1911—2018） （单位：千人）

年份	人口总数	华人		马来人		印度人		其他族群	
		数量	比例	数量	比例	数量	比例	数量	比例
1911	303.321	219.577	72.40	41.8	13.78	41.938			13.83
1921	418.358	315.151	75.33	53.6	12.81	49.612			11.86
1931	557.745	418.640	75.06	65.0	11.66	74.0			13.28
1947	938.144	729.473	77.76	113.8	12.13	69.0	7.35	25.901	2.76

年份	人口总数	华人		马来人		印度人		其他族群	
		数量	比例	数量	比例	数量	比例	数量	比例
1953	1,123.1	860.509	76.61	137.7	12.30	87.2	7.77	37.742	3.36
1954	1,167.7	893.004	76.48	143.7	12.31	91.0	7.80	39.964	3.42
1956	1,264.1	967.088	76.50	154.4	12.22	98.3	7.77	44.322	3.51
1957	1,445.9	1,090.596	75.43	197.1	13.63	124.1	8.58	34.190	2.36
1958	1,514.0	1,141.8	75.42	207.3	13.69	129.5	8.55	35.000	2.31
1959	1,579.6	1,190.1	75.34	217.3	13.76	134.6	8.52	37.5	2.37
1964	1,841.6	1,405.5	76.32	267.0	10.51	133.0	7.22	36.1	1.96
1965	1,886.9	1,439.5	76.23	277.0	14.68	135.1	7.16	35.3	1.87
1966	1,934.4	1473.8	76.12	287.7	14.87	135.8	7.02	37.1	1.92
1967	1,977.6	1,504.4	76.07	295.8	14.96	137.5	6.95	39.9	2.02
1968	2,012.0	1,531.4	76.11	300.5	14.94	139.2	6.92	40.9	2.03
1969	2,042.5	1,555.0	76.13	306.0	14.98	139.7	6.84	41.8	2.05
1970	2,074.5	1,579.9	76.16	311.4	15.01	145.1	6.99	38.1	1.84
1971	2,110.4	1,606.6	76.13	317.3	15.04	147.5	6.99	39.0	1.85
1972	2,147.4	1,634.6	76.12	323.2	15.05	149.6	6.97	40.0	1.86
1973	2,185.1	1,663.4	76.12	329.1	15.06	151.7	6.94	40.9	1.87
1974	2,219.1	1,689.5	76.13	334.1	15.06	153.5	6.92	42.0	1.89
1975	2,249.9	1,712.8	76.13	338.8	15.06	155.2	6.90	43.1	1.92
1976	2,278.2	1,734.6	76.14	342.9	15.05	156.5	6.87	44.2	1.94
1977	2,308.2	1,758.0	76.16	346.9	15.03	158.0	6.85	45.3	1.96
1978	2,353.6	1,808.2	76.83	344.1	14.62	152.7	6.49	48.6	2.06
1979	2,383.5	1,832.4	76.88	347.6	14.58	153.5	6.44	50.0	2.10
1980	2,413.9	1,856.2	76.90	351.5	14.56	154.6	6.41	51.6	2.14
1981	2,443.3	1,876.9	76.82	357.0	14.61	156.5	6.41	52.9	2.17
1982	2,471.8	1,896.7	76.73	362.4	14.66	158.3	6.40	54.4	2.20
1983	2,502.0	1,917.1	76.62	368.5	14.73	160.6	6.42	55.8	2.23

续表

年份	人口总数	华人		马来人		印度人		其他族群	
		数量	比例	数量	比例	数量	比例	数量	比例
1984	2,529.1	1,935.0	76.51	374.4	14.80	162.6	6.43	57.1	2.26
1985	2,558.0	1,953.9	76.38	380.8	14.89	164.7	6.44	58.6	2.29
1986	2,586.2	1,972.0	76.25	387.4	14.98	166.8	6.45	60.0	2.32
1987	2,612.8	1,988.6	76.11	393.8	15.07	169.1	6.47	61.3	2.35
1988	2,647.1	2,011.3	75.98	401.2	15.16	171.8	6.49	62.8	2.37
1989	2,647.6	2,059.1	77.77	375.4	14.18	185.3	7.00	27.8	1.05
1990	2,705.1	2,102.8	77.73	382.6	14.14	190.0	7.02	28.8	1.06
1991	2,762.7	2,146.1	77.68	391.2	14.16	195.1	7.06	30.3	1.10
1992	2,818.2	2,187.2	77.61	399.4	14.17	199.6	7.08	32.0	1.14
1993	2,873.8	2,228.6	77.55	407.6	14.18	204.1	7.10	33.5	1.17
1994	2,930.2	2,269.6	77.46	415.9	14.19	209.4	7.15	35.3	1.20
1995	2,986.5	2,311.3	77.39	423.5	14.18	214.9	7.20	36.8	1.23
1996	3,044.3	2,352.7	77.28	430.9	14.15	222.1	7.30	38.6	1.27
1997	3,103.5	2,394.2	77.15	437.9	14.11	230.6	7.43	40.8	1.31
1998	3,163.5	2,435.6	76.99	444.9	14.06	239.7	7.58	43.3	1.37
1999	3,217.5	2,472.9	76.86	451.5	14.03	247.0	7.68	43.2	1.34
2000	3,263.2	2,505.4	76.70	453.6	13.90	257.8	7.90	46.4	1.40
2005	3,553.5	2,684.9	75.56	484.6	13.64	309.3	8.70	74.7	2.10
2006	3,608.5	2,713.2	75.19	490.5	13.59	319.1	8.83	85.5	2.37
2007	3,583.1	2,687.0	74.99	490.6	13.69	313.4	8.75	92.1	2.57
2008	3,642.7	2,721.8	74.72	495.1	13.59	323.4	8.88	102.3	1.96
2009	3,733.9	2,770.3	74.19	500.1	13.39	343.5	9.20	120.0	1.87
2010	3,771.7	2,794.0	74.08	503.9	13.36	348.1	9.23	125.8	1.92
2011	3,789.3	2,808.3	74.11	506.6	13.37	349.0	9.21	125.3	2.02
2012	3,818.2	2,832.0	74.17	509.5	13.34	351.0	9.19	125.7	3.29
2013	3,844.8	2,853.8	74.23	512.8	13.34	351.7	9.15	126.5	3.29

续表

年份	人口总数	华人		马来人		印度人		其他族群	
		数量	比例	数量	比例	数量	比例	数量	比例
2014	3,870.7	2,874.4	74.26	516.6	13.35	353.0	9.12	126,681	3.27
2015	3,902.7	--	--	--	--	--	--	--	--
2016	3,933.6	2,923.2	74.31	525.9	13.37	356.9	9.07	127.6	3.24
2017	3,965.8	2,948.3	74.34	530.7	13.38	358.8	9.05	128.0	3.23
2018	3,994.3	2,969.3	74.34	535.8	13.41	360.5	9.03	128.7	3.22

说明：1. 1911、1921、1931、1947 年数据出自 Colony of Singapore Annual Report 1956，p.16。

2. 1953—1959 分别出自 Colony of Singapore Annual Report 1953，p.9；1954，p.8；1956，p.16；1957，p. 23；1958，p.28；1959，p.50。

3. 1958 年后指新加坡公民和永久居民。

4. 1964—1977 年数据出自 Singapore '78，p.278。

5. 1978—1995 数据出自 Singapore 1989，p.228；Singapore 1993，p.258；Singapore 1996，p.322。

6. 1996、1997、1998、1999 年数据出自《新加坡年鉴 1998》，第 300—301 页；《新加坡年鉴 1999》，第 36 页；《新加坡年鉴 2000》，第 40 页。

7. 2000 年数据出自《新加坡人口研究》，第 29 页。

8. 2005—2017 年数据出自新加坡统计年鉴 Yearbook of Statistics Singapore，Population，Department of Statistics，Singapore，https：//www.singstat.gov.sg/publications/reference。2018 年数据出自 Population Trends，2018，Department of Statistics，Ministry of Trade & Industry，Republic of Singapore，2018-9，https：//www.singstat.gov.sg/-/media/files/publications/population/population2018.pdf，2019-3-30。

9. 人口数据截止到当年 6 月底。

10. 比例为作者自算。

附3　新加坡人口状况（1961—2017）

年份	人口年增长率（%）	0—14岁的人口（占总人口的百分比）	65岁和65岁以上的人口（占总人口的百分比）	总生育率（女性人均生育数）（%）	出生率（%）	死亡率（%）	婴儿死亡率（%）	出生时的预期寿命（岁）	老年抚养比（占工作年龄人口的百分比）	女性人口占总人口的百分比
1961	3.3	43.6	2.1	5.3	36.2	5.9	32.9	66.1	3.9	47.5
1962	2.8	43.9	2.2	5.2	34.8	5.9	30.8	66.4	4.1	47.7
1963	2.5	44	2.4	5	34.3	5.7	29.3	66.7	4.4	48

续表

年份	人口年增长率（%）	0—14岁的人口（占总人口的百分比）	65岁和65岁以上的人口（占总人口的百分比）	总生育率（女性人均生育数）（%）	出生率（%）	死亡率（%）	婴儿死亡率（%）	出生时的预期寿命（岁）	老年抚养比（占工作年龄人口的百分比）	女性人口占总人口的百分比
1964	2.6	44	2.5	4.9	32.8	5.7	28.4	66.9	4.7	48.2
1965	2.4	43.7	2.6	4.7	30.7	5.5	27.4	67.1	4.9	48.4
1966	2.5	43.1	2.8	4.5	29.5	5.5	26.3	67.3	5.1	48.6
1967	2.2	42.2	2.9	3.9	26.8	5.4	25.2	67.4	5.3	48.7
1968	1.7	41.1	3	3.6	24.5	5.5	24	67.7	5.4	48.7
1969	1.5	40	3.2	3.2	22.8	5	22.9	68	5.6	48.8
1970	1.6	38.8	3.3	3.1	23	5.2	21.9	68.3	5.7	48.8
1971	1.8	37.6	3.5	3	22.7	5.3	20.9	68.7	5.9	48.8
1972	1.8	36.4	3.6	3	23.4	5.4	19.6	69	6.1	48.9
1973	1.9	35.3	3.8	2.8	22.2	5.5	17.8	69.4	6.2	48.9
1974	1.7	34.1	4	2.4	19.6	5.3	15.8	69.8	6.4	48.9
1975	1.5	32.8	4.1	2.1	17.7	5.1	14.1	70.2	6.5	48.9
1976	1.3	31.6	4.2	2.1	18.7	5.1	13	70.6	6.6	48.9
1977	1.4	30.3	4.4	1.8	16.5	5.1	12.4	71	6.7	48.9
1978	1.2	29.1	4.5	1.8	16.8	5.1	12.2	71.3	6.7	49.0
1979	1.3	28	4.6	1.8	17.1	5.2	12.3	71.7	6.8	49.0
1980	1.3	27.1	4.7	1.7	17.1	5.2	12.2	72	6.9	49.0
1981	4.8	26.3	4.8	1.7	17	5.3	11.5	72.4	7	49.0
1982	4.4	25.8	5	1.7	17.3	5.2	10.8	72.8	7.2	49.0
1983	1.3	25.3	5.1	1.6	16.3	5	10	73.1	7.3	49.0
1984	1.9	24.8	5.2	1.6	16.5	4.8	9.4	73.5	7.4	49.0
1985	0.1	24.3	5.3	1.6	16.6	4.9	8.8	73.9	7.5	49.1
1986	-0.1	23.7	5.3	1.4	14.8	4.6	8.3	74.3	7.5	49.2
1987	1.5	22.9	5.4	1.6	16.6	4.7	7.8	74.8	7.5	49.3
1988	2.5	22.3	5.4	2	19.8	4.9	7.3	75.2	7.5	49.5
1989	2.9	21.7	5.5	1.8	17.5	4.9	6.7	75.6	7.6	49.6

年份	人口年增长率（%）	0—14岁的人口（占总人口的百分比）	65岁和65岁以上的人口（占总人口的百分比）	总生育率（女性人均生育数）（%）	出生率（%）	死亡率（%）	婴儿死亡率（%）	出生时的预期寿命（岁）	老年抚养比（占工作年龄人口的百分比）	女性人口占总人口的百分比
1990	3.9	21.5	5.6	1.9	18.4	4.8	6.1	76	7.7	49.7
1991	2.9	21.4	5.7	1.8	17.3	4.7	5.5	76.4	7.8	49.7
1992	3	21.6	5.8	1.8	17	4.7	5	76.7	8.1	49.7
1993	2.5	21.9	6	1.8	17	4.6	4.6	77	8.3	49.7
1994	3.1	22.1	6.2	1.8	16.4	4.7	4.3	76.3	8.6	49.7
1995	3	22.3	6.3	1.7	15.7	4.8	4.1	76.4	8.9	49.7
1996	4	22.3	6.5	1.7	16	5.1	3.9	76.7	9.2	49.7
1997	3.4	22.2	6.7	1.6	12.7	4.1	3.8	77	9.5	49.8
1998	3.4	22	6.9	1.5	13.2	4.6	3.5	77.4	9.8	49.9
1999	0.8	21.8	7.1	1.5	12.8	4.5	3.3	77.6	10	50.0
2000	1.7	21.5	7.3	1.6	13.7	3.9	3	78.1	10.3	50.0
2001	2.7	21.1	7.5	1.4	11.8	4.4	2.8	78.4	10.5	50.1
2002	0.9	20.6	7.7	1.4	11.4	4.5	2.6	78.7	10.8	50.2
2003	−1.5	20.1	7.9	1.3	10.3	4.5	2.5	79	11	50.2
2004	1.3	19.6	8.1	1.2	10.1	4.4	2.3	79.5	11.1	50.3
2005	2.4	19.1	8.2	1.3	10.2	4.4	2.3	80	11.3	50.4
2006	3.1	18.8	8.3	1.3	10.3	4.4	2.3	80.1	11.6	50.4
2007	4.2	18.4	---	1.3	10.3	4.5	2.2	80.4	11.9	50.5
2008	5.3	18.1	8.8	1.3	10.2	4.4	2.2	80.8	12	50.6
2009	3	17.8	8.9	1.2	9.9	4.3	2.2	81.2	12.1	50.6
2010	1.8	17.3	9	1.2	9.3	4.4	2.2	81.5	12.2	50.7
2011	2.1	16.9	9.4	1.2	9.5	4.5	2.2	81.7	12.8	50.7
2012	2.5	16.6	9.9	1.3	10.1	4.5	1.8	82	13.5	50.7
2013	1.6	16.2	10.5	1.2	9.3	4.6	2	82.2	14.3	50.6
2014	1.3	15.8	11.1	1.3	9.8	4.7	1.8	82.5	15.1	50.6
2015	1.2	15.5	11.7	1.2	9.7	4.8	2.3	82.7	16	50.6

续表

年份	人口年增长率（%）	0—14岁的人口（占总人口的百分比）	65岁和65岁以上的人口（占总人口的百分比）	总生育率（女性人均生育数）（%）	出生率（%）	死亡率（%）	婴儿死亡率（%）	出生时的预期寿命（岁）	老年抚养比（占工作年龄人口的百分比）	女性人口占总人口的百分比
2016	1.3	15.2	12.3	1.2	9.4	4.8	---	82.8	17	50.6
2017	0.1	15	12.9	---	---	---	2.4	---	17.9	50.6

资料来源：1. 世界银行数据，世界银行官网，http://data.worldbank.org.cn/country/singapore.

2. *Yearbook of Statistics Singapore 2015*, http://www.singstat.gov.sg/docs/default-source/default-document-library/publications/publications_and_papers/reference/yearbook_2015/yos2015.pdf.

附4 新加坡公民和永久居民就业与失业情况（1965—2017）

年	就业人数（千人）	劳动参与率（%）	失业人数（千人）	失业率（%）	年	就业人数（千人）	劳动参与率（%）	失业人数（千人）	失业率（%）
1965	509.0	55.4	48.0	8.7	1992	1,576.0	65.3	43.4	2.7
1966	524.0	55.4	51.0	8.7	1993	1,592.0	64.5	43.7	2.7
1967	552.0	55.9	49.0	8.1	1994	1,649.0	64.9	---	---
1968	580.0	56.4	46.0	7.3	1995	1,702.1	64.4	47.2	2.7
1969	610.0	57.0	44.0	6.7	1996	1,464.8	64.1	46.7	2.3
1970	651.0	57.7	42.0	6.0	1997	1,499.8	63.7	38.5	1.9
1971	691.0	58.4	35.0	4.8	1998	1,546.5	63.1	52.6	2.6
1972	725.0	59.2	36.0	4.7	1999	1,518.3	64.1	77.5	3.7
1973	781.0	61.5	37.0	4.5	2000	2,094.8	68.6	97.5	4.4
1974	803.0	60.2	33.0	4.0	2001	1,582.5	64.4	61.9	3.1
1975	813.0	59.7	39.0	4.5	2002	1,573.7	63.6	94.2	4.5
1976	845.0	60.1	40.0	4.5	2003	1,706.4	63.2	101.0	4.7
1977	883.0	61.2	36.0	3.9	2004	1,632.1	63.3	101.3	4.7
1978	940.0	62.6	35.0	3.6	2005	1,647.3	63.0	97.5	4.4
1979	1,000.0	64.1	35.0	3.4	2006	1,796.7	65.0	84.2	3.5
1980	1,050.0	65.8	33.0	3.0	2007	1,803.2	65.0	74.8	3.1

年	就业人数（千人）	劳动参与率（%）	失业人数（千人）	失业率（%）	年	就业人数（千人）	劳动参与率（%）	失业人数（千人）	失业率（%）
1981	1,112.8	63.0	33.2	2.9	2008	1,852.0	65.6	76.2	3.0
1982	1,140.5	63.4	30.0	2.6	2009	1,869.4	65.4	116.3	4.5
1983	1,167.7	63.8	38.8	3.2	2010	1,962.9	66.2	84.4	3.1
1984	1,174.8	63.4	32.5	2.7	2011	1,998.9	66.1	81.2	2.9
1985	1,154.3	62.2	49.8	4.1	2012	2,040.6	66.6	79.0	2.8
1986	1,149.0	62.3	79.5	6.5	2013	2,056.1	66.7	82.6	2.9
1987	1,192.9	62.7	58.8	4.7	2014	2,103.5	67.0	81.8	2.8
1988	1,238.5	62.9	42.9	3.3	2015	2,147.8	68.3	84.5	2.8
1989	1,277.3	63.1	28.1	2.2	2016	2,165.3	68.0	92.3	3.0
1990	1,324.7	63.1	22.7	1.7	2017	2,175.3	67.7	94.4	3.1
1991	1,524.0	64.8	30.0	1.9					

资料来源：1. 1965—1989 年数据出自 *Singapore 1974*，p.274；*Singapore'82*，p.244；*Singapore 1990*，p.283。

2. 1990—1994 年数据依次出自 *Singapore 1991*，p.122；*Singapore 1992*，p.143；*Singapore 1993*，p.164；*Singapore 1994*，p.210；*Singapore 1995*，p.207。

3. 1995—2017 年数据出自"Labour and Productitity-Labour Force"，*Yearbook of Statistics Singapore*，2006，2007，2008，2009，2010，2014，2018。

附5　新加坡财政正常性支出情况（1991—2016） （单位：百万）

年	安全	社会发展	经济与基础设施建设	政府管理	养老金	总计
1991	3,790.1	2,833.9	433.9	478.5	277.0	7,813.4
1992	3,866.3	3,458.5	440.6	427.3	292.9	8,485.6
1993	4,405.4	3,387.9	432.9	606.1	311.6	9,143.9
1994	4,412.6	3,811.1	573.6	563.8	338.7	9,699.8
1995	5,245.9	4,120.0	688.3	720.3	109.2	10,883.7
1996	6,325.8	4,656.5	642.0	629.3	--	12,253.6
1997	6,804.7	5,532.6	698.5	623.3	--	15,159.0
1998	7,338.1	5,490.3	740.0	667.9	--	14,236.3
1999	7,215.0	5,082.3	920.6	689.4	--	13,907.4
2000	9,043.7	6,180.0	2,920.3	752.9	--	18,896.9

续表

年	安全	社会发展	经济与基础设施建设	政府管理	养老金	总计
2001	8,890.0	7,093.5	1,053.2	808.8	--	17,845.5
2002	9,361.5	7,978.6	1.104.8	799.0	--	19,243.9
2003	9,248.9	8,202.0	993.7	791.7	--	19,236.2
2004	9,347.5	8,985.2	866.5	736.6	--	19,935.8
2005	10,443.4	8,548.0	924.2	759.0	--	20,674.6
2006	11,540.3	10,519.9	984.0	880.4	--	23,924.6
2007	12,399.5	11,474.6	1,110.5	967.4	--	25,952.1
2008	13,219.3	13,200.0	1,283.6	1,030.5	--	28,733.6
2009	13,522.5	14,714.2	1,564.8	1,107.4	--	30,908.9
2010	13,919.8	16,458.9	1,666.3	1,225.1	--	33,270.1
2011	14,088.0	18,056.3	1,674.6	1,331.1	--	35,150.0
2012	14,677.6	18,495.6	1,869.8	1,377.8	--	36,420.8
2013	15,233.3	20,943.2	2,027.3	1,521.1	--	39,724.9
2014	16,289.7	22,611.8	2,223.7	1,560.0	--	42,685.2
2015	17,495.4	26,258.2	2,631.8	1,704.6	--	48,090.4
2016	18,372.2	28,939.5	2,997.7	1,819.4	--	52,128.9

说明:1. 社会发展包括的领域:教育、卫生、住房、环境、社区、文化、体育、民族。

2. 1996 年后新加坡不再从政府财政中支出养老金。

资料来源:1. 1991—1995 年数据出自 *Singapore 1994*,p.309;*Singapore 1996*,p.375。

2. 1996—2103 年数据出自 "Public Finance—Government Operating Expenditure",*Yearbook of Statistics Singapore*,2006,2007,2008,2009,2010,2014,2018。

附6 新加坡医疗机构数量统计(1966—2017)

年份	医院(家)	牙科诊所(家)	药房(家)	母婴诊所(家)	有效病床(张)
1966	17	62	--	62	7,430
1968	16	71	27	55	7,004
1969	16	77	27	54	6,979
1970	16	79	27	51	6,891
1971	24	84	27	48	7,346

年份	医院 （家）	牙科诊所 （家）	药房 （家）	母婴诊所 （家）	有效病床 （张）
1972	24	91	26	46	7,981
1973	24	95	26	46	8,031
1974	25	102	26	45	7,872
1975	26	102	26	46	8,005
1976	25	117	27	35	8,609
1977	25	124	28	34	8,574
1978	27	134	26	32	8,493
1979	29	132	27	30	8,485
1980	30	133	27	29	8,078
1981	30	133	27	29	8,365
1982	26	137	26	29	8,246
1983	23	160	26	29	8,222
1984	22	162	26	29	8,085
1985	22	176	26	29	8,047
1986	22	183	26	28	7,889
1987	22	183	24	23	7,797
1988	21	191	23	20	7,348
1995	22	196	20	--	10,498
1996	25	200	20	--	10,668
1997	24	194	20	--	11,276
1998	23	205	18	--	11,389
1999	28	205	18	--	11,742
2000	29	202	16	--	11,856
2001	29	204	16	--	11,942
2002	29	206	17	--	11,761
2003	29	230	17	--	11,855
2004	29	232	17	--	11,840
2005	29	239	18	--	11,830
2006	29	241	18	--	11,527
2007	30	242	18	--	11,547

续表

年份	医院（家）	牙科诊所（家）	药房（家）	母婴诊所（家）	有效病床（张）
2008	29	236	18	--	11,580
2009	29	239	18	--	11,663
2010	30	239	18	--	11,421
2011	33	241	249	--	11,394
2012	35	240	245	--	11,853
2013	35	236	247	--	12,035
2014	36	248	253	--	12,418
2015	37	247	232	--	13,399
2016	37	252	235	--	14,104
2017	38	250	243		14,132

资料来源:1. 1966—1988 年数据分别出自:*Singapore Year Book* 1966,p.326,330;*Singapore 1971*,p.193; *Singapore 1974*,p.191;*Singapore 1975*,p.165;*Singapore 1976*,p.169;*Singapore' 78*,p.206; *Singapore' 80*,p.107;*Singapore' 82*,p.258;*Singapore 1983*,p.304;*Singapore 1989*,p.308.

2. 1995—2013 年数据出自"Health—Hospitals and Public Sector Clinics",*Yearbook of Statistics Singapore*,2006,2007,2008,2009,2010,2011,2014,2018.

附7 新加坡注册医务人员数量统计(1966—2017) （单位:人）

年	医生	牙医	药剂师	注册护士	登记护士	注册助产士	针灸师	中医医师	口腔卫生师	验光师和配镜师
1966	1,071	344	148	3,208	--	1,676	--	--	--	--
1968	1,159	359	206	3,670	--	1,931	--	--	--	--
1969	1,330	391	228	3,950	--	1,987	--	--	--	--
1970	1,363	398	245	4,301	--	2,094	--	--	--	--
1971	1,520	406	273	4,572	--	2,236	--	--	--	--
1972	1,477	408	264	4,422	--	2,178	--	--	--	--
1973	1,565	409	291	5,423	--	2,317	--	--	--	--
1974	1,586	422	337	5,731	--	2,433	--	--	--	--
1975	1,622	49	288	5,767	--	2,469	--	--	--	--
1976	1,705	433	298	5,960	--	2,540	--	--	--	--
1977	1,847	464	318	6,814	--	2,652	--	--	--	--

年	医生	牙医	药剂师	注册护士	登记护士	注册助产士	针灸师	中医医师	口腔卫生师	验光师和配镜师
1978	1,860	476	330	7,069	--	2,725	--	--	--	--
1979	1,852	493	351	7,405	--	2,731	--	--	--	--
1980	1,976	485	368	7,545	--	2,766	--	--	--	--
1981	2,091	501	358	7,238	--	2,691	--	--	--	--
1982	2,225	530	373	7,534	--	2,673	--	--	--	--
1983	2,361	555	387	7,714	--	2,521	--	--	--	--
1984	2,504	475	409	7,830	--	650	--	--	--	--
1985	2,631	496	436	8,395	--	650	--	--	--	--
1986	2,781	526	454	8,568	--	601	--	--	--	--
1987	2,939	557	487	8,713	--	586	--	--	--	--
1988	3,162	593	526	8,994	--	571	--	--	--	--
1991	3,500	600	557		10,240	--	--	--	--	
1992	3,700	600	629		10,762	--	--	--	--	
1993	4,146	750	730		11,649	--	--	--	--	
1994	4,133	769	773	12,200	--	--	--	--		
1995	4,495	791	815	9,536	2,762	499	--	--	--	
1996	4,661	835	858	10,141	3.052	487	--	--	--	
1997	4,912	878	944	10,867	3,365	473	--	--	--	
1998	5,148	914	998	11,491	3,621	456	--	--	--	--
1999	5,325	942	1,043	11,765	3,733	449	--	--	--	--
2000	5,577	1,028	1,098	12,353	3,821	437	--	--	--	--
2001	5,922	1,087	1,141	12,828	4,155	415	--	--	--	--
2002	6,029	1,130	1,191	13,308	4,333	393	--	--	--	--
2003	6,292	1,183	1,236	13,740	4,652	371	--	--	--	--
2004	6,492	1,227	1,288	14,171	4,793	365	--	--	--	--
2005	6,748	1,277	1,330	14,831	4,989	347	--	--	--	--
2006	6,931	1,323	1,421	15,452	5,163	312	--	--	--	--
2007	7,384	1,413	1,483	16,504	5,604	224	182	2,050	--	--
2008	7,841	1,484	1,546	17,881	6,006	322	206	2,167	243	2,286

年	医生	牙医	药剂师	注册护士	登记护士	注册助产士	针灸师	中医医师	口腔卫生师	验光师和配镜师
2009	8,323	1,531	1,658	19,733	6,765	294	218	2,203	264	2,324
2010	9,030	1,579	1,814	21,575	7,478	287	218	2,322	290	2,419
2011	9,646	1,611	2,013	23,598	7,869	282	235	2,444	312	2,441
2012	10,225	1,699	2,172	25,971	8,274	262	235	2,538	337	2,478
2013	10,953	1,821	2,376	27,556	8,273	246	244	2,629	364	2,461
2014	11,733	1,905	2,563	28,864	8,528	226	240	2,740	377	2,610
2015	12,459	2,060	2,757	29,894	8,931	180	249	2,808	400	2,624
2016	12,967	2,198	2,875	31,615	8,781	165	247	2,868	401	2,650
2017	13,386	2,293	3,047	32,672	8,631	137	254	2,952	416	2,605

说明：1.1984年以前的"助产士"统计包括注册为护士和助理护士的助产士。

2. 1991—1994年护士、助产士统一登记。

3. 针灸师、中医医师、口腔卫生师、验光师和配镜师的注册资格分别开始于2001、2002、2008、2008年。

资料来源：1.1966—1994年的数据分别出自：*Colony of Singapore Annual Report 1959*，pp，279，304；*Singapore Year Book 1966*，p.100，pp.318，319，p.321；*Singapore 1974*，p.301；*Singapore 1975*，p.258；*Singapore 1976*，p.269；*Singapore '78*，p.310；*Singapore '80*，p.273；*Singapore '82*，p.259；*Singapore 1983*，p.304；*Singapore 1984*，p.312；*Singapore 1985*，p.324；*Singapore 1986*，p.281；*Singapore 1989*，p.309；*Singapore 1992*，p.151；*Singapore 1993*，p.173；*Singapore 1994*，p.219；*Singapore 1995*，p.217。

2. 1995—2017年的数据分别出自"Health—Registered Health Personnel"，*Yearbook of Statistics Singapore*，2006，2007，2008，2009，2010，2011，2014，2018各册。

附8 新加坡健康与社会保障支出情况(1951—2016)

年份	政府公共总支出（百万元）	卫生健康支出（百万元）	社会保障支出（百万元）	健康和社会保障支出占总支出比例%
1951	127.4	12.0	2.3	11.3
1952	167.8	15.0	4.0	11.3
1953	169.7	16.6	9.5	12.2
1995	10,883.7	685.0	319.4	9.2
1996	12,253.6	701.8	254.3	7.8
1997	15,159.0	979.2	269.4	8.2

续表

年份	政府公共总支出（百万元）	卫生健康支出（百万元）	社会保障支出（百万元）	健康和社会保障支出占总支出比例%
1998	14,236.3	934.2	310.4	8.7
1999	13,907.4	874.7	326.4	8.6
2000	18,896.9	990.2	386.4	7.3
2001	17,845.5	1,203.9	515.4	9.6
2002	19,243.9	1,624.5	525.8	11.2
2003	19,236.2	1,655.1	581.5	11.6
2004	19,935.8	1,889.9	808.0	13.5
2005	21,444.7	1,680.4	844.2	11.8
2006	23,924.6	1,839.5	902.9	11.5
2007	25,952.1	2,019.5	962.4	11.5
2008	28,733.6	2,378.5	1,181.9	12.4
2009	30,908.9	2,920.2	1,564.7	14.5
2010	33,270.1	3,258.0	1,828.7	15.3
2011	35,150.0	3,488.8	1,721.5	14.8
2012	36,420.8	4,066.1	1,739.3	15.9
2013	39,724.9	5,043.9	1,598.3	16.7
2014	42,685.2	5,872.4	1,722.4	17.8
2015	48,090.4	7,519.8	2,121.0	20.0
2016	52,128.9	8,199.4	2,388.7	20.3

资料来源：1. Department of Statistics, Ministry of Trade & Industry, Republic of Singapore, www.singstat.gov.
　　　sg.

　　2. *Yearbook of Statistics Singapore*, 2018.

附9　新加坡中央公积金会员数（人）和存款（百万）情况（1964—2013）

年份	会员数	缴款额	提取额	账户总额	年份	缴款额	提取额	账户总额
1964	393,743	42.5	7.6	306.3	1989	6,107.5	3,663.4	36,051.6
1965	417,594	46.9	9.8	359.0	1990	7,174.2	3,994.7	40,646.4
1966	442,351	51.5	12.9	415.9	1991	8,101.4	4,656.1	46,049.0
1967	465,029	55.8	16.5	477.3	1992	---	---	---

续表

年份	会员数	缴款额	提取额	账户总额	年份	缴款额	提取额	账户总额
1968	504,828	68.0	30.7	539.7	1993	---	---	52,300.0
1969	560,133	106.6	42.4	632.2	1994	---	---	---
1970	638,829	156.4	45.7	777.5	1995	13,536.1	7,252.7	66,035.4
1971	714,657	223.6	56.4	987.9	1996	14,623.0	10,529.6	72,566.6
1972	855,307	330.8	57.9	1,316.0	1997	15,873.8	11,456.5	79,657.4
1973	961,991	474.7	93.5	1,770.7	1998	15,999.8	13,609.8	85,276.8
1974	1,041,601	686.7	154.3	2,413.7	1999	12,826.6	12,788.6	88,396.9
1975	1,104,417	886.6	216.9	3,234.9	2000	14,092.8	14,555.9	90,298.3
1976	1,177,538	1,008.0	377.7	4,066.1	2001	18,322.3	18,860.4	92,221.2
1977	1,252,070	1,114.7	503.5	4,954.0	2002	16,165.7	14,821.4	96,422.6
1978	1,340,779	1,352.0	657.8	5,981.4	2003	15,870.0	11,816.5	103,539.6
1979	1,435,592	1,753.1	629.3	7,515.5	2004	15,320.1	10,310.3	111,873.8
1980	1,518,755	2,296.0	779.1	9,551.2	2005	16,105.1	11,776.1	119,787.5
1981	1,649,733	3,006.8	1,067.6	12,149.8	2006	16,547.1	14,350.5	125,803.8
1982	1,725,293	3,901.4	1,241.2	15,655.5	2007	18,117.8	11,562.7	136,586.9
1983	1,778,879	4,491.2	1,718.1	19,504.7	2008	20,232.3	10,967.2	151,307.1
1984	1,852,471	5,386.4	3,511.0	22,670.4	2009	20,124.9	10,720.5	166,804.0
1985	1,891,683	5,993.4	3,559.5	26,829.5	2010	21,992.7	9,618.5	185,888.0
1986	1,933,830	4,777.9	3,823.8	29,341.4	2011	24,628.4	10,443.6	207,545.5
1987	2,007,109	4,446.8	4,297.2	30,607.8	2012	26,048.4	11,726.8	230,157.7
1988	2,063,375	4,985.1	4,010.2	32,529.3	2013	28,530.0	14,863.2	252,968.6

说明:账户总额含存款和投资利息

资料来源:1.1993 年以前数据出自 *Singapore 1974*,p.297;*Singapore'82*,p.247;*Singapore 1989*,p.293;
Singapore 1994,p.293.

2.1995—2013 年数据出自 *Yearbook of Statistics Singapore*,2006,2007,2008,2009,2010,2014。

3.1989 年起相关资料中没有中央公积金会员人数的统计。

附 10 新加坡公共教育支出(1980—2016)

年	经常支出 (百万元)	占总经常支出 比例(%)	发展支出 (百万元)	占总发展支出 比例(%)
1980	564.4	12.1	110.5	3.4

年	经常支出 （百万元）	占总经常支出 比例（%）	发展支出 （百万元）	占总发展支出 比例（%）
1981	631.6	11.1	196.9	5.0
1982	866.7	12.9	326.9	6.6
1983	1,115.1	13.7	467.9	7.7
1984	1,282.1	14.8	447.2	7.8
1985	1,361.9	16.6	447.4	7.2
1986	1,349.0	13.5	388.9	2.9
1987	1,348.1	15.9	316.2	5.2
1988	1,504.5	20.9	187.9	4.0
1989	1,629.7	21.2	144.8	4.8
1990	1,791.0	19.8	234.6	5.6
1995	2,677.7	24.6	779.6	16.7
1996	2,848.4	23.2	646.4	9.3
1997	3,352.6	22.1	968.1	9.0
1998	3,327.5	23.3	1,496.1	14.2
1999	2,967.2	21.3	1,617.2	14.6
2000	3,901.9	20.6	1,547.2	17.0
2001	4,366.2	24.5	1,643.2	16.4
2002	4,768.1	24.8	1,653.9	21.0
2003	4,875.6	25.3	1,324.5	16.7
2004	5,161.9	25.9	1,224.0	14.4
2005	4,980.7	24.1	993.8	12.2
2006	6,351.7	26.5	607.6	10.1
2007	6,785.6	26.1	742.0	10.6
2008	7,476.5	26.0	753.2	8.0
2009	7,837.9	25.4	847.1	7.7
2010	8,998.7	27.0	876.7	7.3
2011	9,697.8	27.6	1,042.5	9.1
2012	9,637.3	26.5	859.6	6.8
2013	10,664.9	26.8	973.4	8.1
2014	10,712.4	25.1	886.0	6.3

续表

年	经常支出（百万元）	占总经常支出比例（%）	发展支出（百万元）	占总发展支出比例（%）
2015	11,235.7	23.4	699.0	3.6
2016	11,812.2	22.7	656.7	3.5

资料来源:1.1980—1990 年数据分别出自 *Singapore' 82*,pp. 234,236;*Singapore 1983*,pp. 276,278;*Singapore 1984*,pp. 280,281;*Singapore 1985*,pp. 296,297;*Singapore 1986*,pp. 247,248;*Singapore 1987*,pp. 263,264;*Singapore 1988*,pp. 266,267;*Singapore 1989*,pp. 271,272;*Singapore 1990*,pp. 263,264;*Singapore 1991*,pp. 265,266.

2.1995—2016 年数据分别出自" Public Finance—Government Operating Expenditure", *Yearbook of Statistics Singapore*,2006,2007,2008,2009,2010, 2014,2018.

附 11 新加坡女性社会地位统计数据(1985—2018)

年份	劳动力参与率（女性）	劳动参与率的男女比率	女性雇主占就业人数百分比	女性立法者、高级官员和管理人员(占人口的百分比)	国会议员中女性比例
1985	--	--	--	12.0	--
1986	--	--	1.6	11.5	--
1987	--	--	1.7	12.8	--
1988	--	--	1.7	13.2	--
1989	--	--	1.9	15.0	--
1990	47.6	63.9	--	--	--
1991	48.2	61.8	7.6	16.5	--
1992	48.7	62.2	7.6	16.8	--
1993	49.5	61.8	7.1	17.4	--
1994	50.2	61.9	7.6	18.4	--
1995	50.8	63.0	6.5	--	--
1996	51.1	63.8	8.1	20.5	--
1997	51.4	63.6	8.2	22.6	4.8
1998	50.8	64.1	8.3	20.9	4.8
1999	51.2	65.3	9.6	21.8	4.3
2000	51.5	67.1	5.8	--	4.3
2001	51.9	66.7	9.5	24.8	11.8

年份	劳动力参与率（女性）	劳动参与率的男女比率	女性雇主占就业人数百分比	女性立法者、高级官员和管理人员（占人口的百分比）	国会议员中女性比例
2002	50.8	65.9	9.4	25.9	11.8
2003	51.5	67.2	9.5	26.1	16.0
2004	51.8	68.3	9.7	27.7	16.0
2005	52.4	69.8	10.0	--	16.0
2006	53.0	71.2	10.1	31.0	21.2
2007	53.8	71.3	10.1	30.5	24.5
2008	56.2	73.0	10.0	31.4	24.5
2009	55.9	72.2	10.0	31.6	23.4
2010	57.1	73.9	9.6	34.3	23.4
2011	57.6	75.2	10.5	33.9	22.2
2012	58.4	76.1	10.9	--	24.2
2013	58.6	76.3	10.5	--	24.2
2014	59.7	77.5	10.0	--	25.3
2015	60.8	78.6	9.3	--	23.9
2016	60.6	78.7	9.3	--	23.8
2017	60.5	78.8	9.3	--	23.0
2018	60.3	78.8	9.3	--	23.0

说明:劳动力参与率指 15 岁(含)以上就业人口比率

资料来源:世界银行数据,世界银行官网,http://data.worldbank.org.cn/country/singapore。

参考文献

一、官方出版物

1. *Colony of Singapore Annual Report 1953*, Her Majesty's Stationery Office, London, 1954.

2. *Colony of Singapore Annual Report 1954*, HMSO, London, 1955.

3. *Colony of Singapore Annual Report 1956*, HMSO, London, 1958.

4. *Colony of Singapore Annual Report 1957*, HMSO, London, 1959.

5. *Colony of Singapore Annual Report 1958*, HMSO, London, 1959.

6. *Colony of Singapore Annual Report 1959*, Singapore, Government Printing Office, 1961.

7. *Singapore Year Book 1966*, Singapore, Government Printing Office, 1967.

8. *Singapore 1971*, Singapore, the Publicity Division, Ministry of Culture, Singapore, 1971.

9. *Singapore 1974*, Singapore, the Publicity Division, Ministry of Culture, Singapore, 1974.

10. *Singapore 1975*, Singapore, the Publicity Division, Ministry of Culture, Singapore, 1975.

11. *Singapore 1976*, Singapore, the Publicity Division, Ministry of Culture, Singapore, 1976.

12. *Singapore '78*, Singapore, the Publicity Division, Ministry of Culture,

Singapore, 1978.

13. *Singapore '80*, Singapore, the Information Division, Ministry of Culture, Singapore, 1980.

14. *Singapore '82*, Singapore, the Information Division, Ministry of Culture, Singapore, 1982.

15. Daljit Singh, editor: *Singapore 1983*, Singapore, the Information Division, Ministry of Culture, Singapore, 1983.

16. *Singapore 1984*, Singapore, the Information Division, Ministry of Culture, Singapore, 1984.

17. *Singapore 1985*, Singapore, the Information Division, Ministry of Culture, Singapore, 1985.

18. K. I. Sudderuddin, editor, *Singapore 1986*, Singapore, the Information Division, Ministry of Communications and Information, Singapore, 1986.

19. Tan Han Hoe, editor: *Singapore 1987*, Singapore, the Information Division, Ministry of Communications and Information, Singapore, 1987.

20. Tan Han Hoe, editor: *Singapore 1988*, Singapore, the Information Division, Ministry of Communications and Information, Singapore, 1988.

21. Tan Han Hoe, editor: *Singapore 1989*, Singapore, the Information Division, Ministry of Communications and Information, Singapore, 1989.

22. Chiang Yin Pheng, editor: *Singapore 1990*, Singapore, the Psychological Defence and Publicity Division, Ministry of Communications and Information, Singapore, 1990.

23. Joyce Tan, editor: *Singapore 1991*, Singapore, the Publicity and Promotions Division, Ministry of Information and the Arts, Singapore, 1991.

24. Joyce Tan, editor: *Singapore 1992*, Singapore, the Publicity Division, Ministry of Information and the Arts, Singapore, 1992.

25. *Singapore 1993*, Singapore, the Publicity Division, Ministry of Information and the Arts, Singapore, 1993.

26. *Singapore 1994*, Singapore, Ministry of Information and the Arts, Singapore, 1994.

27. Foo Siang Luen, John Rocha, editor: *Singapore 1995*, Singapore, Ministry of Information and the Arts, Singapore, 1995.

28. S B Balachandrer, editor: *Singapore 1996*, Singapore, Ministry of Information and the Arts, Singapore, 1996.

29. *Yearbook of Statistics Singapore*, *1972/73*, Singapore, Department of Statistics, 1973.

30. *Yearbook of Statistics Singapore*, *1976/77*, Singapore, Department of Statistics, 1977.

31. *Yearbook of Statistics Singapore*, *2006*, Singapore, Department of Statistics, Ministry of Trade & Industry, http://www.singstat.gov.sg/publications/publications_and_papers/reference/yearbook_of_stats.html.

32. *Yearbook of Statistics Singapore*, *2007*, Singapore, Department of Statistics, Ministry of Trade & Industry, http://www.singstat.gov.sg/publications/publications_and_papers/reference/yearbook_of_stats.html.

33. *Yearbook of Statistics Singapore*, *2008*, Singapore, Department of Statistics, Ministry of Trade & Industry, http://www.singstat.gov.sg/publications/publications_and_papers/reference/yearbook_of_stats.html.

34. *Yearbook of Statistics Singapore*, *2009*, Singapore, Department of Statistics, Ministry of Trade & Industry, http://www.singstat.gov.sg/publications/publications_and_papers/reference/yearbook_of_stats.html.

35. *Yearbook of Statistics Singapore*, *2010*, Singapore, Department of Statistics, Ministry of Trade & Industry, http://www.singstat.gov.sg/publications/publications_and_papers/reference/yearbook_of_stats.html.

36. *Yearbook of Statistics Singapore*, *2011*, Singapore, Department of Statistics, Ministry of Trade & Industry, http://www.singstat.gov.sg/publications/publications_and_papers/reference/yearbook_of_stats.html.

37. *Yearbook of Statistics Singapore*, *2012*, Singapore, Department of Statistics, Ministry of Trade & Industry, http://www.singstat.gov.sg/publications/publications_and_papers/reference/yearbook_of_stats.html.

38. *Yearbook of Statistics Singapore*, *2013*, Singapore, Department of Statistics, Ministry of Trade & Industry, http://www.singstat.gov.sg/publications/publications_and_papers/reference/yearbook_of_stats.html.

39. *Yearbook of Statistics Singapore*, *2014*, Singapore, Department of Statistics, Ministry of Trade & Industry, http://www.singstat.gov.sg/publications/publications_and_papers/reference/yearbook_of_stats.html.

40. *Yearbook of Statistics Singapore*, *2015*, Singapore, Department of Statistics, Ministry of Trade & Industry, http://www.singstat.gov.sg/docs/default − source/default − document − library/publications/publications_and_papers/reference/yearbook_2015/yos2015.pdf.

41. *Yearbook of Statistics Singapore*, *2018*, Singapore, Department of Statistics, Ministry of Trade & Industry, https://www. singstat. gov. sg/-/media/files/publications/reference/yearbook_2018/yos2018. pdf.

42. *General Household Survey 2005*, http://www. singstat. gov. sg/publications/publications_and_papers/GHS/ghrs2. html.

43. *Our Singapore Conversation Survey*, http://www. reach. gov. sg/Microsite/osc/index. html.

44. *10 Years that Shaped a Nation*, Singapore, The National Archives of Singapore, 2008.

45. *The Papers of Lee Kuan Yew*: *speeches*, *interviews and dialogues*, *Vol. 1 - 19*, Singapore, The National Archives of Singapore, 2012.

46. 陈正编辑:《新加坡年鉴 1998》,新加坡:新加坡新闻与艺术部、联合早报联合出版 1998 年版。

47. 陈正编辑:《新加坡年鉴 1999》,新加坡:新加坡新闻与艺术部、联合早报联合出版 1999 年版。

48. 陈正编辑:《新加坡年鉴 2000》,新加坡:新加坡新闻与艺术部、联合早报联合出版 2000 年版。

49.《新加坡建国历程》,新加坡:新加坡国家文物局出版 1998 年版。

50.《新加坡建国之路,1819 年至 1980 年》,新加坡:新加坡档案及口述历史馆 1984 年版。

51.《联合早报》编:《李光耀四十年政论选》,新加坡:新加坡报业控股华文报集团 1993 年版。

52.《共享成功果实——政府计划:1990 年至 1995 年》,新加坡:新加坡新闻与艺术部出版 1996 年版。

53.《新加坡:新的起点》,新加坡:新加坡报业控股华文报集团出版 1991 年版。

二、网络资源

54. 新加坡政府网,http://www.gov.sg/。

55. 新加坡社区发展委员会官网,http://www.cdc.org.sg/services/social.html。

56. 新加坡统计局官网,http://www.singstat.gov.sg。

57. 世界银行数据库,世界银行官网,http://data.worldbank.org.cn/country/singa-

pore。

58. 国际货币基金组织数据库,国际货币基金组织官网。

59.《人类发展报告》,联合国开发计划署官网,http://www.cn.undp.org/content/china/zh/home/library/human_development。

60. 百链数据库,https://218.64.216.100/,DanaInfo=www.blyun.com。

61. 中国知网,http://www.cnki.net/。

62. 联合早报网,http://www.zaobao.com/。

三、回忆录、传记类

63. Lee Kuan Yew, *The Singapore story: Memories of Lee Kuan Yew*. Singapore, 1998.

64. Lee Kuan Yew, *From Third World to first: the Singapore story*, *1965 – 2000*, New York, HarperCollins Publishers, 2000.

65. Irene Ng, *The Singapore Lion: A Biography of S. Rajaratnam*, Singapore, Institute of Southeast Asian Studies, 2010.

66. Chan Heng Chee & Obaid ul Haq(eds.), *The Prophetic and the Political: Selected Speechs and Writings of S. Rajaratnam*, Singapore, Graham Brash(Pte)Ltd, 1987.

67. Alan Chong, *Goh Chok Tong: Singapore's New Premier*, Malaysia, Pelanduk Publications, 1991.

68. 黎德源、成汉通、冯清莲编辑:《李光耀谈新加坡的华人社会》,新加坡:新加坡宗乡会馆联合总会、新加坡中华总商会出版 1991 年版。

69. 李光耀:《李光耀回忆录(1923—1965)》,新加坡:联合早报出版社 1998 年版。

70. 李光耀:《李光耀回忆录(1965—2000)》,新加坡:联合早报出版社 2000 年版。

71. 李光耀:《李光耀回忆录:我一生的挑战,新加坡双语之路》,南京:译林出版社 2012 年版。

四、著 作 类

72. T.H.Marshall, *Social Policy*, London, Hutchinson & Co·Ltd, 1965.

73. David G Gil, *Unravelling Social Policy: Theory, Analysis, and Political Action towards Social Equality*, Rochester.Vt.: Schenkman Books.1992.

74. latridis.Demetrius S. , *Social Policy*: *Institutional context of Social Development and Human Service* , Pacific Grove , Calif. : BrooksCole Pub.Co.1994.

75. C.M. Turnbull , *A history of Singapore 1819 - 1988* , Singapore , Oxford University Press , 1989.

76. Shirley Hsiao-Li Sun , *Population policy and reproduction in Singapore* , London , Routledge , 2012.

77. Saravanan Gopinathan , *Towards a National System of Education in Singapore* , *1945 - 1973* , Singapore , Oxford Univercity Press , 1974.

78. Lee Sing Kong , Goh Chor Boon , Birger Fredriksen , Tan Jee Peng , (Eds) , *Toward a Better Future* : *Education and Training for Economic Development in Singapore since 1965* , New York , The World Bank , 2008.

79. R. Robinson and D. Goodman (Eds) , *The NewRich in Asia* : *Mobile Phones* , *McDonald's andMiddle Class Revolution* , London : Routledge , 1996.

80. Tong Chee Riong , Lian Riven Fee (Eds) , " Social Policy in Post-Industrial Singapore". *Social Sciences in Asia* , Volume 17 , Singapore , 2009 , http : //site. ebrary. com/ id/10461326.

81. [英]安东尼·吉登斯:《第三条道路》,北京:中共中央党校出版社 2002 年版。

82. [英]迈克尔·希尔:《理解社会政策》,刘升华译,北京:商务印书馆 2005 年版。

83. [英]肯·布莱克默:《社会政策导论》,王宏亮等译,北京:中国人民大学出版社 2009 年版。

84. 杨伟民编著:《社会政策导论》,北京:中国人民大学出版社 2004 年版。

85. 熊跃根:《社会政策:理论与分析方法》,北京:中国人民大学出版社 2009 年版。

86. 关信平:《社会政策概论》,北京:高等教育出版社 2009 年版。

87. 宋林飞:《西方社会学理论》,南京:南京大学出版社 1997 年版。

88. 曾繁正:《西方国家法律制度、社会政策及立法》,北京:红旗出版社 1998 年版。

89. 郑杭生主编:《中国人民大学中国社会发展研究报告(2002)——走向更加公正的社会》,北京:中国人民大学出版社 2003 年版。

90. 郑杭生主编:《中国社会转型中的社会问题》,北京:中国人民大学出版社 1996 年版。

91. 郑杭生主编:《转型中的中国社会和中国社会的转型》,北京:首都师范大学出版社 1996 年版。

92. 王思斌:《社会工作概论》,北京:高等教育出版社 2001 年版。

93. 吴俊刚、李小林：《李光耀与基层组织》，新加坡：新加坡胜利出版私人有限公司 2000 年版。

94. 连瀛洲纪念奖学金理事会项目办公室编：《新中社会发展对比研究》，新加坡：八方文化创作室 2010 年版。

95. ［新加坡］冯清莲：《新加坡人民行动党：它的历史、组织和领导》，苏宛蓉译，上海：上海人民出版社 1975 年版。

96. ［新加坡］苏瑞福：《新加坡人口研究》，薛学了、王艳 等译，厦门：厦门大学出版社 2009 年版。

97. ［美］汤姆·普雷特：《李光耀对话录：新加坡建国之路》，张立德译，北京：现代出版社 2011 年版。

98. ［英］康斯坦丝·玛丽·藤布尔：《新加坡史》，欧阳敏译，上海：东方出版中心 2013 年版。

99. ［新］尼古拉斯·塔林主编：《剑桥东南亚史》，贺圣达等译，昆明：云南人民出版社 2003 年版。

100. 李健、兰莹编著：《新加坡社会保障制度》，上海：上海人民出版社 2011 年版。

101. 孙洁：《英国的政党政治与福利制度》，北京：商务印书馆 2008 年版。

102. 塞缪尔·亨廷顿：《第三波：20 世纪后期民主化浪潮》，上海：上海三联书店 1998 年版。

103. 陈祖洲：《新加坡——"权威型"政治下的现代化》，成都：四川人民出版社 2001 年版。

104. 孙景峰：《新加坡人民行动党执政形态研究》，北京：人民出版社 2005 年版。

105. 吕元礼等：《鱼尾狮智慧：新加坡政治与治理》，北京：经济管理出版社 2010 年版。

106. 吕元礼：《新加坡为什么能》，南昌：江西出版集团·江西人民出版社 2007 年版。

107. 陈尤文等主编：《新加坡公共行政》，北京：时事出版社 1995 年版。

108. 魏炜：《李光耀时代的新加坡外交研究（1965—1990）》，北京：中国社会科学出版社 2007 年版。

五、报纸期刊

109. *The Straits Times.*

110. *The Pacific Review.*

六、论　文

（一）百链数据库检索

111. Tan Ern Ser，"Balancing State Welfarism and Individual Responsibility：Singapore's CPF Model"，in C.Jones Finer and P.Smyth（ed.），*Social Policy and the Commonweaith：Prospects for Social Inclusion*，Basingstocke，2004.

112. M.Ramesh，"The politics of social security in Singapore"，*The Pacific Review*，Vol. 13 No.2，2000，pp.243，256.

113. Lee Kuan Yew，"Lee Kuan Yew on Marriage，Education，and Fertility in Singapore"，*Population and Development Review*，Vol. 13，No. 1（Mar.，1987），pp. 179 – 185，Population Council，http：//www.jstor.org/page/info/about/policies/terms.jsp.

114. K.Kanagaratnam，"Singapore：The National Family Planning Program"，*Studies in Family Planning*，Vol. 1，No. 28（Apr.，1968），pp. 1 – 11，Population Council，http：//www.jstor.org/stable/1965364. 05/11/2012 22：25.

115. Cicely D.Williams，"Family Health Services And Vital Statistics：Lessons From Singapore"，*The British Medical Journal*，Vol. 2，No. 6129（Jul. 1，1978），pp. 51 – 52，BMJ Publishing Group，http：//www.jstor.org/stable/25428098. 07/11/2012 08：20.

116. Leng Leng Thang，"Experiencing Leisure in Later Life：A Study of Retirees and Activity in Singapore"，*Springer Science + Business Media*，Inc.2006，Published online：30 September 2006.

117. Peggy Teo，"Aging Trends：Aging in Singapore"，*Journal of Cross-Cuhural Gerontology* 11：269–286，1996. Kluwer Academic Publishers.Printed in the Netherlands.

118. Scott Baum，*Social Transformations in the Global City：Singapore*，Urban Studies，Vol.36，No.7，1095–1117，1999.

119. Cheng Lira Keak，" Post-Independence Population Planning and Social Development in Singapore"，*Geo Journal* 18. 2 163–174，1989，Kluwer Academic Publishers.

120. Kerry Brydon，"Social Policy in Singapore：Insights from a Social Work Perspective"，*Asian Social Work and Policy Review* 5（2011）20 – 32，10. 1111/j. 1753

-1411. 2010. 00046. x.

121. P. Smyth, "The economic State and the welfare State: Australia and Singapore 1955-1975". *Singapore: Centre for Advanced Studies*, National University of Singapore, CAS Paper Series, No 23, May, 2000.

122. Mukul G. Asher and Amarendu Nandy, "Singapore's policy responses to ageing, inequality and poverty: An assessment", *International Social Security Review*, Vol. 61, 1/2008, Published by Blackwell Publishing Ltd, Oxford, UK, Journal compilation 2008, International Social Security Association.

123. Stella R. Quah, "Social Policy in Family Life: The Case of Child Care in Singapore", *International Journal of Sociology and Social Policy*, IJSSP Vol. 14 No. 1/2 1994, 124-148, Emerald Backfiles 2007.

124. M. Ramesh, "Social Security in South Korea and Singapore: Explaining the Differences", *Social Policy & Administration*, ISSN 01 44-5596, VOL. 29, No. 3, Sep, 1995, PP. 228-240, Blackwell Publishers Ltd., Oxford, UK.

125. William K. M. Lee, "Income Protection and the Elderly: An Examination of Social Security Policy in Singapore", *Journal of Cross-Cultural Gerontology* 13: 291 - 307, 1998. Kluwer Academic Publishers. Printed in the Netherlands.

126. W. von Eiff, T. Massaro, Y. O. Voo and R. Ziegenbein, "Medical Savings Accounts: A Core Feature of Singapore's Health Care System", *The European Journal of Health Economics*, Vol. 3, No. 3 (2002), pp. 188 - 195, Springer, Stable URL: http://www. jstor. org/stable/3570117, 07/11/2012, 08:20, http://www.jstor.org/page/info/about/policies/terms.jsp.

127. David Reisman, "Medical Savings and Medical Cost: Healthcare and Age in a Changing Singapore", *The International Journal of Sociology and Social Policy*; 2005; 25, 9.

128. David Reisman, "Payment for health in Singapore", *International Journal of Social Economics*; 2006; 33, 1/2; Emreald Group Publishing Limited, ProQuest Social Sciences Premium Collection, pp. 132-159.

129. Habibullah Khan, "Social Policy in Singapore: A Confucian Model?" The International Bank for Reconstruction and Development, *The World Bank*, *First Printing January 2001*, Stock No. 37165.

130. Mukul G. Asher, "Social Security arrangements in Singapore: An Assessment", *International Seminar on Pensions*, Hitotsubashi University, Tokyo, Japan, 5-7 March, 2001.

131. Linda Low, "How Singapore's Central Provident Fund Fares in Social Security and

Social Policy", *Social Policy & Society* 3:3,301-310,Cambridge University Press,the United Kingdom,2004 DOI:10. 1017/S1474746404001824.

132. Kwame Addae-Dapaah,Grace Khei Mie Wong,"Housing and the elderly in Singapore - financial and quality of life implications of ageing in place", *Journal of Housing and the Built Environment*;Jun 2001;16,2,pg.153;ProQuest Social Sciences Premium Collection.

133. Lee William KM,"The poor in Singapore:Issues and options", *Journal of Contemporary Asia*,Vol.31 No.1(2001),ProQuest Social Sciences Premium Collection,pg.57.

134. G.Shantakumar,"Student Loans for Higher Education in Singapore:Some Observations", *Higher Education*,Vol.23,No.4,Student Loans in Developing Countries(Jun.,1992), pp.405-424, Published by Springer, Stable URL:http://www. jstor. org/stable/3447355, 07/11/2012 08:21,http://www.jstor.org/page/info/about/policies/terms.jsp.

135. G.M.Hega,K.G.Hokenmaier,"The Welfare State and Education:A Comparison of Social and Education Policy in Advanced Industrial Societies", in *German Policy Studies*, 2002(2).

（二） CNKI 检索

136. 曹云华,《新加坡的社会保障制度初探》,《社会学研究》1995 年第 3 期。

137. 李路曲:《新加坡的权威主义政治与现代化》,《政治学研究》1997 年第 1 期。

138. 杨团:《社会政策的理论与思考》,《社会学研究》2000 年第 4 期。

139. 郭保强:《战后新加坡的族群管理与国家建构研究》,华东师范大学博士论文,2002 年。

140. 吴忠民:《社会政策:一个亟待拓展的研究领域》,《中国党政干部论坛》2002 年第 1 期。

141. 吴忠民:《从平均到公正:中国社会政策的演进》,《社会学研究》2004 年第 1 期。

142. 杨团:《社会政策研究范式的演化及其启示》,《中国社会科学》2002 年第 4 期。

143. 田北海:《社会福利概念辨析:兼论社会福利与社会保障的关系》,《学术界》2008 年第 2 期。

144. 黄晨熹:《社会政策概念辨析》,《社会学研究》2008 年第 4 期。

145. 郑杭生:《中国和西方社会转型显著的不同点》,《人民论坛》2009 年第 5 期。

146. 郑杭生:《"理想类型"与本土特质——对社会治理的一种社会学分析》,《社会学评论》2014 年第 3 期。

 147. 魏炜:《职业技术教育与新加坡现代化》,《赣南师范学院学报》2004 年第 5 期。

 148. 朱大伟、魏炜:《推进社会保障:西方大国探索二次大战后建构世界和平的一种视角》,《历史教学问题》2012 年第 2 期。

 149. 魏炜:《新加坡的社会政策与社会治理》,《光明日报》2014 年 5 月 19 日。

 150. 魏炜:《新加坡的社会政策:理念与实践》,《社会学评论》2014 年第 4 期。

 151. 魏炜:《新加坡社会政策理念探析》,《赣南师范学院学报》2014 年第 4 期。

 152. 魏炜:《英属时期新加坡的社会政策》,《南洋问题研究》2014 年第 3 期。

 153. 魏炜:《社会转型与新加坡人口政策的调整》,《赣南师范学院学报》2016 年第 4 期。